Hansrobert Kohler

FORTRAN-Trainer

Mit dem Angebot unterschiedlicher Programmiersprachen und zugehöriger Lehrbücher steigt auch der Bedarf nach geeigneter Übungsliteratur, die mit unterschiedlichem Schwierigkeitsgrad durch die jeweilige Sprache führt und so als stützende Lehr- und Lernhilfe einsetzbar ist.

Jeder Trainer-Band ist in seiner Kombination als Aufgaben- und Lösungsbuch einer einzigen Programmiersprache gewidmet und so in sich abgeschlossen.

Zusätzlich aber fördern die Trainer-Bände die Transparenz zwischen den einzelnen Sprachen dadurch, daß die Aufgaben zu etwa 70 Prozent gleich formuliert und demnach nur in ihren Lösungen unterschiedlich sind. Dies erleichtert wesentlich den Quereinstieg von einer Sprache zur anderen.

FORTRAN-Trainer
Technisch-naturwissenschaftlicher BASIC-Trainer
Technisch-naturwissenschaftlicher Pascal-Trainer

VIEWEG PROGRAMMOTHEK

hrsg. von Hansrobert Kohler

1. FORTRAN: Gleichungen – Systeme – Matrizen
   von R. Hefendehl, H. Lausmann, U. Tropp und J. Wickinger

2. FORTRAN: Spiele – Algorithmen – Grafiken
   von R. Hefendehl, H. Lausmann, U. Tropp und J. Wickinger

3. BASIC: Gleichungssysteme – Eigenwerte
   von P. Jacob und S. Jancar

4. BASIC: Interpolationen – Approximationen – Splines – FFT
   von P. Jacob und S. Jancar

5. BASIC: Bauingenieurwesen
   Statik – Querschnittswerte
   von J. Happe und B. Kistner

6. BASIC: Statik im Holz- und Stahlbetonbau
   von D. Bernewasser

Hansrobert Kohler

FORTRAN-Trainer

3., durchgesehene Auflage

Springer Fachmedien Wiesbaden GmbH

CIP-Kurztitelaufnahme der Deutschen Bibliothek

Kohler, Hansrobert:
FORTRAN-Trainer / Hansrobert Kohler. —
3., durchges. Aufl.

ISBN 978-3-528-24257-2   ISBN 978-3-322-93818-3 (eBook)
DOI 10.1007/978-3-322-93818-3

1. Auflage 1983
2., bearbeitete und erweiterte Auflage 1985
3., durchgesehene Auflage 1986

Alle Rechte vorbehalten
© Springer Fachmedien Wiesbaden 1986
Ursprünglich erschienen bei Friedr. Vieweg & Sohn Verlagsgesellschaft mbH, Braunschweig 1986

Das Werk einschließlich aller seiner Teile ist urheberrechtlich geschützt. Jede Verwertung außerhalb der engen Grenzen des Urheberrechtsgesetzes ist ohne Zustimmung des Verlags unzulässig und strafbar. Das gilt insbesondere für Vervielfältigungen, Übersetzungen, Mikroverfilmungen und die Einspeicherung und Verarbeitung in elektronischen Systemen.

Umschlaggestaltung: P. Lenz, Wiesbaden

ISBN 978-3-528-24257-2

Aus dem Vorwort zur ersten Auflage

Die Programmiersprache FORTRAN nimmt inzwischen im naturwissenschaftlich-technischen Bereich eine herausragende Stellung ein. Für Studierzwecke stehen bereits etliche Lehrbücher zur Verfügung, die auch mehr oder weniger ausführliche Demonstrationsbeispiele enthalten.

Programmieren aber lernt man — wie bei kaum einer anderen Disziplin — nur durch intensives problemorientiertes Üben. Gerade FORTRAN jedoch ist in seinen Möglichkeiten derart vielgestaltig, daß Lehrbücher in den meisten Fällen nur Kurzhinweise geben können, ohne eine anwendungsbezogene Vertiefung in der Darstellung programmiertechnischer Zusammenhänge vermitteln zu können. Diese Lücke versucht der vorliegende FORTRAN-Trainer zu schließen.

Eine Intensivierung läßt sich z.B. aber auch durch die Auseinandersetzung mit vorgegebenen Problemlösungen erreichen, die zunächst verstanden werden müssen, dann aber oft vielfältige Änderungsmöglichkeiten zulassen.

So möge sich der vorliegende FORTRAN-Trainer, der einen Kompromiß zwischen den einzelnen Studienschwerpunkten und ihrer Ausbildungsintensität finden mußte, für Lehrende wie Lernende und Anwender als brauchbare Stütze erweisen. Daher sind Hinweise, Vorschläge und Anregungen gemäß dem eigenen Bedarf in besonderem Maße erwünscht.

Friedberg/Hs., im Juni 1983 *Hansrobert Kohler*

Vorwort zur zweiten Auflage

In der überarbeiteten Neuauflage wurden außer Korrekturen auch sinnvolle Abänderungen und Erweiterungen durchgeführt. So wurden in weiterer Anpassung an FORTRAN 77 inbesondere das frühere Kapitel 5.3 aufgelöst und die Aufgaben anderen Kapiteln zugeordnet, um Zeichenkonstanten und -variable möglichst frühzeitig mit gleicher Selbstverständlichkeit wie etwa logische Größen zur Verfügung stellen zu können. Alle bisherigen Aufgabenstellungen blieben erhalten, einige neue kamen hinzu; der Lösungsteil wurde jedoch teils geringfügig abgeändert, teils neu programmiert. Weitere FORTRAN 77 — Sprachelemente wurden einbezogen, das Sachwortregister wesentlich erweitert.

Die Programme wurden erstellt auf den Anlagen Cyber 174 des HRZ Gießen sowie Prime 550—II der FH Gießen-Friedberg.

Friedberg/Hs., im April 1985 *Hansrobert Kohler*

Inhaltsverzeichnis

1 Einleitung 1

2 Programmablaufpläne 4

3 Verzweigungs- und schleifenfreie Programmierung 6
   3.1 Wertzuweisungen und Initialisierung 6
   3.2 Ein- und Ausgabe, Formate 11

4 Felder und Schleifen, Sprünge und Verzweigungen 20
   4.1 Felder und Schleifen 20
   4.2 Sprünge und Verzweigungen 27

5 Erweiterung des Wertebereiches 59
   5.1 Komplexes Rechnen 59
   5.2 Logisches Rechnen 65

6 Unterprogramme 75
   6.1 Bibliotheks-Unterprogramme (Intrinsic functions) 75
   6.2 FUNCTION-Anweisung und FUNCTION-UP 76
   6.3 SUBROUTINE-Unterprogramme 80

7 Texte, Dateien 94
   7.1 Texte 94
   7.2 Dateien 96

8 Die Aufgabe „ohne Netz" 102

Lösungen 103

Liste der Parallel-Aufgaben für den FORTRAN-Trainer, den
technisch-naturwissenschaftlichen BASIC-Trainer und den
technisch-naturwissenschaftlichen Pascal-Trainer 281

Sachwortregister 282

Aufgaben

1 Einleitung

Nur in einfachen Fällen wird dem Programmierer eine Formel vorgegeben sein, mit der er ein Tabellenwerk für unterschiedliche Vorgaben erstellen soll. Wesentlicher ist das Programmieren von Abläufen, die sich nach bestimmten Vorschriften wiederholen - wie z.B. die iterativen und rekursiven Verfahren der numerischen Mathematik. Hierzu kann man sich in gängigen Fällen bereits bekannter Algorithmen bedienen, die dem Programmierer aus Veröffentlichungen unterschiedlicher Art zur Verfügung stehen.

Aber auch diese Aufgabenstellungen erfordern in der Regel nur die Beherrschung der Programmiersprache an sich, und auf dem Weg zur Beherrschung der Sprache werden derartige Übungen unumgänglich sein. Dies gilt auch für den vorliegenden FORTRAN-Trainer.

Dennoch muß man sich klar darüber sein, daß die Beherrschung der Sprache zwar für manche Studiengebiete ausreicht, daß aber das Endziel erst dann erreicht ist, wenn man in das algorithmische Denken hineingewachsen ist und auch dieses anwenden kann. So kann es Aufgabenstellungen geben, in denen der vorausgehende Denkprozeß, wie man die Programmierung anzupacken hat, wesentlich mehr Zeit beansprucht als das Programmieren selbst. Meist sind dies Probleme, die kaum Formeln beinhalten und oft unscheinbar aussehen, dann aber in der organisatorischen Umsetzung in ein Programm erhebliche Schwierigkeiten mit sich bringen können. Wie beispielsweise können Sie n Damen derart auf ein (nxn)-Schachbrett setzen, daß sie sich nicht gegenseitig schlagen können? Lassen Sie doch z.B. für n = 8 die 92 möglichen Stellungen vom Computer berechnen! Aber wie?

Hieraus wird deutlich, daß man sich schon vor dem Niederschreiben der ersten Anweisung völlig klar darüber geworden sein muß, wie das Programm in seiner logischen Strukturierung auszusehen hat. Man sollte sich schon bei den ersten Programmen angewöhnen, Programmablaufpläne oder Struktogramme anzufertigen, die diese logische Strukturierung klar erkennen lassen. Und wenn das Programm "läuft", sollte man nicht versäumen, alle programmierten

Fallunterscheidungen durchzutesten sowie eigene einfache und - sofern vorhanden - kompliziertere Literaturbeispiele durchzurechnen. Auch schon während des Studiums sollte man sich klar darüber sein, daß der spätere Auftraggeber den Programmierer zur Rechenschaft ziehen wird, wenn durch Nachlässigkeit unvollkommene und falsche Programme ihn ein unverantwortliches Mehr an Zeit und Geld kosten.

Es wird in der späteren Praxis auch der Fall sein können, daß ein Fremder Ihr Programm rechnen will - oder daß Sie selbst nach einigen Monaten durch veränderte Spezifikationen Ihr eigenes Programm abändern müssen - oder ein anderer Mitarbeiter sich durch Ihr Programm, das mehrere Seiten umfassen kann, hindurchkämpfen muß. Dann muß es mit wenig Zeitaufwand möglich sein, sich dieses fremd gewordene oder fremde Programm inhaltlich wie strukturell (wieder) anzueignen. Die notwendigen Informationen enthält eine Programmbeschreibung, die man beim Einordnen des Programmes in die Bibliothek als Dokumentation hinterlegt. Sie sollte mindestens enthalten:

1. Programm - Name und - Typ   (HP/UP)
2. Mathematische Grundlagen
3. Eingabe / Ausgabe
   Daten und zugehörige Formate
4. Abweichungen von Typ - Vereinbarung
   (Complex, Logical usw.)
5. Bereiche
   (Dimension, Common, Equivalence)
6. (ggf.) Parameterliste
7. Programmablaufplan / Struktogramm
8. Beispiel

Auch an die Anfertigung einer Programmbeschreibung sollte man sich recht frühzeitig gewöhnen.

Jede sprachliche Formulierung trägt einen signifikanten Akzent, mal kurz und bündig, mal detailliert informativ, mal mit dieser, mal mit jener Wortwahl - auch bei Programmiersprachen. Diese Nuancierungen lassen sich auch in den vorliegenden Programm-Vorschlägen erkennen.

Die einzelnen Abschnitte beginnen mit relativ einfachen Beispie-

1 Einleitung

len, dann erfolgt jeweils eine Steigerung in den Anforderungen. Jeder Abschnitt setzt die Kenntnis der früheren voraus, und bei späteren Abschnitten wird angenommen, daß das "Lesen", Interpretieren und Umgestalten vorgegebener Programm-Vorschläge bereits ohne besondere Hinweise möglich ist. Hin und wieder sind zu Übungszwecken auch Umschreibungen verwendet, die durch einfachere Programmierung ersetzt werden können. Allerdings konnte verständlicherweise nicht die gesamte Vielfalt der Möglichkeiten in die Lösungsvorschläge eingearbeitet werden. Es kann schon sehr hilfreich sein, vorgeschlagene Beispiele zu durchdenken und ggf. anzuwenden, sie geben aber auch eine Vielzahl von Lösungsvarianten für eigene abweichende Problemstellungen.

Es bleibt zur Zeit festzustellen, daß der Übergang von FORTRAN IV zu FORTRAN 77 noch nicht überall vollzogen ist. Obwohl die meisten Programme dieses FORTRAN-Trainers in FORTRAN 77 geschrieben sind, dürfte durch die in den ersten Abschnitten aufgeführten Querverbindungen eine Übertragung von FORTRAN 77 - Programmen in die vergleichsweise eingeschränkte FORTRAN IV - Form in den meisten Fällen relativ einfach möglich sein. Es sei dazu auch besonders auf die den Lösungsvorschlägen vorausgehende Erläuterung verwiesen.

Wie ein Sportler besondere Leistungen nur durch ständiges Training erzielt, wird sich auch das Ergebnis beim Programmieren nur bei gezieltem Üben - möglichst am Rechner - in dem gewünschten Maße einstellen.

Und dazu: viel Erfolg!

2 Programmablaufpläne

Nach DIN 66001 sind folgende Sinnbilder für Programmablaufpläne vorgesehen:

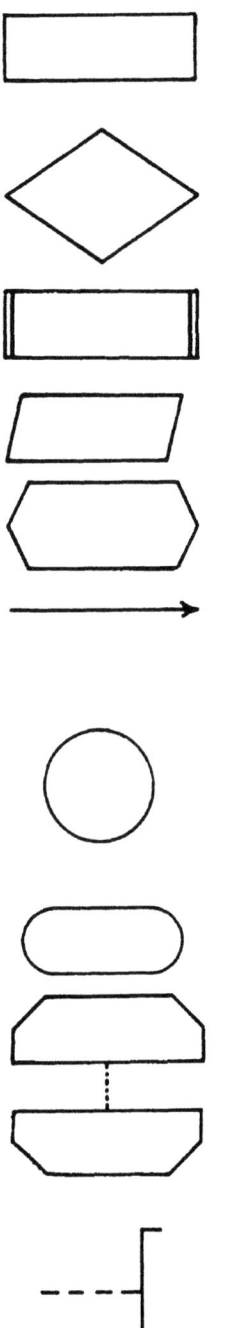

Allgemeine Operation

Spezielle Operationen:

   Verzweigung

   Unterablauf   (UP)

   Eingabe / Ausgabe

   Programm-Modifikation

Ablauflinie (Vorzugsrichtungen:
von oben nach unten,
von links nach rechts,
Abweichungen durch Pfeilspitze)

Übergangsstelle (Konnektor)
(von mehreren Stellen aus erreichbar, aber nur zu einer hin erfolgend; zusammengehörige Übergangsstellen gleiche Bezeichnung)

Grenzstelle (z.B. Start, Stop)

Schleifenbegrenzung
(definieren Anfang und Ende einer Schleife, ohne daß noch Ablauflinien notwendig sind; Initialisierung, Fortschaltung, Endabfrage sind sinngemäß am Anfang oder Ende anzugeben)

Bemerkung
(kann an jedes Sinnbild angefügt werden)

2 Programmablaufpläne

2/1 Schreiben Sie einen Programmablaufplan zum Berechnen und Ausdrucken der Werte konzentrischer Kreise mit Mittelpunkt im Koordinatenursprung. Einzulesen sind r_{anf}, Δr, r_{end} und n (n = Stützstellenzahl pro Kreis).

2/2 Interpretieren Sie die folgenden Programmablaufpläne. Was soll damit berechnet werden? (L ganzzahlig)

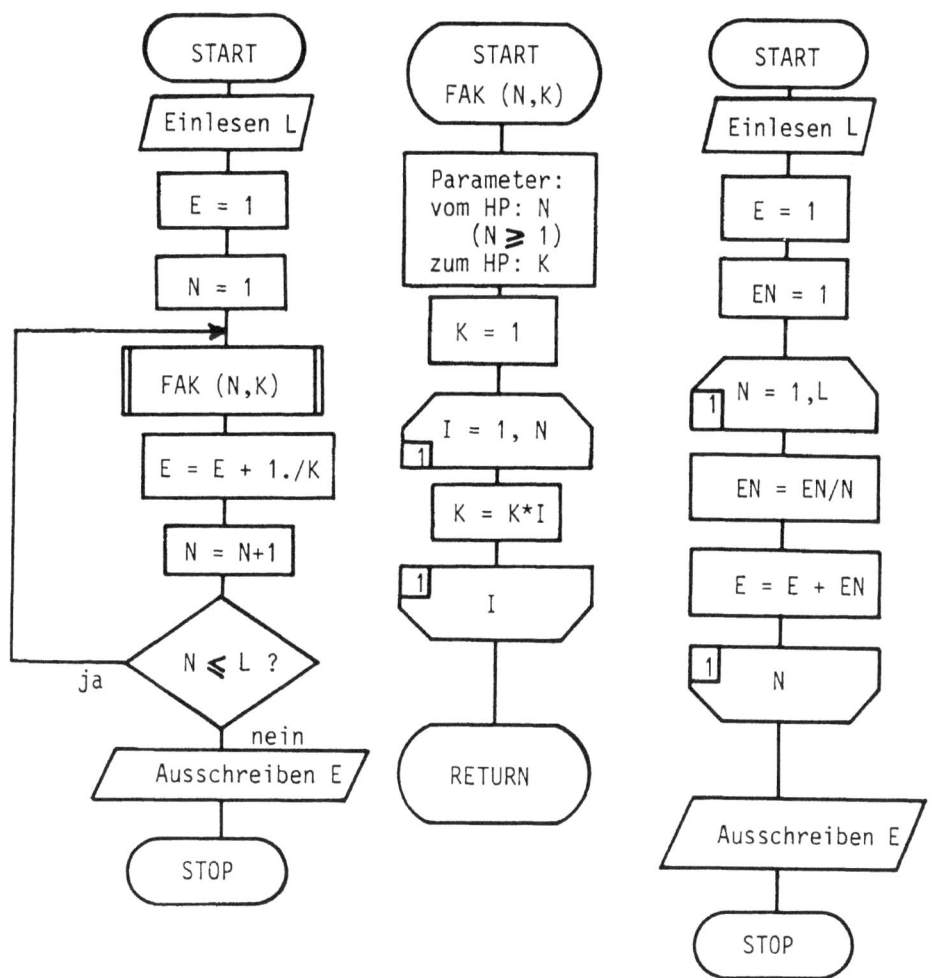

Vergleichen Sie die skizzierten Programme!

Was ergibt sich für $L \rightarrow \infty$?

3 Verzweigungs- und schleifenfreie Programmierung

3.1 Wertzuweisungen und Initialisierung

3.1/1   Welche der folgenden Ausdrücke sind gültige Konstanten?

	__1__	__2__	__3__	__4__
a/	35.7**2	3.14	47.36E-1	-19.5+104
b/	(-1.7, 4.3)	99.-8	.FALSE.	+4,53
c/	-23.5D+99	-4.5E147	(0 , 5)	LEO
d/	.WAHR.	0+	.7E0	27D-4
e/	E+05	.123	'PIA'	+007

Geben Sie den jeweiligen Typ an!

3.1/2   Welche der folgenden Ausdrücke sind gültige Variable
(implizite Typdeklaration vorausgesetzt)?

	__1__	__2__	__3__	__4__
a/	KANU	F	HOERSAAL	E605
b/	DAS1X1	08/15	P5	XXX
c/	2CV	BINAER	1X1	V.W.
d/	MAST	DAS1*1	UNI	1.MAI

Geben Sie den jeweiligen Typ an!

3.1/3   Geben Sie FORTRAN-Schreibweisen für folgende Konstanten an:

	__1__	__2__	__3__	__4__
a/	$1013 \cdot 10^{-3}$	0,000057	$0,93 \cdot 10^{47}$	-14,81
b/	$-4,7+i14$	$1,38 \cdot 10^{-23}$	$8,3 \cdot 10^{3}$	47,0003
c/	3,14	logisch 1	$3-i5$	LEO

3.1 Wertzuweisung und Initialisierung

3.1/4 Schreiben Sie die folgenden Formelgleichungen als FORTRAN-Wertzuweisungen (Wurzeln lassen sich durch Potenzen ausdrücken):

                1   2

a/ $F = \gamma \cdot \dfrac{m_1 m_2}{r^2}$; $c = p + \varrho g h + \dfrac{1}{2} \varrho v^2$

b/ $Q = \dfrac{\pi (p_1 - p_2) R^4}{8 \eta l}$; $x = \dfrac{x' + v t'}{\sqrt{1 - v^2/c^2}}$

c/ $\bar{l} = \dfrac{1}{\pi \sqrt{2} \cdot n d^2}$; $Z = \sqrt{R^2 + \left(\omega L - \dfrac{1}{\omega C}\right)^2}$

d/ $g = \dfrac{a + b}{c + \dfrac{d - 3e}{4} - f}$; $y = x^{(a+4)^k}$

e/ $a = \dfrac{5}{b^2 + c^{3/2}}$; $b = y + \dfrac{1 - z^{105}}{\sqrt{y}}$

3.1/5 Welche Gleichung beschreiben jeweils die folgenden Wertzuweisungen? (e ist durch seinen Zahlenwert, Wurzelziehen durch Potenzieren ersetzt.)

a/   C = (A*A - B*B) ** 0.5
b/   Y = (A - X)*2.7183**(-X**2/2)
c/   G = ((A + B)*C + D)*E + F
d/   A = B/X/X
e/   P = (B + C)/X**2*G - D/(2.*X - 1) + E - F/X
f/   F = (X*X + 7.)**(1./3.) - 2.7183**X

3.1/6 Was ist falsch an folgenden Wertzuweisungen?

a/   B = (F**2 - 3.)**4 - (G + 8)*7.)
b/   F = (A - B)/4 + -C
c/   A = F + 37.1/C + (-9.)**(3./2.)
d/   G = (A**B**C - (13./7.*A - (B + C))
e/   H = B*X/F - X(B - 4**F)

3 Verzweigungs- und schleifenfreie Programmierung

3.1/7 Schreiben Sie Programmzeilen, in denen Sie der Variablen PI die Konstante 3,141593 zuweisen und damit anschließend $U = 2r\pi$ und $A = r^2\pi$ berechnen. (Voraussetzung: der Variablen R sei bereits ein Wert für r zugewiesen worden.)

3.1/8 Welchen Wert hat Z nach Durchlaufen folgender Anweisungen (implizite Typdeklaration für alle Variablen vorausgesetzt):

```
A = 5.
B = 2 + 4.*(A-3)
C = B + A / B - A
D = C - A
E = (B + A) / B - A
F = (( D + C )*2 - A )/2.
Z = F + B / D - E
```

3.1/9 Schreiben Sie je eine Anweisung, die sinh x, cosh x und tanh x unter Verwendung von Potenzen von e berechnen. Es gilt:

$$\sinh x = (e^x - e^{-x}) / 2$$

$$\cosh x = (e^x + e^{-x}) / 2$$

$$\tanh x = (e^x - e^{-x}) / (e^x + e^{-x})$$

3.1/10 Was ist in folgendem Programmteil falsch? (Es bedeuten z.B. A1, A2,.. unterschiedliche Berechnungsarten von A.)

```
R  = 8.0
PI = 3,14
D  = R * 2
U  = 2*R*PI = D*PI
A1 = (R*R)*PI
A2 = D/2**2*PI
A3 = R**2*PI
X1 = 2.**0.5/2.*R
X2 = 1./2*2.**0.5*R
2  = D/R
Y  = R - X1
V  = D*D - ((X1*X1 + Y*Y)**0.5
```

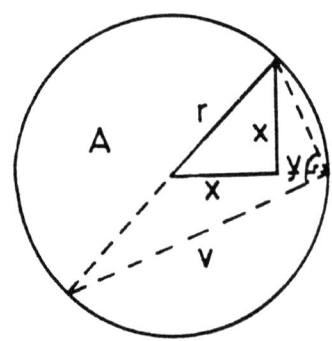

3.1 Wertzuweisung und Initialisierung

3.1/11 Welcher Wert für LOES ergibt sich aus folgendem Programmstück (implizite Typdeklaration vorausgesetzt)?

```
    P = 1.5
    Q = P*P*2.
    K = Q + 7.6
    L = 6*P - K + Q
a)  R = 4*L/K           b)  R = 4.*L/K
    LOES = (3.*(P-L) + 0.8 + K - 2*(Q+R*3.))/2.
```

3.1/12 Schreiben Sie Aufg. 3.1/11 derart, daß sämtliche Variable als REALs
 a) mit einfacher und
 b) mit doppelter Genauigkeit deklariert sind.
 c) Welches Ergebnis enthält in diesem Fall die Variable LOES?

3.1/13 Welchen Wert hat B5 nach Durchlaufen dieses Programmteils?

```
    INTEGER B5,L7,C
    REAL I1,M,F
    K = 9
a)  I1 = (K-2)/2        b)  I1 = (K-2)/2.
    I2 = I1*K
    M = I2*4
    L7 = I1
    F = (M-L7)**0.5 + 2.*I1
    C = F/4
    B5 = K*(C-I1) + (K+C)**0.5
```

3.1/14 Welche Werte haben LU und LU1 nach Durchlaufen des folgenden Programmstücks?

```
    IMPLICIT REAL(L-N)
    INTEGER LU
    REAL K5                 KA = NANA - A
    A = 7.3                 K5 = A + NANA - KA
    NANA = A*2 + 0.6        LU = 3*K5 + 2*A - KA
                            LU1=LU**(2/3)
```

3.1/15 Was ergibt sich bei den nachfolgenden Programmschritten für die (Zwischen-) Ergebnisse B, C, D?

```
      CHARACTER*12 A,B1*3,B2*3,B*6,C*5,D
C
C
      A='HEIMCOMPUTER'
      B1=A(1:3)
      B2=A(10:12)
      B=B1//B2
      C=A(2:4)//B(5:6)
      D=C(1:2)//'S'//C(3:4)//C(4:5)
C
```

3.1/16 Zu Programmbeginn sind die Konstanten $\pi = 3{,}14159$, $e = 2{,}7182818$, $k = 1{,}381 \cdot 10^{-23}$, $h = 6{,}625 \cdot 10^{-34}$ und $c = 2{,}998 \cdot 10^{8}$ mittels einer DATA-Anweisung festzulegen (zu initialisieren). - Diese Konstanten benötigt man z.B. für Aufg. 3.2/37 und 4.2/21.

3.1/17 Die ersten 7 Buchstaben des Alphabets seien Variable. Initialisieren Sie die ersten 3 Variablen (A bis C) je mit der Zahl 1,5, D mit der Zahl -7,3 und die letzten 3 Variablen fortlaufend mit den aus je zwei Zeichen bestehenden Zeichengruppen Z1, Z2 und Z3.

3.1/18 Im Vergleich zu Aufg. 3.1/16 sind die Konstanten π, e, k, h und c mittels einer PARAMETER-Anweisung zu initialisieren.

3.2 Ein- und Ausgabe, Formate

3.2/1   Wie wird nach folgenden Anweisungen eingelesen? Eingabefolge der Daten?

       READ(LEN1,1) DAT, DET
   1 FORMAT(2F10.4)

LEN1 bedeutet hierin die logische Einheiten-Nummer des Gerätes bzw. der Datei.

3.2/2   Wie wird eingelesen, wenn in Aufg. 3.2/1 das Format

   1 FORMAT(F10.4)

lautet? Eingabefolge der Daten?

3.2/3   Wie wird eingelesen, wenn in Aufg. 3.2/1 das Format

   1 FORMAT(20X, 2F10.4)

lautet? Eingabefolge der Daten? Geben Sie einen sinnvollen Anwendungsfall an!

3.2/4   Wie wird eingelesen, wenn in Aufg. 3.2/1 das Format

   1 FORMAT(20X, F10.4)

lautet? Eingabefolge der Daten?

3.2/5   Wie wird eingelesen, wenn in Aufg. 3.2/1 das Format

   1 FORMAT(F10.4 / F9.3)

lautet? Eingabefolge der Daten?

3.2/6   Es sind 5 Zahlen A1,...,A5 mit insgesamt 8 Stellen, drei hinter dem Dezimalpunkt, auszuschreiben; die Reihenfolge in der Schreibanweisung soll A1,...,A5 bleiben, die ausgeschriebene Reihenfolge soll aber A1 auf Pos.41, A2 auf Pos.1, A3 auf Pos.21, A4 auf Pos.51, A5 auf Pos.11 sein. Es soll auf einer neuen Seite begonnen werden. Wie lautet das Schreibformat?

3.2/7   Wie könnte in Aufg. 3.2/6 die WRITE-Anweisung lauten, wenn die a_i indizierte Größen wären?

3.2/8   Wie sieht der Ausdruck in folgendem Fall aus?
```
    WRITE(LEN2,5) (A(I),I=1,5)
5   FORMAT(1X,5E13.5)
```
LEN2 bedeutet hierin die logische Einheiten-Nummer des Gerätes bzw. der Datei.

Wie könnte man die WRITE-Anweisung einfacher schreiben, wenn A vorher als Vektor mit 5 Komponenten definiert wurde?

3.2/9   Welcher Ausdruck ergibt sich aus folgenden Anweisungen?
```
    WRITE(LEN2,6) (B(I),I=1,7)
6   FORMAT(1H0,5F10.4)
```

3.2/10 Wie wird gemäß folgenden Anweisungen ausgeschrieben?
```
    WRITE(LEN2,7) (C(I),I=1,3)
7   FORMAT(/1X,5F10.4)
```

3.2/11 Welcher Ausdruck ergibt sich aus folgenden Anweisungen?
```
    WRITE(LEN2,8) (D(I),E(I),I=1,N,2)
8   FORMAT(1X,F10.4,' + I ',F10.4)
```

3.2/12 Wie wird nach folgenden Anweisungen ausgeschrieben? Geben Sie die in der ersten Zeile ausgedruckten Komponenten mit Indizes an!
```
    WRITE(LEN2,9) ((A(I,J),I=1,5),J=1,5)
9   FORMAT(1H ,5F8.3)
```

3.2/13 Wie wird - analog zu Aufg. 3.2/12 - ausgeschrieben, wenn die WRITE-Anweisung
```
    WRITE(LEN2,9) ((A(K,L),L=1,5),K=1,5)
```
lautet?

3.2 Ein- und Ausgabe, Formate

3.2/14 Welcher Ausdruck ergibt sich aus folgenden Anweisungen?

```
      WRITE(LEN2,10) (B(K1),K1=1,3),K0,F1,SB
10 FORMAT(' ',T41,3F8.4/'+',I4/5X,F8.4,9X,E15.6)
```

3.2/15 Welcher Ausdruck ergibt sich aus folgender Anweisungsfolge?

```
      COMPLEX X,Y
      .
      WRITE(LEN2,97) X,Y
97 FORMAT(1X,2(F10.4,E15.5))
```

3.2/16 Wie wird gemäß

```
      COMPLEX X,Y
      .
      WRITE(LEN2,98) X,Y
98 FORMAT(1X,F10.4,F10.3)
```

ausgeschrieben?

3.2/17 Wie wird die Anweisungsfolge

```
      COMPLEX X,Y
      .
      WRITE(LEN2,99) X,Y
99 FORMAT(1X,2F10.4,F8.3)
```

ausgeführt?

3.2/18 Welcher Ausdruck ergibt sich aus

```
      COMPLEX X,Y
      .
      WRITE(LEN2,95) X,Y
95 FORMAT(1H0,F10.4,' + I ',F10.4)              ?
```

3.2/19 Wie wird gemäß folgender Anweisungsfolge ausgedruckt?

```
      LOGICAL A,B
      .
      WRITE(LEN2,96) A,B
96 FORMAT(1X,2L3)
```

3.2/20　Eine (10x20)-Matrix A wird auf folgende Weise eingelesen bzw. ausgedruckt:

```
           :
           READ(LEN1,10) A
      10   FORMAT(10F8.3)
           :
           WRITE(LEN2,5) A
       5   FORMAT(5F10.4)
           :
```

Geben Sie die ersten beiden Druckzeilen in Form indizierter Matrixelemente an.

3.2/21　Wie müßte in Aufg. 3.2/20 bei zeilenweiser Ein-/Ausgabe der Matrix die Anweisungsfolge lauten?

3.2/22　In Aufg. 3.2/20 wird statt READ und 10 FORMAT(..) nach FORTRAN 77 geschrieben:

```
      READ *, A                    .
```

Wie erfolgt die Eingabe?

3.2/23　In Aufg. 3.2/20 wird statt WRITE und 5 FORMAT(..) nach FORTRAN 77 geschrieben:

```
      PRINT *, A                   .
```

Wie erfolgt die Ausgabe?

3.2/24　Es soll auf einer neuen Seite ausgedruckt werden (die Angaben in Klammern entsprechen Steuerungsbeschreibern, der übrige Text ist zu drucken):

ERGEBNISSE:
(1 Leerzeile)
R = (REAL mit F8.2)
(1 Leerzeile)
(5 Blanks) N (10 Blanks) X (10 Blanks) Y
(1 Leerzeile nur vor 1. Tabellenzeile)
(INTEGERs I6)   (REALs F11.3)   (REALs F11.3)
                (Tabelle)

3.2 Ein- und Ausgabe, Formate

3.2/25 Wie wird nach folgender Anweisungsfolge ausgedruckt?
(I=13; X=-4741,3; Y=3,14)
```
    WRITE(LEN2,10)  I,X,Y
10  FORMAT('SEITE',I5///'X=',F10.5/'Y=',F10.5)
```

3.2/26 Nach FORTRAN 77 ist folgende Formulierung möglich:

WRITE(LEN2,'(1X,F10.2)') A+B .

a) Was wird wie ausgedruckt?
b) Wie lautet die entsprechende Schreibweise in expliziter Formulierung?
c) Worin besteht Vor- und Nachteil gegenüber der expliziten Weise?

3.2/27 Wie lautet folgende Formulierung explizit?

WRITE(LEN2,'(1X,''MITTEL ='',E15.5)') ERG/N

Interpretieren Sie die Anweisung!

3.2/28 Wie lautet folgende Formulierung explizit?

WRITE(LEN2,'(1X,''Y''''='',2F10.4)') C, 2*A-B

Interpretieren Sie die Anweisung!

3.2/29 Die quadratische Gleichung $ax^2 + bx + c = 0$ hat die Lösungen

$$x_{1,2} = -\frac{b}{2a} \pm \sqrt{\left(\frac{b}{2a}\right)^2 - \frac{c}{a}} \quad .$$

Es wird gesetzt: $\dfrac{b^2 - 4ac}{4a^2} = R$.

Es ist die Wurzel des Betrags des Radikanden auf folgende beiden Arten zu bestimmen:

a) Verwendung der Bibliotheksfunktion ABS .
b) $\sqrt{|R|} = \sqrt[4]{R^2}$.

Das Wurzelziehen soll jeweils durch Exponentiation erfolgen. Die Eingaben und Ergebnisse sind mit Text auszudrucken. Beispiel: a = 5, b = -2, c = 1.

3.2/30 Schreiben Sie ein Programm, das die Zahlen

315	0.8	-12401	3.14	-93749.83
A	B	C	D	E

intern definiert und in einfachster Form ausdruckt (erweiterte Version: die Zahlen werden eingelesen, das Format wird vorgegeben).

3.2/31 Erweitern Sie das Programm aus Aufg. 3.2/30 dahin, daß von der Summe aus den ersten drei Zahlen die Summe aus den letzten beiden subtrahiert und das Ergebnis ebenfalls ausgedruckt wird.

3.2/32 Potenzieren Sie - im Rückgriff auf Aufg. 3.2/30 - A mit B, multiplizieren Sie das Ergebnis mit C, addieren Sie D, und dividieren Sie das alles durch E. Das Ergebnis ist auszudrucken.

3.2/33 Definieren Sie das Ergebnis aus Aufg. 3.2/31 mit einer INTEGER-Variablen, und drucken Sie es im INTEGER-Format aus.

3.2/34 Definieren Sie alle Zahlen aus Aufg. 3.2/30 mit INTEGER-Variablen, programmieren Sie nach Aufg. 3.2/31 mit INTEGER-Ergebnis, und drucken Sie das Ergebnis im INTEGER-Format aus. Vergleichen Sie das Ergebnis mit dem aus Aufg. 3.2/33.

3.2/35 Der Jahreseffektivzins eines Krediges berechnet sich bei monatlicher Teilrückzahlung konstanter Beträge aus folgender Formel:

$$\text{eff. Jahreszins} = \frac{\text{Gesamtkreditkosten} \cdot 2400}{\text{Nettokredit} \cdot (\text{Laufzeitmonate} + 1)} .$$

Man lese ein: Gesamtkreditkosten GK, Nettokredit NK, Laufzeitmonate LZ und berechne daraus den effektiven Jahreszins. Man schreibe mit Text die Eingaben und das Ergebnis aus. - Berechnen Sie den Jahreseffektivzins, wenn für ein aufgenommenes Darlehen (Nettokredit) von 5000.- DM bei einer Laufzeit von 4 Jahren insgesamt 7500.- DM zurückzuzahlen sind.

3.2 Ein- und Ausgabe, Formate

3.2/36 Schreiben Sie ein Programm, das die folgenden Wertzuweisungen berechnet:

$$W1 = (a+1)(b+\frac{c}{a})$$

$$W2 = \frac{x+2y}{3x}\left(\frac{1}{x} - \frac{1}{y+1}\right)\frac{y}{2x+y}$$

Das Programm soll die Größen a, b, c, x und y einlesen und sie zusammen mit den berechneten Größen W1 und W2 nach folgender Vorschrift ausgeben:

In je 1 Zeile a, b, c, W1, dann 3 Leerzeilen und wieder in je 1 Zeile x, y und W2.

Alle Größen sind vom Typ REAL. Testen Sie Ihr Programm mit folgenden Werten:

a = 0,5   b = 7,5   c = -3   x = 4,1   y = 1,55.

3.2/37 Die Strahlungsgesetze lauten in der Form der auf die Frequenz f bezogenen Energiedichte u bei der Temperatur T:

Planck: $$u_P = \frac{8\pi f^2}{c^3} \cdot \frac{h \cdot f}{e^{hf/(kT)} - 1}$$

Rayleigh-Jeans: $$u_{RJ} = \frac{8\pi k}{c^3} \cdot f^2 \cdot T$$

Wien: $$u_W = \frac{8\pi h f^3}{c^3} e^{-hf/(kT)} \quad .$$

Das Rayleigh-Jeanssche und das Wiensche Gesetz sind Grenzfälle des Planckschen für kleine bzw. große f bei gegebenem T (vgl. Aufg. 4.2/21).

Definieren Sie im Programm

$e = 2,718282$; $k = 1,381 \cdot 10^{-23}$ NmK^{-1}
$h = 6,625 \cdot 10^{-34}$ Js ; $c = 2,9979 \cdot 10^{8}$ ms^{-1} .

Es ist $f = c/\lambda$ (λ = Wellenlänge). Das Programm soll berechnen u_P, u_{RJ} und u_W; Eingaben und Ergebnisse sind auszudrucken (Beisp.: T = 600 K, λ = 1 µm)

3.2/38   Es ist eine Kopfzeile zu formulieren, die auf jedem
          Ausgabeblatt der Rechnung in der ersten Zeile ausge-
          schrieben wird. Sie soll enthalten:

          PROGRAMM xxxxxxxx   DATUM yyyyyyyy   SEITE zzz .

          Der Programm-Name und das Datum (je 8 Zeichen) sind
          in Zeichenform vorher einzulesen, die Seitenzahl wird
          im Programm generiert.

3.2/39   Definieren Sie in einem Programm eine Zeichenkette
          (String), die das Wort

          DONAUDAMPFSCHIFFAHRTGESELLSCHAFTSKAPITAEN

          enthält. Bilden Sie durch Verkettung aus diesem geord-
          neten Zeichenvorrat
          (1) vier Tiernamen beliebiger Größe und
          (2) vier Substantive mit je 7 Buchstaben.

3.2/40   Lesen Sie die beiden folgenden Zeichenketten in ein
          Programm ein, in dem Sie zusätzlich die Zeichenkette

              DAS JAHR HAT XXXX STUNDEN.

          definieren:
          1.String: DER TAG HAT 24 STUNDEN.
          2.String: DAS JAHR HAT 365 TAGE.
          Extrahieren Sie aus diesen beiden Zeichenketten die
          beiden Zahlen, multiplizieren Sie sie miteinander, und
          setzen Sie das Ergebnis in die Stelle XXXX der im Pro-
          gramm definierten Zeichenkette ein.

3.2/41   Geben Sie Möglichkeiten an, ein REAL-Ergebnis R zusam-
          men mit dem Text "ERGEBNIS =" in einer Zeile auszu-
          drucken.

3.2/42   Wie werden die beiden Zahlen -47.1101 und 11326 in den
          Formaten 2F13.5, 2E13.5 und 2G12.4 ausgedruckt?

3.2/43   Es sind 5 REAL-Zahlen und ein F-Ausgabeformat einzule-

3.2 Ein- und Ausgabe, Formate

sen. Innerhalb des Programmes ist nun die eingelesene Zeichenkette für das Format durch Abänderung einzelner Zeichen derart zu modifizieren, daß die Ausgabe auch in anderen Formaten erfolgen kann.

Beispiel:

a) Es wird das Format 5F13.5 eingelesen; alle Zahlen werden entsprechend diesem Format ausgedruckt.

b) Innerhalb des Programmes wird F durch E ersetzt (neues Format: 5E13.5) und der Ausdruck getätigt.

c) Nun wird E13.5 durch G12.4 ersetzt, womit ein Ausdruck gemäß 5G12.4 erfolgen kann.

Wählen Sie auch Zahlen, deren Betrag $< 0,1$ und > 10000 ist.

Hinweis: Wie z.B. aus der Aufg.3.2/26 erkennbar, steht bei der impliziten Formatierung der Formattext als String zwischen den für Zeichenkonstanten obligatorischen Hochkommas '...', wobei zum Formattext auch schon die notwendigen Außenklammern gehören: (1X,F10.2). Man hat also bei der Eingabe des Formattextes darauf zu achten, daß die Außenklammern mit eingegeben werden: dieser String wird dann intern der an dieser Stelle stehenden Zeichen-Variablen zugewiesen. - Dies gilt selbstverständlich auch für den Fall, daß der Formattext intern generiert wird.

3.2/44 Wie werden die beiden Zahlen aus Aufg.3.2/42 in den Formaten
  a) 2(-1PF16.6)
  b) 2(-1PE16.6)
  c) 2E16.6E3
  d) 2(F15.6,:,'UND')
ausgedruckt?

4 Felder und Schleifen, Sprünge und Verzweigungen

4.1 Felder und Schleifen

4.1/1   Dimensionieren Sie ein REAL-Vektorfeld A mit 5 Elementen, lesen Sie die a_i (i=1,...,5) ein, und bilden Sie durch einfache Summation das arithmetische Mittel
$$m = \frac{1}{5} \sum a_i \quad.$$
Es sind auszudrucken das Feld A und das Ergebnis.

4.1/2   Dimensionieren Sie ein Vektorfeld B mit 5 Elementen für b_i (i= -2,...,+2), lesen Sie die b_i ein, und bilden Sie durch einfache Summation und Exponentiation
$$s = \sqrt{\sum b_i^2} \quad.$$

4.1/3   Dimensionieren Sie einen Vektor V mit maximal 21 Elementen; lesen Sie die Elemente v_i (i= 0,5,10,15,20) ein, und bilden Sie die Summe davon.

4.1/4   Dimensionieren Sie eine INTEGER-Matrix F mit den Zeilenindizes -5 bis +5 und den Spaltenindizes 1 bis 11, außerdem einen REAL-Vektor K mit den Indizes 5 bis 15.

4.1/5   Dimensionieren Sie einen REAL-Vektor V mit maximal 20 Elementen (i=1,...,20); auf die Elemente soll auch unter den Variablennamen U und W zugegriffen werden können mit folgender Maßgabe:
$V_1 = U_1, ..., V_5 = U_5, V_6 = W_1, ..., V_{20} = W_{15}$.

4.1/6   Ergänzen Sie Aufg. 4.1/5 derart, daß die Elemente V_5 bis V_{14} zusätzlich unter dem Namen X_1 bis X_{10} erreichbar sein sollen.

4.1 Felder und Schleifen

4.1/7 Dimensionieren Sie ein Feld C für maximal 20 komplexe Zahlen sowie ein Feld L für maximal 10 logische Werte.

4.1/8 Dimensionieren Sie ein REAL-Vektorfeld R (maximal 20 Zahlen), und lesen Sie Komponenten nach folgender Vorschrift ein: die erste Komponente wird durch den Anfangsindex IA beschrieben, die übrigen ergeben sich durch die Schrittweite IS bis zum Endindex IE.
IA, IS und IE sind vorher Werte zuzuweisen.

4.1/9 Schreiben Sie die WRITE-Anweisung aus Aufg. 3.2/9 mit einer äußeren DO-Schleife.

4.1/10 Schreiben Sie die WRITE-Anweisung aus Aufg. 3.2/11 mit einer äußeren DO-Schleife.

4.1/11 Schreiben Sie die WRITE-Anweisung aus Aufg. 3.2/13 unter Verwendung der DO-Schleife.

4.1/12 Formulieren Sie Aufg. 4.1/1 derart, daß die Summation über eine DO-Schleife erfolgt.

4.1/13 Formulieren Sie Aufg. 4.1/2 derart, daß die Summation über eine DO-Schleife erfolgt.

4.1/14 Formulieren Sie Aufg. 4.1/3 derart, daß die Summation über eine DO-Schleife erfolgt.

4.1/15 Es soll die Tabelle für eine trigonometrische Funktion erstellt werden, wobei das Argument von $-\pi$ bis $+\pi$ in Schritten von π/n variiert. Für n soll ein Wert eingelesen sein. Geben Sie eine DO-Schleife an, in der der jeweilige Funktionswert berechnet wird.

4.1/16 Es sei ein zweidimensionales Feld a_{ij} (i=1,..,m ; j=1,..,n) voll besetzt. Summieren Sie mit Schleifen alle Elemente.

4 Felder und Schleifen, Sprünge und Verzweigungen

4.1/17 Berechnen Sie $y = x^n$ für vorgegebenes x und n mittels einer Schleife.

4.1/18 Berechnen Sie $y = n!$ ($n! = 1 \cdot 2 \cdots n$) für vorgegebenes $n > 1$ mittels einer Schleife.

4.1/19 Schreiben Sie einen Programmabschnitt, der nach der Formel $x^2 + y^2 = r^2$ konzentrische Kreise berechnet.

Zunächst ist r gleich einem Anfangswert RA zu setzen; die Koordinatenberechnung soll von $x = -r$ bis $x = +r$ in Schritten von Δx erfolgen. Δx berechnet sich aus der vorzugebenden Zahl N der Stützstellen.

Nach dem ersten Durchlauf ist r um einen Betrag Δr zu erhöhen, hiermit sind die Koordinaten des neuen Kreises zu berechnen usw. Δr ergibt sich aus dem größten auszuwertenden Radius RE und der Zahl K der konzentrischen Kreise. Auszuschreiben sind der jeweilige Radius r und die zugehörigen Koordinatenpaare x und y.

4.1/20 In einem zweidimensionalen Feld sind 2 Vektoren mit n Komponenten wegzuspeichern (Vektoren $\vec{a}$ und $\vec{b}$). Hieraus bilde man das Skalarprodukt und schreibe - außer den Eingaben - auch das Ergebnis aus (vgl. Aufg. 4.2/11)!

Zahlenwerte:
$\vec{a}$ = (2, 4, 6, 8, 10, 12, 14, 16, 18, 20)
$\vec{b}$ = (40, 39, 38, 37, 36, 35, 34, 33, 32, 31) .

4.1/21 Für ein Polynom $y = \sum_{0}^{5} a_i x^i$ ist die Ableitung (Steigung) im Punkt x_0 aus dem Differenzenquotienten

$$\frac{\Delta y}{\Delta x} = \frac{f(x+\Delta x) - f(x)}{\Delta x} \qquad (y' = \lim_{\Delta x \to 0} \frac{\Delta y}{\Delta x})$$

zu ermitteln, wobei Δx durch $1/n$ definiert ist (Eingaben x_0, n, a_i).

Zahlenbeispiel:
$a_0 = -2$, $a_1 = 5$, $a_2 = -4$, $a_3 = 3$, $a_4 = 2$, $a_5 = 1$, $x_0 = 1$.
Berechnung je für
n = 2, n = 5, n = 20, n = 250, n = 1000.
Man vergleiche mit dem exakten Wert aus der Ableitung!

4.1 Felder und Schleifen

4.1/22 Die monatliche Rückzahlungsrate eines Darlehens berechnet sich nach der Formel

$$P = \frac{A_0 \cdot R \cdot (1+R)^N}{(1+R)^N - 1}$$

mit P = monatliche Zahlung, A_0 = Darlehenssumme, N = Laufzeit des Darlehens in Monaten, R = monatlicher Zinssatz. - Der Zinsanteil der Rate des n-ten Monats berechnet sich aus $Z_n = R \cdot A_{n-1}$, worin A_{n-1} das aktuelle Darlehen, nämlich die Restschuld aus dem Vormonat, ist. Unter Berücksichtigung von Z_n ist die Restschuld aus dem n-ten Monat $A_n = A_{n-1} - P + Z_n$.
Erstellen Sie ein Programm zur Berechnung des Tilgungsplans eines Darlehens mit einer Laufzeit von N Monaten. Der Ausdruck soll - neben geeignetem Text - umfassen: Wiedergabe der Eingabewerte sowie tabellarisch für jeden Monat Zahlungsrate, Zinsanteil und Restschuld.
Zahlenbeispiel: A_0 = 10000.-DM, R = 0,5%, N = 24 Monate.

4.1/23 Schreiben Sie ein Programm, das eine Tabelle des Bremsweges eines Kraftfahrzeuges in Abhängigkeit von der Geschwindigkeit v und der Bremsbeschleunigung a berechnet und ausdruckt. Es soll folgende Vorschrift gelten: Für die Geschwindigkeit werden ein Anfangswert v_a, eine Schrittweite v_s und ein Endwert v_e in m/s eingelesen; außerdem wird die Bremsbeschleunigung a in m/s^2 eingelesen. Außer den Eingaben ist eine Tabelle in der Form   v(m/s)   v(km/h)   s(m)
auszudrucken. Der Bremsweg berechnet sich aus $s = \frac{v^2}{2a}$.
(Zahlenwerte: v_a = 6, v_s = 2, v_e = 50, a = 4.)

4.1/24 Die Maxwell-Boltzmannsche Geschwindigkeitsverteilung läßt sich als Funktion

$$f(v) = a \cdot v^2 \cdot e^{-\frac{v^2}{b}}$$

qualitativ darstellen. Man wähle für eine einfach kontrollierbare Rechnung a = 5, b = 4 und setze

e = 2,71828183. Es ist die Funktion von v = 0 bis
v = 10 in Schritten Δv = 0,25 zu berechnen. Man
drucke außer den Vorgaben tabellarisch die Koordinaten
aus. (Vgl. Aufg. 6.1/2.)

4.1/25 Es ist ein Programm zu schreiben, das den Funktionswert $y = \sum a_i x^i$ eines Polynoms berechnet ($n \leq 20$).
n und die Koeffizienten sind einzulesen (a_k = 0, wenn
der entsprechende Summand fehlt; k < n). Verwenden Sie
einfach die Summenglieder, wie sie in der Formel stehen
(Horner-Schema s. nächste Aufgabe). Die a_i sind sinn-
vollerweise in ein Feld zu speichern.

Das beispielhaft zu rechnende Polynom mit n = 10 habe
folgende Koeffizienten $\neq$ 0:
a_0 = -5,1 ; a_1 = 2,4 ; a_3 = 4,7 ; a_5 = -0,9 ;
a_8 = 1 ; a_{10} = -0,5 .

Weiterhin sei x_a = 0, x_e = 3 und Δx = 0,2 (diese Vorgaben sind ebenfalls einzulesen). Drucken Sie - außer
den Koeffizienten a_i - eine (x,y)-Tabelle aus.

4.1/26 Horner-Schema: Zur Berechnung eines Polynoms $y = \sum a_i x^i$
kann man als einfachen und effektiven Algorithmus das
sog. Horner-Schema verwenden. Es gilt:

$$\sum a_i x^i = (\ldots ((a_n x + a_{n-1})x + a_{n-2})x + \ldots + a_1)x + a_0.$$

Man kann nun setzen:

$$\begin{aligned}
z_{n+1} &= 0 \\
z_n &= a_n & &= z_{n+1}x + a_n \\
z_{n-1} &= a_n x + a_{n-1} & &= z_n x + a_{n-1} \\
z_{n-2} &= (a_n x + a_{n-1})x + a_{n-2} & &= z_{n-1}x + a_{n-2} \\
&\vdots \\
z_0 &= \sum a_i x^i & &= z_1 x + a_0 .
\end{aligned}$$

z_0 ist also dem ursprünglichen Polynom gleich. Für die
Teilsummen z_j erhält man demnach die Rekursionsformel

$$z_j = z_{j+1}x + a_j \quad (j = n, n-1, \ldots, 0) .$$

4.1 Felder und Schleifen

Man braucht also zur Berechnung jeder nachfolgenden Komponente z_j nur den unmittelbar zuvor berechneten Wert z_{j+1}, kann also für alle z_j den gleichen Speicherplatz y verwenden, der am Ende gerade den Funktionswert enthält. - Berechnen Sie die Funktionswerte mit den Eingaben der Aufg. 4.1/25; der Ausdruck erfolgt ebenfalls wie dort.

4.1/27 Eine Induktivität L und eine Kapazität C sind in Reihe geschaltet. Die Resonanzfrequenz des Kreises berechnet sich nach der Formel
$$f_0 = \frac{1}{2\pi\sqrt{LC}} \quad .$$

Lassen Sie eine Tabelle ausdrucken, aus der man für L = 1 µH bis L = 11 µH mit der Schrittweite 2,5 µH und für C = 100 pF bis C = 1000 pF mit der Schrittweite 100 pF die Resonanzfrequenz ablesen kann. (Diese Werte sind einzulesen.)

Tabellenform:

L / C	1	3,5	6	...
100	...	...		
...				

4.1/28 Schreiben Sie ein Programm zum Transponieren einer Matrix (maximal 10 Zeilen und 10 Spalten). Hierbei werden die Zeilen und Spalten vertauscht.

4.1/29 Eine Matrix mit 10 Zeilen und 7 Spalten ist in allen Elementen auf 0 zu setzen. Formulieren Sie diesen Programmabschnitt.

4.1/30 Es gilt folgende Entwicklung für $m > 0$ und $|x| \leq 1$:
$$(1+x)^m = 1 + mx + \frac{m(m-1)}{2!} x^2 + \frac{m(m-1)(m-2)}{3!} x^3 + \ldots$$
$$\ldots + \frac{m(m-1)\cdots(m-n+1)}{n!} x^n + \ldots$$

Schreiben Sie dazu einen Programmabschnitt.

4.1/31 Pascalsches Dreieck. Das Pascalsche Dreieck beinhaltet die Binomialkoeffizienten aus der Entwicklung

$$(a+b)^n = \sum_{\nu=0}^{n} \binom{n}{\nu} a^{n-\nu} b^{\nu} \quad (n \geq 0, \text{ ganzzahlig}).$$

Formal ergeben sich die Koeffizienten für ein bestimmtes n als Summe der beiden links und rechts darüber stehenden Koeffizienten, die Randelemente sind 1.

Die ersten Zeilen lauten:

n	Koeffizienten
0	1
1	1 1
2	1 2 1
3	1 3 3 1
⋮	

Das Programm soll das Pascalsche Dreieck berechnen und in obiger Form folgendermaßen ausdrucken:

Spalte n	Koeffizienten- dreieck	Spalte Summe der Koeffizienten

Als Kontrolle kann dienen, daß die Summe der Koeffizienten einer Zeile für n gleich 2^n ist.

Lassen Sie rechnen bis n=10, und verwenden Sie variables Format (vgl. Aufg. 3.2/42) zur Programmierung.

Bemerkung: Es lassen sich für das Programm also folgende Algorithmen verwenden:

a) Berechnung der Dreieckselemente aus der Formel

$$\binom{n}{m} = \frac{n!}{m!(n-m)!} \quad ,$$

b) Verwendung des einfachen Zusammenhangs zwischen den Elementen der i-ten Zeile und denen der (i-1)-ten Zeile:

$a_{1,1} = 1$
$a_{i,1} = 1$
$a_{i,i+1} = 1$
$a_{i,j} = a_{i-1,j-1} + a_{i-1,j} \quad (i=2,3,\ldots;\quad j=2,\ldots,i)$.

4.2 Sprünge und Verzweigungen

4.2/1   Geben Sie an, wie Sie vom Programmende ohne Bedingung wieder zum Programmanfang springen.

4.2/2   Ein Wurzelausdruck $\sqrt{R}$ soll auf Reell-oder Imaginärwertigkeit getestet werden; in dem jeweiligen Fall ist "Wurzel reell" bzw. "Wurzel imaginär" auszudrucken. Wie könnte der Programmabschnitt lauten?

4.2/3   Die Zahl n der Durchläufe eines Programmes (mit jeweils neuen Daten) kann man dadurch steuern, daß man n einliest, das Programm n-mal rechnen läßt und dann die Berechnung beendet. Wie läßt sich das programmieren?

4.2/4   In Abänderung zu Aufg. 4.2/3 kann man die Zahl der Durchläufe ohne Vorgabe dadurch steuern, daß man vor jedem möglichen Durchlauf eine Kennziffer $K \geqslant 0$ einliest. Sobald K = 0 eingelesen wird, soll die Berechnung beendet werden. Vorteil: Man braucht sich nicht schon zu Anfang auf die Zahl der Durchläufe festzulegen und kann so die Entscheidung auf der Basis vorheriger Läufe ad hoc treffen (interaktiv). Wie lautet die Vergleichsfolge?

4.2/5   Ein größeres Programm enthält 4 Abschnitte, die alternativ durchlaufen werden können. Die Steuerung erfolgt über eine einzulesende Kennziffer KEN (KEN = 1,2,3 oder 4). Geben Sie Programmiermöglichkeiten an!

4.2/6   Die quadratische Gleichung $x^2 + px + q = 0$ hat die Lösungen
$$x_{1,2} = -\frac{p}{2} \pm \sqrt{\left(\frac{p}{2}\right)^2 - q} \quad .$$
p und q sind einzulesen. Wenn die Diskriminante negativ

ist, soll der Text "x komplex" ausgedruckt und an das Programmende gesprungen werden. Im anderen Fall sind p, q, x_1 und x_2 für $x_1 \neq x_2$ bzw. p, q, x für $x_1 = x_2$ auszudrucken.

4.2/7 Folgenden vier logischen Wahrheitstafeln sind die Kennziffern 1 bis 4 zuzuordnen. Es ist ein Programm zu erstellen, das nach Eingabe einer Kennziffer 1, 2, 3 oder 4 die zugehörige Tafel in der angegebenen Form ausdruckt (senkrechte Striche sind durch Untereinandersetzen von Ausrufungszeichen zu bilden). Wird die Kennziffer 0 eingegeben, ist die Rechnung zu beenden. Für eine eingegebene Kennziffer $\neq$ 0 bis 4 ist auszudrucken: "KENNZIFFER UNGUELTIG" und wieder an den Programmanfang zu springen. - Programmieren Sie ein "Gerüst", in das Sie - je nach Kennziffer - die entsprechenden variablen Buchstaben und Zahlen einsetzen. Verwenden Sie den berechneten Sprung   GOTO $(n_1,...,n_m),I$!

.AND.	1	0
1	1	0
0	0	0

.OR.	1	0
1	1	1
0	1	0

.EQV.	1	0
1	1	0
0	0	1

.NEQV.	1	0
1	0	1
0	1	0

Kennz. (1)   (2)   (3)   (4)
log. UND   log. ODER   Äquivalenz   Nicht-Äquivalenz

4.2/8 Auf einem Bauernhof mit Kaninchen und Hühnern zählt man 20 Tiere mit insgesamt 64 Beinen. Um wieviel Kaninchen bzw. Hühner handelt es sich?

Lösen Sie die Aufgabe tabellarisch derart, daß Sie von der Gesamtzahl der Beine nacheinander die Beine von 1,2,... Kaninchen subtrahieren, die aus dem Rest folgende Hühnerzahl bestimmen und vergleichen, ob die resultierende Gesamtzahl mit der Forderung übereinstimmt. Neben den Eingaben (Tierzahl und Beinzahl) ist folgende Tabelle auszuschreiben:

Kaninchen	Hühner	Tierzahl
1	30	31
2	..	..
..		

Ergebnis: Es handelt sich um...Kaninchen und...Hühner.

4.2 Sprünge und Verzweigungen

4.2/9 Schreiben Sie ein Programm zur Berechnung der Summe

$$y = \sum_{k=-n}^{n} \frac{1}{k^2 - 1} \quad , \quad k \neq \pm 1, \quad n > 0 .$$

k und n sind ganzzahlig. Verwenden Sie eine Programmschleife mit logischem IF sowie - alternativ - eine mit Block-IF. -- Wie lautet die kürzeste Formulierung?

4.2/10 Wenn man annimmt, daß an allen Tagen des Jahres gleichviel Personen Geburtstag haben, ist die Wahrscheinlichkeit q(n), daß von n Personen keine zwei an demselben Tag Geburtstag haben, durch

$$q(n) = \prod_{k=1}^{n} \frac{366 - k}{365}$$

gegeben. Demnach ist die Wahrscheinlichkeit, daß von n Personen zwei an demselben Tag Geburtstag haben, durch 1 - q(n) auszudrücken.

Schreiben Sie ein Programm, das berechnet, ab wieviel Personen die Wahrscheinlichkeit, daß zwei von ihnen an demselben Tag Geburtstag haben, größer als 1/2 ist.

4.2/11 Das Skalarprodukt zweier Vektoren $\vec{a}$ und $\vec{b}$ ist gegeben durch $\quad \vec{a} \cdot \vec{b} = \sum_{i} a_i b_i$.

Weiterhin ist

$$|\vec{a}| = a = \sqrt{\sum a_i^2} \quad \text{und}$$
$$|\vec{b}| = b = \sqrt{\sum b_i^2} \quad .$$

Aus $\vec{a} \cdot \vec{b} = a \cdot b \cdot \cos(\vec{a}, \vec{b})$ erhält man für den Kosinus des Winkels zwischen den beiden Vektoren

$$\cos(\vec{a}, \vec{b}) = \frac{\vec{a} \cdot \vec{b}}{a \cdot b} \quad .$$

Es sind 2 Vektoren mit je maximal 20 Komponenten in dafür vorgesehene Bereiche einzulesen. Damit ist der Kosinus des Winkels zwischen diesen beiden Vektoren zu berechnen.

Nach der Komponentenzahl sind die Komponenten jedes Vektors einzulesen. Auszudrucken sind (mit Kurztext) die beiden Vektoren sowie der berechnete Kosinus. Zur Beispielrechnung benutze man folgende Werte:

1. $\vec{a}$ = (3,6 -1,8)
   $\vec{b}$ = (1,4   2,7)   .

   Dieses Beispiel läßt sich auch sehr gut grafisch überprüfen.

2.
$\vec{a}$ = (2 1 -0,2 0 -1   0   3 1,2 -0,3 -1,1)
$\vec{b}$ = (-1 -0,5 1,5 0 -0,4 1,9 -2 2,5   0,4 -0,1)   .

4.2/12 Die Abbildungsgleichung der Optik
lautet: $\frac{1}{f} = \frac{1}{g} + \frac{1}{b}$,

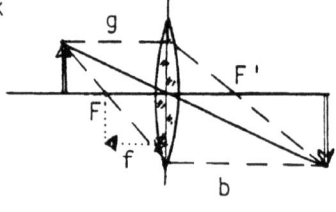

worin f die Brennweite der
Linse, g die Gegenstandsweite
und b die Bildweite bedeuten.
Man berechne - je nach vorgegebenen Parametern -
(1) f aus g,b oder (2) g aus f,b oder (3) b aus f,g.
Die Fallunterscheidungen steuere man durch eine vorher
einzulesende Kennziffer (1) bis (3). Für Kennziffer = 0
soll die Rechnung beendet werden. (Für die Konvexlinse
gilt f > 0 , für die Konkavlinse f < 0 .)

4.2/13 Schreiben Sie einen Programmabschnitt, der 3 unter
den Variablennamen A, B und C eingelesene Zahlenwerte
auf den größten untersucht. Falls zwei Zahlenwerte
gleich sind und größer als der dritte, ist die zuerst
eingelesene Zahl als größte zu werten.

4.2 Sprünge und Verzweigungen

4.2/14 Es gilt folgende Entwicklung ($|x| < 1$):

$$\arctan x = x - \frac{x^3}{3} + \frac{x^5}{5} - \frac{x^7}{7} + .. + (-1)^n \cdot \frac{x^{2n+1}}{2n+1} \pm ...$$

Außer dem eingegebenen x sind auszudrucken die Ergebnisse für 3, 6, 9 und 50 Summenglieder.

Führen Sie - unter Berücksichtigung von Aufg. 4.1/30 - eine analoge Berechnung durch für ($|x| < \infty$):

$$\cos x = 1 - \frac{x^2}{2!} + \frac{x^4}{4!} - \frac{x^6}{6!} + .. + (-1)^n \cdot \frac{x^{2n}}{(2n)!} \pm ...$$

Geben Sie die Ergebnisse an für 3, 6 und 50 Summanden.

4.2/15 Für e gilt die Reihenentwicklung

$$e = \sum_{n=0}^{\infty} \frac{1}{n!} \quad (n! = 1 \cdot 2 \cdot 3 \cdot ... \cdot n \,,\, 0! = 1) \quad .$$

Andere Darstellungen für e sind

$$e = \lim_{n \to \infty} \left(1 - \frac{1}{n}\right)^{-n} \quad \text{und}$$

$$e = \lim_{n \to \infty} \left(1 + \frac{1}{n}\right)^{n} \quad .$$

Mit diesen 3 Möglichkeiten ist e zu berechnen. Die Berechnung ist abzubrechen, sobald der jeweilige Näherungswert gegenüber dem Taschenrechnerwert eine Abweichung $< 10^{-3}$ aufweist. Um einen Konvergenzvergleich für die 3 Verfahren durchführen zu können, ist die Anzahl n_i der Iterationsschritte zu speichern und mit auszudrucken.

Ausdruck:

	Wert	n_i
Reihe	...	...
lim(-n)	...	...
lim(n)	...	...

4.2/16 Es ist die Quersumme von einer einzulesenden natürlichen (maximal zehnstelligen) Zahl zu berechnen. Testen Sie das Programm mit verschiedenen Eingabewerten, und führen

Sie insbesondere eine Rechnung für die Zahl 5973248 durch. Eingegebene Zahl und Quersumme sind auszudrucken.

4.2/17   Die Reihe
$$\frac{1}{1 \cdot 3} + \frac{1}{3 \cdot 5} + \frac{1}{5 \cdot 7} + \ldots + \frac{1}{(2n-1)(2n+1)} + \ldots$$
besitzt den Grenzwert $\frac{1}{2}$.

Man überprüfe dies mit n = 5, n = 10, n = 30 und n = 100 Summanden. n ist einzulesen; die Berechnungen sollen beendet werden, sobald n = 0 eingelesen wird.

n ist als vierstellige INTEGER, das zugehörige Ergebnis mit 5 Stellen hinter dem Dezimalpunkt auszudrucken.

4.2/18   Drei Seeleute kommen zu einem Haufen von Kokosnüssen. Der erste nimmt sich die Hälfte der Nüsse und eine halbe Nuß. Der zweite nimmt sich vom Rest die Hälfte und eine halbe Nuß, und ebenso verfährt der dritte mit dem verbleibenden Rest. Übrig bleiben r Kokosnüsse, und die erhält der Affe. Wieviel Nüsse waren im Haufen?

r ist einzulesen (Beispiel: r = 4). Lösen Sie das Problem derart, daß Sie - bei der Gesamtzahl 1 beginnend - die Gesamtzahl jeweils um 1 erhöhen, bis die gesuchte Zahl erreicht ist. Schreiben Sie die Ergebnisse in der Art nachstehender Tabelle aus:

"   N   Rest
1   ....
2   ....
:
(bis richtiges r erreicht ist)

Die Gesamtzahl der Kokosnüsse ist .....   "

Das Ergebnis läßt sich leicht überprüfen; wie Sie sich mathematisch herleiten können, ist $N_x = 8 \cdot r + 7$.

4.2/19   Primzahlen. Es sind alle Primzahlen < 1000 zu bestimmen. Hierzu prüfe man durch Division, ob die Zahl p (2 < p < 1000) einen Teiler t mit 1 < t < p besitzt (vgl. auch Aufg. 4.2/20).

4.2 Sprünge und Verzweigungen

4.2/20 Primzahlen. Es sind alle Primzahlen < 1000 zu bestimmen. Hierzu benutze man das "Sieb des Eratosthenes" (griechischer Mathematiker um 200 v.Chr.), das ohne Division auskommt: es werden zunächst alle zu untersuchenden Zahlen (2,3,4,5,...) aufgereiht. Anschließend werden alle Vielfachen der ersten Zahl (2) weggestrichen (4,6,8,10,...). Dann wird die nächste Zahl genommen, die nicht weggestrichen ist (3); ihre Vielfachen werden ebenfalls weggestrichen (6,9,12,15,...). Das Verfahren wird so lange fortgeführt, bis die größte zu untersuchende Zahl erreicht ist.- Die Zahlen, die nach Beendigung der Rechnung nicht weggestrichen sind, sind die gesuchten Primzahlen (vgl. auch Aufg. 4.2/19).

4.2/21 In Aufg. 3.2/37 wurden die Strahlungsgesetze angegeben und in einfacher Form programmiert. Nunmehr sind λ und T als Parameter einzulesen und die zugehörigen Funktionsverläufe aus den drei Gleichungen u_P, u_{RJ} und u_W tabellarisch auszudrucken. Bei Eingabe T = 0 soll die Berechnung beendet sein.

Man gebe sich ein erstes T vor und drucke die Tabelle aus für $\lambda_a \leq \lambda \leq \lambda_e$. Dann wähle man ein neues T und berechne die Tabelle für den gleichen Wellenlängenbereich. Am Ende gebe man T = 0 ein und beende damit die Rechnung.

Es müßte erkennbar werden, daß das Plancksche Strahlungsgesetz für große λ in das Rayleigh-Jeanssche, für kleine λ in das Wiensche Gesetz übergeht.

Als Beispiel rechne man mit folgenden Zahlen:

λ_a = 0,25 µm ; λ_e = 50 µm ; $\Delta\lambda$ = 0,25 µm;
T = 200 K, 400 K, 600 K, 900 K, 1000 K.

Tabelle:
Temperatur = ...

λ	u_P	u_{RJ}	u_W
⋮	⋮	⋮	⋮

4.2/22 Die Masse m eines sich mit der Geschwindigkeit v gegenüber einem äußeren Beobachter bewegenden Körpers wird relativistisch beschrieben durch

$$m = \frac{m_0}{\sqrt{1 - \beta^2}} \quad ;$$

hierin ist m_0 die Ruhemasse des Körpers, d.h. die Masse bei der Geschwindigkeit Null. Weiterhin ist $\beta = \frac{v}{c}$ (c = 300.000 km/s).

Man betrachte Elektronen, denen die Ruhemasse $m_0 = 9{,}11 \cdot 10^{-31}$ kg und die Ladung $e = 1{,}602 \cdot 10^{-19}$ C zukommt. Zwischen der Geschwindigkeit v und der Beschleunigungsspannung U besteht der Zusammenhang

$$U = \frac{m_0 c^2}{e} \cdot \left(\frac{1}{\sqrt{1 - \beta^2}} - 1 \right)$$

(c in m/s !) .

Man berechne, um welchen Faktor $m/m_0 = 1/\sqrt{1 - \beta^2}$ sich die Masse des Elektrons vergrößert, wenn man v, von 0 km/s beginnend, in Schritten von $\Delta v = 5000$ km/s vergrößert. Als letzten Wert nehme man nicht v = 300.000 km/s, sondern v = 299.999 km/s.

Außerdem schreibe man die jeweils zu v gehörende Beschleunigungsspannung U aus.

Man benutze zunächst die Reihenentwicklung für $|x| < 1$

$$\frac{1}{\sqrt{1-x}} = 1 + \frac{1}{2}x + \frac{1 \cdot 3}{2 \cdot 4}x^2 + \frac{1 \cdot 3 \cdot 5}{2 \cdot 4 \cdot 6}x^3 + \frac{1 \cdot 3 \cdot 5 \cdot 7}{2 \cdot 4 \cdot 6 \cdot 8}x^4 + \ldots$$

mit insgesamt 30 Summanden. Zum Vergleich verwende man für die Wurzel auch einen exakten Ausdruck (z.B. Exponent $\frac{1}{2}$).

Die Ergebnisse liste man in einer Tabelle mit folgendem Kopf auf:

v(km/s)   U(kV) m/m_0(Reihe) m/m_0(exakt) .

4.2 Sprünge und Verzweigungen

4.2/23 Bei Veranstaltungen, wo es um Rangplätze geht (z.B. beim Sport), werden Punktelisten in Rangplätze umgerechnet. Auch in der Statistik werden für parameterfreie Tests Rangordnungen benötigt.

Das nachfolgende Programm soll die entsprechende Punkte-/Rangzuordnung treffen. Es gelten folgende Vereinbarungen:

1. Tritt eine Punktzahl einmalig auf, wird ihr der entsprechende Platz voll zugeordnet.

2. Tritt eine Punktzahl n-fach auf, werden dadurch die Plätze ab m+1 bis m+n belegt, doch erhalten alle n Leistungen die gleiche Rangbewertung

$$\frac{\sum_{i=1}^{n}(m+i)}{n} = m + \frac{n+1}{2} .$$

Es ist eine Punktfolge in einen Bereich einzulesen (maximal 20 INTEGERs) und daraus die Rangliste zu erstellen. Der Ausdruck erfolgt tabellarisch mit Überschrift. Als Beispiel sei vorgegeben:

Punkteliste:
89 78 73 73 73 54 41 41 27 13 13 13 13 9 .

Für den Ausdruck ergibt sich die Tabelle:

Punkte	Rang
89	1
78	2
73	4
73	4
73	4
54	6
41	7,5
41	7,5
27	9
13	11,5
13	11,5
13	11,5
13	11,5
9	14

4 Felder und Schleifen, Sprünge und Verzweigungen

4.2/24 Es ist die Aufgabe gestellt, Längen in verschiedenen Maßeinheiten einzulesen, in Meter umzurechnen und zu addieren. Die unterschiedlichen Maßeinheiten sind durch zugeordnete Kennziffern zu deklarieren. Es sollen folgende Zuordnungen gelten:

Kennziffer	Maßeinheit	Umrechnungsfaktor in m
1	m	1,0000
2	cm	0,0100
3	inch	0,0254
4	fuss	0,3048
5	yard	0,9144
0	---	

Durch Kennziffer 0 ist das Einlesen zu beenden.

Die Ausgabe erfolgt in einer Tabelle:

Länge	Einheit	Meter
⋮		

Summe der Längen: ...... Meter

Es ist mit folgenden Eingaben als Beispiel zu rechnen:

Kennziffer	Zahlenwert
3	57,3
5	93,75
1	112,326
2	4221,9
2	983,2
3	88,7
2	1974,4
5	27,13
4	310,97
2	2841,5
4	1024,05
0	

Verwenden Sie beim Programmieren Computed GOTO !
$$GOTO(n_1,\ldots,n_m),I$$

4.2 Sprünge und Verzweigungen

4.2/25 Minimum und Maximum im Intervall einer Zahlenfolge. Zunächst ist eine bestimmte Anzahl von reellen Zahlen einzulesen. Die Zahlen sind in ein Feld (≤ 100) zu speichern. Nun wird ein wertmäßiges Intervall innerhalb dieser Zahlenfolge vorgegeben, in dem das Minimum und das Maximum zu bestimmen sind. Alle Zahlen außerhalb des Intervalles werden nicht berücksichtigt. - Neben der Zahlenfolge sind auch die Grenzen des Sortierbereichs sowie das darin gefundene Minimum bzw. Maximum auszudrucken.

Beispiel für die Eingabe:

$$6$$
$$Gmin, Gmax$$
$$R_1, R_2, \ldots, R_6 \quad .$$

Diese Angaben besagen, daß 6 Zahlen $R_1,\ldots,R_6$ einzulesen sind; die untere Grenze des (abgeschlossenen) Intervalles, in dem Minimum und Maximum zu bestimmen sind, wird mit Gmin, die obere mit Gmax bezeichnet.

Geben Sie sich 20 REAL-Zahlen $\gtreqless 0$ vor; als Intervallgrenzen nehmen Sie $[-3,5 \quad 7,5]$ an.

4.2/26 Fibonacci-Zahlen. Im Jahre 1202 beschäftigte sich Leonardo Fibonacci mit folgendem Problem: Wieviel Paare von Kaninchen können von einem einzigen Paar in einem Jahr erzeugt werden, wenn folgende Voraussetzungen zutreffen:

a) Jedes Paar erzeugt jeden Monat ein neues Paar Nachkommen.
b) Jedes neue Paar wird im Alter von einem Monat fruchtbar.
c) Die Kaninchen sterben nie.

Es ist ein Programm zu erstellen, das Fibonacci-Zahlen aus den Anfangswerten 0 und 1 bis 20 errechnet. Die ermittelten Werte sind in ein Feld FZ abzulegen und auszudrucken; jede Zeile soll 4 Fibonacci-Zahlen enthalten.

Zur Berechnung gilt folgende Vorschrift:

$$FZ(1) = 0$$
$$FZ(2) = 1$$
$$\vdots$$
$$FZ(I) = FZ(I-1) + FZ(I-2) \quad \text{für} \quad I \geq 3.$$

4.2/27 Stichprobenauswertung. Bei statistischer Meßwerterfassung werden Stichproben entnommen (hier: eine Stichprobe vom Umfang n) und daraus folgende Aussagen gewonnen:

der größte Wert	Z_{max}
der kleinste Wert	Z_{min}
die Spannweite	$r = Z_{max} - Z_{min}$
der Mittelwert	$Z_m = \frac{1}{n} \sum_{i=1}^{n} Z_i$
die Varianz	$\mu = \frac{1}{n-1} \sum_{i=1}^{n} (Z_i - Z_m)^2$
die Standardabweichung	$s = \sqrt{\mu}$
der Variationskoeffizient	$v = \frac{s}{Z_m} \cdot 100$ in %

der Medianwert a:

Der Medianwert a ist der Wert, bei dem die Hälfte der Zahlen unterhalb und die Hälfte der Zahlen oberhalb liegt. Ist die Anzahl der Elemente ungerade, so ist der Medianwert ein Wert der Folge, bei gerader Anzahl der Elemente ist er der Mittelwert der beiden mittleren Elemente.

Für die n Stichprobenwerte (n $\leq$ 100) ist ein Feld STIP vorzusehen. Es ist zu rechnen mit n = 30; geben Sie dazu Stichprobenzahlen nach Ihrer Wahl zwischen 21 und 23 ein.

4.2/28 Ausgleichs- (oder Regressions-) Gerade. Liegen aus einer Zufallsstichprobe mit zwei Variablen x und y (z.B. gemessene Spannung y in Abhängigkeit vom Strom x) n Wertepaare vor, kann man eine optimale Ausgleichsgerade oder -parabel durch die Meßpunkte legen (Bestkurve).

4.2 Sprünge und Verzweigungen

Es wird hier die Ausgleichsgerade betrachtet:

$$y = a_0 + a_1 \cdot x$$

mit

$$a_0 = \frac{(\sum y_i)(\sum x_i^2) - (\sum x_i)(\sum x_i y_i)}{n \cdot (\sum x_i^2) - (\sum x_i)^2}$$

und

$$a_1 = \frac{n \cdot (\sum x_i y_i) - (\sum x_i)(\sum y_i)}{n \cdot (\sum x_i^2) - (\sum x_i)^2}$$

($i = 1, \ldots, n$).

Es ist die Ausgleichsgerade für m Fälle zu berechnen. Für jeden Fall sind die Zahl n der Wertepaare ($n \leq 20$) sowie die Wertepaare selbst einzulesen, letztere in dafür vorgesehene Bereiche. Auszudrucken sind für jedes m die Wertepaare sowie die Gleichung der Ausgleichsgeraden.

Man rechne mit folgenden Werten:

m = 2

1. Fall: x_i: 20   40   60   80   100

           y_i: 31   63   91   128   170

2. Fall: x_i: 10   20   30   40   50   70   90   120   150

           y_i: 27   54   80   100   128   180   230   295   380 .

4.2/29 Bei Zufallsexperimenten treten Zufallsvariable auf, deren Grad des Zusammenhangs man als Korrelation bezeichnet und durch den "empirischen Korrelationskoeffizienten" r beschreibt.

Für zwei Zufallsvariable x und y lautet r (i=1,...,n):

$$r = \frac{\sum x_i y_i - \frac{1}{n}(\sum x_i)(\sum y_i)}{\sqrt{\left[\sum x_i^2 - \frac{1}{n}(\sum x_i)^2\right]\left[\sum y_i^2 - \frac{1}{n}(\sum y_i)^2\right]}}$$

x_i und y_i sind die aus einer Stichprobe vom Umfang n ermittelten Wertepaare (z.B. Abnutzung von Hinter- und Vorderreifen von Fahrzeugen). Es gilt stets $-1 \leq r \leq +1$, und es ist stets $r = \pm 1$ genau dann, wenn die Punkte x_i und y_i (i= 1,2,...,n) auf einer Geraden liegen.

Es ist ein Programm zu schreiben, das r für m vorzugebende Fälle berechnet. Die Wertepaare (x_i, y_i) werden jeweils als REALs in einen zweidimensionalen Bereich ($n \leq 20$) eingelesen. Es sind auszudrucken die Wertepaare und das zugehörige r.

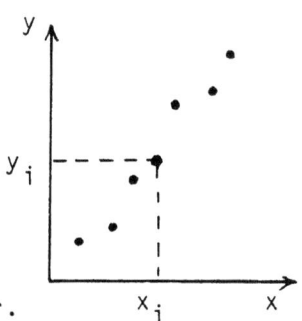

Man rechne mit folgenden Werten:

m = 2

1. Fall:

x_i: 2   3   6   7

y_i: 3   4   5   2

2. Fall:

x_i: 860 1120 980 430 1380 1080 970 790 620 740

y_i: 950 1460 1050 610 1480 1440 1100 810 930 810 .

4.2 Sprünge und Verzweigungen

4.2/30 Es ist ein Programm zu schreiben, das die Gamma-Funktion

$$\Gamma(x) = \int_0^\infty t^{x-1} e^{-t} dt \quad \text{für} \quad x > 0$$

berechnet. Die Gamma-Funktion läßt eine Erweiterung der Fakultät (n!) einer nicht-negativen ganzen Zahl n auf beliebige reelle Zahlen x zu. Es gilt insbesondere für ganzzahlige positive x = n+1: n! = Γ(n+1).
Dies ermöglicht eine einfache Kontrolle für ganzzahlige x.

Zur Berechnung verwende man die Rekursionsformel

$$\Gamma(x) = (x-1)\Gamma(x-1) \quad .$$

Für $x \geq 2$ ist die Rekursionsformel r-mal anzuwenden, so daß für y = x-r letztlich gilt: $1 \leq x-r = y < 2$.
Dann ist

$$\Gamma(x) = (x-1)(x-2) \cdot \ldots \cdot (x-r) \Gamma(y) \quad .$$

Für $1 \leq y < 2$ benutze man

$$\Gamma(y) = 1 + \sum_{j=1}^{7} a_j \cdot (y-1)^j \quad .$$

Die Summation ist nach dem Horner-Schema (s.Aufg.4.1/26) mit folgenden Koeffizienten durchzuführen:

a_1 = - 0,57710166
a_2 =   0,98585399
a_3 = - 0,87642182
a_4 =   0,83282120
a_5 = - 0,56847290
a_6 =   0,25482049
a_7 = - 0,05149930 .

Für $x < 1$ wende man die Rekursion in umgekehrter Richtung an. Für y = x+r mit $1 \leq x+r < 2$ ist dann

$$\Gamma(x) \doteq \Gamma(y)/(x \cdot (x+1) \cdot \ldots \cdot (x+r-1)) \quad .$$

Es ist jeweils ein x einzulesen und zusammen mit dem Ergebnis $\Gamma(x)$ auszudrucken.

Die Durchläufe sind zu beenden, sobald x=0 eingelesen wird. Man rechne mit folgenden Werten:

    0,5   1   1,5   2,5   5   7,5   10 .

4.2/31 Ein Programm soll es ermöglichen, die Gültigkeit eines (x,y)-Wertepaares dadurch festzulegen, daß es innerhalb eines vorgegebenen Kreises liegt. Liegt der jeweilige Punkt (x,y) innerhalb des Kreises, ist "+" auszuschreiben, liegt er auf dem Rand oder außerhalb, ist "-" auszudrucken.

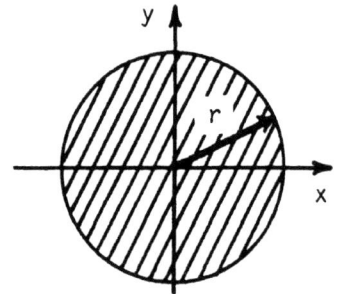

Im Programm ist ein Bereich für maximal 30 (x,y)-Paare zu definieren, in den die (x,y)-Werte zunächst eingelesen werden.

Rechnen Sie als Beispiel mit folgenden Werten:

Radius r = 1,5 ;

Wertepaare:

(	2	-1	)	(	0	1,9	)
(	1	-0,5	)	(	3	-2	)
(	-0,2	1,5	)	(	1,2	2,5	)
(	0	0	)	(	-0,3	0,4	)
(	-1	-0,4	)	(	-1,1	-0,1	)

Der Ausdruck soll in einer Tabelle folgendermaßen gestaltet werden:

Wertepaar	Gültigkeit	(vgl.Aufg.
....	+ oder -	5.2/14)
:	:	

4.2/32 Analog zu Aufg. 4.2/31 soll die Gültigkeit eines Wertepaares dadurch definiert sein, daß es innerhalb des folgenden Dreiecks liegt:

$0 < x < x_a$ und
$y < 2 \cdot x$.

Programmieren Sie eine Entscheidungsfolge für das Feststellen der Gültigkeit. (Später wird eine einfachere Darstellung mit logischen Verknüpfungen möglich sein.)

4.2 Sprünge und Verzweigungen

4.2/33 Nullstellenbestimmung durch die Regula falsi (linear).
Beispiel:

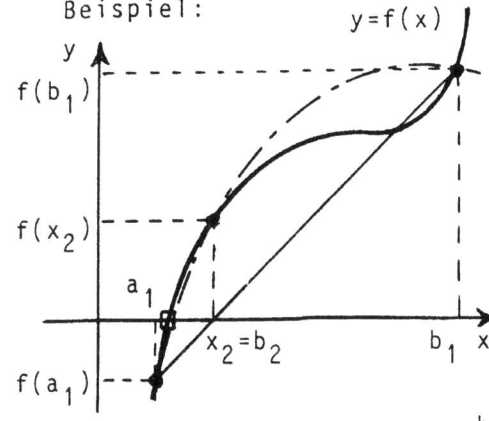

Gegeben ist eine Funktion $f(x)$ und ein a_1 mit dem Funktionswert $f(a_1) < 0$ sowie ein b_1 mit $f(b_1) > 0$.

Allgemeine Iterationsvorschrift für die $(k+1)$te Näherung aus der k-ten Näherung:

$$x_{k+1} = b_k - f(b_k) \cdot \frac{b_k - a_k}{f(b_k) - f(a_k)} \quad ,$$

also zunächst

$$x_2 = b_1 - f(b_1) \cdot \frac{b_1 - a_1}{f(b_1) - f(a_1)} \quad .$$

Falls $f(x_2) \neq 0$, ist für $f(x_2) > 0$ der Wert b_1 durch $x_2 = b_2$ zu ersetzen; für $f(x_2) < 0$ ist a_1 durch $x_2 = a_2$ zu ersetzen... usw. Die Iteration erfolgt, bis eine vorgegebene Genauigkeit erreicht oder $f(x_{k+1}) = 0$ ist.

Die Rechnung ist für die Funktion

$$f(x) = x^x \cdot e^{-x} \cdot \sqrt{2 \pi x} - 24$$

durchzuführen; es ist eine Tabelle auszudrucken, die k, x_k und $f(x_k)$ enthält. Man beginne mit dem Intervall $a_1 = 2,5$ und $b_1 = 5$ und rechne, bis $f(x_k) \leq 10^{-4}$ ist.

4.2/34 Nullstellenbestimmung durch die verfeinerte Regula falsi (parabolisch). Man stütze sich dabei auf die vorhergehende Aufgabe und ihre Beispielskizze.

Der erste Schritt erfolgt wie dort. Damit hat man drei Zuordnungen a_1, $f(a_1)$ und b_1, $f(b_1)$ und x_2, $f(x_2)$. Entsprechend stehen ab sofort drei Punkte zur Verfügung, durch die man eine Parabel (strichpunktiert) legen kann und so bessere Konvergenz erhält. Dies führt zu folgender Rechenvorschrift:

/1/ Man setze zunächst $A_1 = f(a_1)$, $B_1 = f(b_1)$

/2/ Iteration: $\quad x_{k+1} = b_k - B_k \cdot \dfrac{b_k - a_k}{B_k - A_k}$

(für k = 1 also gleiche Formel wie oben) .

/3/ Neue Setzung:

(a) für $B_k \cdot f(x_{k+1}) < 0$:

$a_{k+1} = b_k \qquad\qquad A_{k+1} = B_k$
$b_{k+1} = x_{k+1} \qquad\qquad B_{k+1} = f(x_{k+1})$

(b) für $B_k \cdot f(x_{k+1}) > 0$:

$a_{k+1} = a_k \qquad\qquad A_{k+1} = \dfrac{A_k \cdot B_k}{B_k + f(x_{k+1})}$
$b_{k+1} = x_{k+1} \qquad\qquad B_{k+1} = f(x_{k+1})$.

Damit berechne man ein neues x_{k+1} (ab /2/), bis die vorgegebene Genauigkeit erreicht oder $f(x_{k+1}) = 0$ ist.

Führen Sie die Rechnung mit der in Aufg. 4.2/33 angegebenen Funktion und den weiteren dortigen Angaben durch, und vergleichen Sie die beiden Verfahren.

4.2/35 Nullstellenbestimmung durch kontrahierende Iteration. Das Verfahren dient der Nullpunktsbestimmung von Funktionen unter bestimmten Bedingungen; es läßt sich dann anwenden, wenn es gelingt, die Aufgabe $F(x) = 0$ so in die Gestalt $x = f(x)$ zu bringen, daß die Iteration $x_{n+1} = f(x_n)$ konvergiert.

Hierzu müssen folgende Bedingungen erfüllt sei:

für $x \in [a,b]$ gilt $f(x) \in [a,b]$

sowie

für $x \in [a,b]$ gilt $|f'(x)| < 1$.

4.2 Sprünge und Verzweigungen

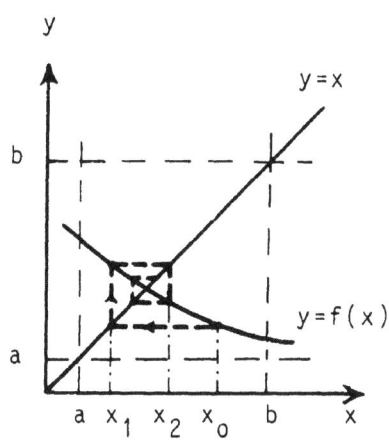

Man programmiere folgendes Beispiel und rechne es durch, bis der Differenzbetrag zweier aufeinanderfolgender Iterationswerte kleiner als 10^{-5} ist:

$$F(x) = x^3 - x^2 - x - 1.$$

Die Auflösung $x = x^3 - x^2 - 1$ für $F(x) = 0$ liefert jedoch keine konvergente Iteration, wie man sich leicht vergewissert. Formt man dies jedoch um

in $x = 1 + \frac{1}{x} + (\frac{1}{x})^2$, so ist die rechte Seite $f(x)$ jetzt kontrahierend, wie eine Untersuchung der obigen Ableitungsbedingung zeigt. Damit ist folgende Iterationsvorschrift für einen neuen Näherungswert x_{n+1} unter Benutzung des zuvor berechneten x_n gegeben:

$$x_{n+1} = f(x_n) = 1 + \frac{1}{x_n} + (\frac{1}{x_n})^2 .$$

x_0 ist eine einzulesende Iterationsvorgabe als Näherungswert der Nullstelle (hieraus berechnet sich dann x_1, damit x_2 usw.).

Geben Sie sich einen Näherungswert x_0 für die Nullstelle vor (z.B. $x_0=2$), und drucken Sie eine Tabelle folgender Art aus:

n	x	F(x)
1	(x_0)	...
⋮	⋮	

4.2/36 Gauss-Seidel-Verfahren. Das Gauss-Seidel-Verfahren ermöglicht es, ein lineares Gleichungssystem $Ax = b$ iterativ zu lösen. Dazu wird vorausgesetzt, daß der Betrag jedes Diagonalelementes größer ist als die Summe der Beträge aller weiteren Zeilenelemente. Dann kann man die Gleichungen (hier für ein (3x3)-System)

$$a_{11}x_1 + a_{12}x_2 + a_{13}x_3 = b_1$$
$$a_{21}x_1 + a_{22}x_2 + a_{23}x_3 = b_2$$
$$a_{31}x_1 + a_{32}x_2 + a_{33}x_3 = b_3$$

wie folgt umstellen:

$$(\text{\DH}) \quad \begin{aligned} x_1 &= \frac{b_1 - a_{12}x_2 - a_{13}x_3}{a_{11}} \\ x_2 &= \frac{b_2 - a_{21}x_1 - a_{23}x_3}{a_{22}} \\ x_3 &= \frac{b_3 - a_{31}x_1 - a_{32}x_2}{a_{33}} \end{aligned}.$$

Bei der ersten Näherung setzt man

$$x_1^1 = \frac{b_1}{a_{11}}$$
$$x_2^1 = \frac{b_2 - a_{21}x_1^1}{a_{22}}$$
$$x_3^1 = \frac{b_3 - a_{31}x_1^1 - a_{32}x_2^1}{a_{33}}.$$

Der nächste Iterationsschritt besteht darin, diese Näherungswerte rechtsseitig in das System ($\text{\DH}$) einzusetzen, woraus man wieder neue - bessere - Näherungswerte bekommt, die man dann zur 3. Näherung in ($\text{\DH}$) benutzt usw.

Man gehe von obigem (3x3)-System aus. Einzulesen sind die geforderte Genauigkeit sowie die maximale Zahl der Iterationen (sicherheitshalber), außerdem das System. Der Ausdruck soll beinhalten die eingelesenen Werte sowie die Ergebnisse aus allen Iterationen.

Rechnen Sie speziell folgendes Beispiel:

Genauigkeit: 10^{-6};   maximale Zahl: 100

$$A = \begin{pmatrix} 25 & -3 & 2 \\ -1 & 21 & -2 \\ -2 & 1 & -30 \end{pmatrix} \qquad b = \begin{pmatrix} 61 \\ -67 \\ -37 \end{pmatrix}.$$

4.2 Sprünge und Verzweigungen

4.2/37 Determinante. Es ist die Determinante einer (nxn)-Matrix nach folgender Vorschrift zu bestimmen.

Durch Linearkombinationen - etwa der Zeilen - sind alle Elemente, die unterhalb der Hauptdiagonalen stehen, zu Null zu machen.

Sei $A = (a_{ik})$ ($i,k = 1,\ldots,n$) die gegebene quadratische Matrix. Dann läßt sie sich zunächst überführen in die Matrix A' mit folgender Gestalt:

$$A' = \begin{pmatrix} a_{11} & a_{12} & \cdots & a_{1n} \\ 0 & a'_{22} & \cdots & a'_{2n} \\ \vdots & \vdots & & \vdots \\ 0 & a'_{n2} & \cdots & a'_{nn} \end{pmatrix} .$$

Aus dieser Matrix ergibt sich die neue Matrix

$$A'' = \begin{pmatrix} a_{11} & a_{12} & \cdots & & a_{1n} \\ 0 & a'_{22} & & & a'_{2n} \\ 0 & 0 & a''_{33} & \cdots & a''_{3n} \\ \vdots & \vdots & \vdots & & \vdots \\ 0 & 0 & a''_{n3} & \cdots & a''_{nn} \end{pmatrix} \quad \text{usw.}$$

Vor der notwendigen Division durch ein Diagonalelement a_{11}, a'_{22}, a''_{33} usw. muß man sich vergewissern, daß es ungleich 0 ist. Ist es aber 0 und gleichzeitig ein Element dieser Spalte unter der Diagonalen ungleich 0, läßt sich dieses Element durch Zeilenvertauschung in die Diagonale bringen. Hieraus folgt nur eine Vorzeichenänderung der Determinante. Verschwinden aber alle Elemente der gerade betrachteten Spalte auf der Diagonale und darunter, nimmt die Determinante den Wert 0 an. Andernfalls bestimmt sich der Determinantenbetrag nach vollständiger Umformung aus dem Produkt der Diagonalglieder. Das Vorzeichen ist gesondert festzustellen.

Man deklariere eine maximal (20x20)-Matrix; die Speicherplätze lassen sich gleichzeitig für A', A" usw. mitverwenden, so daß keine Neudimensionierung dafür erforderlich ist. (Betrachten Sie dazu die Struktur dieser Matrizen.)

Außer der Matrix-Ordnung sind die Matrix-Elemente a_{ik} (REALs) einzulesen. Auszudrucken sind die Matrix und der Determinantenwert. Berechnen Sie beispielhaft die Determinante folgender Matrix:

$$A = \begin{pmatrix} 3 & -1 & 2 & 4 & 0 \\ 2 & 3 & 1 & -2 & 1 \\ 1 & -2 & 2 & -1 & 0 \\ 4 & 3 & -2 & 1 & -1 \\ -1 & 3 & 2 & -1 & 1 \end{pmatrix} .$$

4.2/38 Es ist eine (5x5)-Matrix A einzulesen; darin ist das kleinste Element derjenigen Zeile bzw. Spalte zu bestimmen, deren Elemente die größte Zeilensumme bzw. größte Spaltensumme bilden. Falls die maximale Summe bei mehreren Zeilen bzw. Spalten auftritt, ist die erste dieser Zeilen bzw. Spalten zu nehmen. Falls das kleinste Element mehrfach auftritt, soll das letzte davon genommen werden.

Testen Sie mit einer Matrix Ihrer Wahl. Drucken Sie die Matrix aus, rechts daneben die Zeilensummen, unter der Matrix die Spaltensummen, außerdem die Ergebnisse.

4.2/39 Sortieren von REAL-Zahlen. In ein Feld sind 20 beliebige REAL-Zahlen einzulesen. Sie sollen in aufsteigender Folge sortiert und in Vierergruppen wieder ausgegeben werden. Das Sortieren erfolgt durch Vertauschen in folgender Art: das erste Feldelement wird mit den Elementen zwei, drei, ..., zwanzig verglichen, und bei erfülltem Vergleich werden die beiden Elemente vertauscht, und der Vergleich des jetzt ersten Elementes mit den übrigen wird fortgeführt. Nach diesem Durchlauf ist das erste Element des Feldes die kleinste Zahl.- Das Verfahren wird mit dem noch nicht sortierten Teil des Feldes fortgesetzt, bis das gesamte Feld sortiert ist. Die Anzahl der Vertauschungen ist zu

4.2 Sprünge und Verzweigungen

zählen und mit auszugeben. Drucken Sie außerdem die eingegebene und die sortierte Zahlenfolge aus.

4.2/40 Sortieren durch Suchen ("Bubblesort"). Eine ungeordnete Zahlenfolge ist vorgegeben. Zum Sortieren vergleicht man - von links nach rechts gehend - alle benachbarten Zahlenpaare und vertauscht sie, falls sie nicht aufsteigend geordnet sind. Damit wird im ersten Durchgang das Maximum an die letzte Stelle getauscht ... im zweiten Durchgang entsprechend das zweitgrößte Element an die vorletzte Stelle usw. Nach maximal n-1 Durchgängen steht somit das zweitkleinste Element an 2. Stelle, und das Feld ist vollständig geordnet.

Um nicht unnötig viele Durchläufe zu machen, setzt man sich zu Anfang eines Durchgangs eine Kennziffer auf 0; sobald während dieses Durchgangs ein Vertauschen erfolgt, wird diese Marke auf 1 gesetzt, so daß man am Ende des Durchgangs erkennen kann, ob überhaupt noch ein Vertauschen notwendig war. Wenn dies nicht der Fall war (also die Kennziffer auf 0 geblieben ist), ist die Folge bereits geordnet, und weitere Rechnungen können unterbleiben. Legen Sie maximal 20 INTEGER-Elemente für das Feld zugrunde, und rechnen Sie das Programm mit folgenden Werten:

n = 10 (einzulesen)

unsortierte Folge: 4 20 12 8 16 6 10 14 2 18.

Von der unsortierten bis zur sortierten Folge sind die einzelnen Durchläufe tabellarisch auszudrucken (horizontal steht jeweils die Zahlenfolge, darunter die Folge aus dem nächsten Vergleichsgang).

Man bezeichnet dieses Verfahren auch als "Bubblesort", da die jeweiligen Größtwerte wie Gasblasen in einer Flüssigkeit nach "oben" (also ans rechte Ende) steigen.

4.2/41 Sortieren durch Auswahl. Ein Feld ist aufsteigend derart zu ordnen, daß beim ersten Durchgang alle Zahlen der Reihe nach (sequentiell) nach dem Minimum abgesucht werden, das dann die erste Stelle einnimmt. In einem zweiten Durchlauf wird nun die restliche Liste nach dem zweitkleinsten Element durchsucht, das an die zweite Stelle gesetzt wird usw. Nach n-1 Durchgängen ist das Sortieren beendet, da nach Einordnung des zweitgrößten Elementes auch das größte richtig steht.

Rechnen Sie ein Beispiel mit den Angaben aus Aufg. 4.2/40.

4.2/42 Sortieren durch Aufspalten ("Quicksort": Hoare 1962). Hierzu werden zunächst zwei Zeiger j_1 und j_2 definiert, die auf das erste bzw. letzte Element des aufsteigend zu sortierenden Feldes zeigen. Zuerst wird j_1 festgehalten, während j_2 solange jeweils um 1 vermindert wird, bis ein Feldelement $G_{j_2} < G_{j_1}$ gefunden ist. Diese beiden Elemente werden nun vertauscht. Danach wird j_2 festgehalten und j_1 solange jeweils um 1 erhöht, bis ein Element $G_{j_1} > G_{j_2}$ gefunden ist. Nun erfolgt erneut ein Tausch der Elemente. Während jetzt wieder j_1 festgehalten wird, wird j_2 sukzessiv erniedrigt usw. Diese abwechselnden Schritte werden solange fortgeführt, bis $j_1 = j_2 = j$ ist. Nun stehen links von dem zugehörigen Feldelement G_j nur solche, die kleiner oder gleich G_j, rechts nur solche, die größer oder gleich G_j sind. Dies bedeutet, daß G_j seinen endgültigen Platz gefunden hat und die Folge in zwei Teilfolgen aufgespalten ist, die jede für sich nach der angegebenen Verfahrensvorschrift sortiert werden können, ohne daß G_j noch wandert. Aus jeder Teilfolge erhält man ein weiteres Element, das seinen endgültigen Platz einnimmt, und zwei weitere Teilfolgen ... usw.

Da beim Aufspalten immer zwei Teilfolgen entstehen, von denen nur eine sofort, die andere erst später bearbeitet werden kann, ist eine Buchhaltung über die Anfangs- und Endzeiger aller noch nicht bearbeiteten Teilfolgen notwendig. Hierzu verfährt man nach dem

Kellerprinzip (Stack-Prinzip): der Stack ist eine
Liste, in die nach und nach die Anfangs- und Endzeiger
der noch nicht bearbeiteten Teilfolgen eingetragen
werden. Sobald eine Teilfolge nicht mehr teilbar ist,
also nur noch aus einem Element besteht, bedient man
sich des letzten in den Keller eingetragenen Zeiger-
paares, um den Aufspaltungsprozeß weiterführen zu
können. Die Zahl der Stack-Eintragungen variiert also
ständig, es liegt eine pulsierende Liste vor. Sobald
die letzte Teilfolge nur noch aus einem Element besteht und der Keller leer ist, ist das Sortierverfahren
beendet.

Wegen seiner Schnelligkeit gegenüber anderen Verfahren
wird dieses auch als "Quicksort" bezeichnet.

Schreiben Sie Ihr Programm so, daß - außer der unsortierten Ausgangsfolge - auf Wunsch

1. sämtliche Sortiervorgänge ausgegeben werden bzw.
2. die Ergebnisausgabe sich beschränkt auf die sortierte
   Folge.

Es genügt, das Programm für maximal 20 INTEGERs auszu-
legen. Benutzen Sie zum Rechnen eines Beispiels die
Angaben aus Aufg. 4.2/40.

Beispiel bis zur Aufspaltung in die ersten beiden Teilfolgen (der feste Zeiger ist durch ↓, der bewegliche
durch ↦ bzw. ↤ , das ermittelte Tauschelement
durch o markiert):

```
 ↓                    o ↤
18   14   16   19   17   15
 ↦             o         ↓
15   14   16   19   17   18
              ↓    o    ↤
15   14   16   18   17   19
              ↦   o↓
15   14   16   17   18   19   .
```

Für das Element 18 gilt nunmehr $j_1 = j_2 = j$, es hat
seinen endgültigen Platz gefunden. Die linke Teilfolge
ist weiter zu sortieren, rechts steht nur noch ein Element (d.h. nach rechts ist das Sortieren beendet).

4.2/43 Größter gemeinsamer Teiler. Es sind zwei natürliche
Zahlen a und b einzulesen, von denen der größte gemein-
same Teiler (GGT) zu bestimmen ist. Diese drei Werte
sind auch auszudrucken.
Der Algorithmus (Euklid) ist wie folgt vorgegeben:
(1) a = b: a ist wie b GGT von a und b;
(2) a < b: a und b werden vertauscht, womit man
Fall (3) erhält;
(3) a > b: 1. Man dividiert a durch b und erhält den
Rest R_1.
2. Division b durch R_1 ergibt Rest R_2.
3. Division R_1 durch R_2 liefert Rest R_3.
⋮
n. Division R_{n-2} durch R_{n-1} ergibt Rest R_n.
n+1. Division R_{n-1} durch R_n ergibt Rest 0.

Der Algorithmus ist damit beendet, und R_n ist der GGT
von a und b.
Beispiel: a = 3042, b = 2223

3042 = 1·2223 + 819
2223 = 2· 819 + 585
 819 = 1· 585 + 234
 585 = 2· 234 + 117
 234 = 2· 117 +   0,   also: GGT ist 117.

Schreiben Sie ein Programm, und testen Sie es mit folgenden Werten:

a	b
5	5
27	198
1271	527
5976	1224

4.2/44 Es ist eine zeitabhängige Beschleunigungsfunktion wie
folgt gegeben:

1) $a(t) = -(t-t_m)^2 + t_m^2$ für $0 \leq t \leq 2t_m$,
2) $a(t) = 0$ für $t \geq 2t_m$.

Durch Integration erhält man für die Geschwindigkeit

4.2 Sprünge und Verzweigungen

in den zugeordneten Intervallen

1) $v(t) = -\frac{1}{3}(t-t_m)^3 + t_m^2 t + c_v$

2) $v(t) = v(2t_m) = \text{const.}$

und für den zurückgelegten Weg

1) $s(t) = -\frac{1}{12}(t-t_m)^4 + \frac{1}{2}t_m^2 t^2 + c_v t + c_s$

2) $s(t) = s(2t_m) + v(2t_m) \cdot (t-2t_m)$.

Man beginne in $t = 0$ und erhöhe um $\Delta t = 0,2$ bis zu $t = 8$. Es ist ein Feld für t, a(t), v(t) und s(t) mit maximal je 100 Stützstellen vorzusehen. In dieser Anordnung sind die Werte tabellarisch auszudrucken.

Rechenvorgabe: $t_m = 2$, $c_v = 1$, $c_s = 3$.

4.2/45 Kehrmatrix. Invertieren einer Matrix nach dem Stiefel-Verfahren. Es wird eine quadratische Matrix A mit maximal 10 Zeilen/Spalten eingelesen. Zur Berechnung der inversen Matrix gilt nun folgender Algorithmus:

(1) Die Matrix A wird um eine zusätzliche (Keller-) Zeile erweitert.

(2) In der ersten Zeile wird als Pivot-Element das betragsgrößte Zeilen-Element ausgewählt. Ist dieses gleich Null, ist auch det A = 0 und eine Invertierung nicht möglich. Die Zeile, in der sich ein Pivot befindet, wird generell als Pivot-Zeile, die zugehörige Spalte als Pivot-Spalte bezeichnet.

(3) In der Kellerzeile werden (außer in der Pivot-Spalte) die durch den Pivot dividierten und im Vorzeichen geänderten Elemente der Pivot-Zeile eingetragen.

(4) Die Elemente (außer Pivot) in der Pivot-Spalte werden durch den Pivot dividiert, der Pivot selbst invertiert (reziproker Wert).

(5) Die übrigen Elemente der Pivot-Zeile werden aus der Kellerzeile übernommen.

(6) Zu den übrigen Elementen wird das Produkt aus dem (nach (3) vorhandenen) gleichzeiligen Element der

Pivot-Spalte und dem gleichspaltigen Element der
Kellerzeile addiert.

(7) Das Verfahren wird mit der nächsten Zeile ab (2)
fortgesetzt, bis es auf alle Zeilen angewandt ist.

Es sei darauf hingewiesen, daß es hierzu einige Varianten in der Austauschfolge gibt. Im allgemeinen wird es notwendig sein, sich die Reihenfolge der Pivotisierung zu merken, um am Schluß die erhaltene Matrix richtig ordnen zu können.

Ein kleines Beispiel zum oben angegebenen Algorithmus:

$$A = \begin{pmatrix} 3 & 2 \\ 1 & -1 \end{pmatrix}$$

Die einzelnen Schritte:

$$\begin{array}{cc} \circled{3} & 2 \\ 1 & -1 \end{array}$$

Kellerzeile: $-\frac{2}{3}$

$$\begin{array}{cc} \frac{1}{3} & -\frac{2}{3} \\ \frac{1}{3} & \circled{-\frac{5}{3}} \end{array}$$

Die Pivot-Elemente sind durch Einkreisung hervorgehoben.

$\frac{1}{5}$

$$\begin{array}{cc} \frac{1}{5} & \frac{2}{5} \\ \frac{1}{5} & -\frac{3}{5} \end{array}$$

Damit ist $A^{-1} = \begin{pmatrix} \frac{1}{5} & \frac{2}{5} \\ \frac{1}{5} & -\frac{3}{5} \end{pmatrix}$,

wie man sich durch Bildung von $A \cdot A^{-1} = I$ (I = Einheitsmatrix) leicht vergewissert.

Man wende das Programm auf folgende Ausgangsmatrix an:

$$A = \begin{pmatrix} 17 & 21 & -18 & 3 \\ 0 & 10 & 3 & 15 \\ 38 & -14 & 17 & 0 \\ -14 & 25 & 21 & 10 \end{pmatrix} \quad .$$

4.2 Sprünge und Verzweigungen

4.2/46 Lohnauszahlung. Für eine einzulesende Zahl von Lohnempfängern liegen paarweise Namen und Auszahlungsbetrag vor, die ebenfalls einzulesen sind. Für die Namen sind je 25 Zeichen vorzusehen.

Zur Auszahlung stehen folgende Geldmittel zur Verfügung:

an Scheinen: 1000, 500, 100, 50, 20, 10 DM,
an Hartgeld: 5, 2, 1 DM; 50, 10, 5, 2, 1 Pf.

Die Auszahlung soll derart erfolgen, daß die Zahl an Geldscheinen und Hartgeld jeweils minimal ist.
Es sind zu jedem Lohnempfänger der Auszahlungsbetrag und die Geldverteilung auszudrucken. Außerdem ist am Ende die von jeder Geldeinheit benötigte Gesamtanzahl sowie die Gesamtsumme der Auszahlungsbeträge auszugeben.

Zur Eingabe verwende man folgende Daten:

Mozart, Wolfgang	1923,18 DM
Wagner, Richard	4357,77
Schubert, Franz	2905,23
Bach, Johann	1518,91
Windgassen, Wolfgang	3831,54
Beethoven, Ludwig	1719,10
Strauss, Johann	2843,41
Smetana, Friedrich	4124,39
Rigoletto	3001,02 .

4.2/47 Internationaler Farbcode. In der Elektrizitätslehre werden elektrischen Widerständen und Kondensatoren farbige Ringe oder Punkte zugeordnet, wie sie auszugsweise in nachstehender Tabelle zusammengefaßt sind. Es ist jeweils ein Widerstandswert mit Toleranz einzulesen und zusammen mit der zugehörigen Farbkombination wieder auszudrucken.

Beisp.: 4,7 kOhm $\pm$ 5% : gelb/violett/rot/gold.

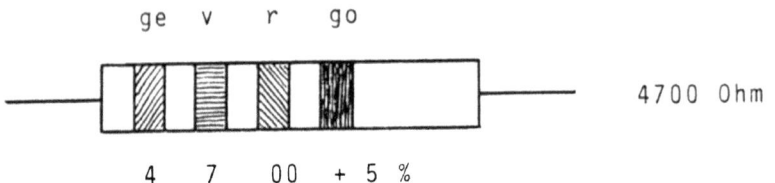

4 7 00 ± 5 %

Farbe	1.	2.	3.	4. Ring/Punkt
=======	====	====	====	===============
schwarz	0	0	keine 0	± 0,5 %
braun	1	1	0	± 1 %
rot	2	2	00	± 2 %
orange	3	3	000	
gelb	4	4	0 000	
grün	5	5	00 000	
blau	6	6	000 000	
violett	7	7		± 30 %
grau	8	8		
weiß	9	9		
gold			x 0,1	± 5 %
silber			x 0,01	± 10 %

Folgende Beispiele sind zu rechnen:

2,2 kOhm ± 0,5 %   ,   47 kOhm ± 10 %   ,
1 MOhm   ± 30 %   ,   220 Ohm ± 5 %   ,
4,7 kOhm ± 1   %   ,   68 kOhm ± 5 %   ,
330 kOhm ± 10 %   ,   10 kOhm ± 2 %   .

Sobald der Widerstandswert 0 eingelesen wird, soll
die Rechnung beendet werden.

4.2 Sprünge und Verzweigungen

4.2/48 Die barometrische Höhenformel (bei Voraussetzung isothermer Atmosphäre) lautet bekanntlich

$$p_h = p_0 \cdot e^{-\frac{\rho_0}{p_0} g h} .$$

p_h = Druck in Höhe h.

Die konstanten Werte Normdruck p_0 und Normdichte ρ_0 der Luft sowie Erdbeschleunigung g sind über eine PARAMETER-Anweisung festzulegen; in diese schließe man auch e = 2,71828183 als Basis der Exponentiation ein.

Es ist zu rechnen mit p_0 = 1013 mbar, ρ_0 = 1,293 kg/m³ und g = 9,807 m/s².

Man stelle in einer Tabelle $p_h(h)$ dar für 0 km $\leq$ h $\leq$ 24 km in Schritten von Δh = 500 m. Diese Werte sind einzulesen.

Außer der Berechnung des (exakten) Exponentialausdrucks z.B. mittels Potenzierung verwende man dafür die Reihenentwicklung

$$e^x = \sum_{n=0}^{\infty} \frac{x^n}{n!}$$

mit 5 und 20 Summanden und stelle die Ergebnisse in einer Tabelle zum Vergleich parallel zusammen.

Tabellenform:

h(km)   p(5)(bar)   p(20)(bar)   p(e)(bar)
⋮   ...

4.2/49 Codierung/Decodierung. Schreiben Sie ein Programm für
eine einfache Codierung und Decodierung. Hierzu wird
zunächst die zu bearbeitende Zeichenkette eingelesen.
Codierung bzw. Decodierung haben in folgender Weise
zu erfolgen:

- Codierung: Sie erfolgt in zwei Schritten:
  a) Aufeinanderfolgende Zeichenpaare werden in sich
     vertauscht; bei ungerader Zeichenzahl bleibt das
     letzte Zeichen an seiner Stelle.
  b) Das erste Zeichen wird mit dem letzten vertauscht
     (bei geradzahliger Zeichenzahl, sonst bleibt es
     an seiner Stelle), dann werden 2./3. Zeichen,
     4./5. Zeichen usw. in sich vertauscht.

  Beispiele:

  1.   ES GRUENT SO GRUEN
     a) SEG URNE TOSG URNE
     b) EGEU NR EOTGSU NRS   (codierte Form)

  2. DISKOTHEKENFETZER wird IKDTSEOEHFKTNEERZ .

- Decodierung: Hierzu wird nur der Ablauf umgekehrt.

Codieren Sie obige Beispiele und weitere nach eigenem
Ermessen, und decodieren Sie insbesondere die beiden
Beispiele
           EAKERITGSREA
und
           ILVEEF LR OEGTWRIIENH   .
Die zu bearbeitende Zeichenkette ist einzulesen, die
einzelnen Schritte sind auszudrucken.

5 Erweiterung des Wertebereiches

5.1 Komplexes Rechnen

Bei den folgenden Aufgaben wird die Kenntnis der komplexen Funktionen CMPLX, AIMAG, REAL und CONJG vorausgesetzt.

5.1/1   Es gilt
$$\cos x = \frac{e^{ix} + e^{-ix}}{2} \quad .$$

Für ein vorgegebenes x ist cos x durch reines komplexes Potenzieren der Zahl e zu gewinnen; cos x ist der Realteil der durch komplexe Exponentiation erhaltenen komplexen Funktion ERG. Außer x und cos x ist zur Kontrolle auch das gesamte komplexe Ergebnis ERG sowie Im(ERG) und $|ERG| = \sqrt{ERG \cdot ERG^*}$ (* = konjugiert komplex) auszugeben. Die Wurzel läßt sich mit dem Exponenten 0,5 bilden.

5.1/2   Analog zu Aufg. 5.1/1 ist ein Programm zur Berechnung von sin x zu erstellen. Es ist eine Tabelle auszudrucken, die x und sin x enthält. Für x wähle man $x_a = -\pi$, $x_e = +\pi$; die Zahl k der Funktionswerte sei 15. Den Wert e definiere man möglichst genau im Programm.

sin x berechnet sich durch komplexe Exponentiation aus
$$\sin x = \frac{e^{ix} - e^{-ix}}{2i} \quad .$$

Man achte darauf, daß auch der Nenner komplex zu definieren ist!

5.1/3   Es ist der Funktionsverlauf von sin x, cos x und tan x von $-\pi$ bis $+\pi$ in n Stützstellen mit reiner (komplexer) Exponentiation wie folgt zu bilden:

Einzulesen ist n; die Zahlenwerte e und π sind möglichst genau im Programm zu definieren.

Es ist $e^{ix} = \cos x + i \sin x$.

Bildet man also die Potenz der reellen Basis e zum imaginären (komplex darzustellenden) Exponenten ix, erhält man ein komplexes Ergebnis, dessen Realteil der Kosinus und dessen Imaginärteil der Sinus ist.

Das Argument x ist also in einen komplexen Exponenten (Zahl mit Realteil 0 und Imaginärteil x) zu überführen; zum Extrahieren von Real- bzw. Imaginärteil aus dem Ergebnis sind die Bibliotheksfunktionen zu verwenden; sin x und cos x sind in Felder zu speichern.

Der Ausdruck erfolgt in einer Tabelle:

x	sin x	cos x	tan x
⋮			

Es ist als Beispiel zu rechnen mit n = 16 (d.h. 15 Intervalle).

5.1/4 Es ist eine quadratische Gleichung der Form
$$ax^2 + bx + c = 0$$
zu lösen, wobei auch komplexe Lösungen zugelassen sind. Außerdem programmiere man die Lösungsprobe:
Für die beiden Lösungen x_1 und x_2 muß gelten (nach Vieta):

P_1: $\quad x_1 + x_2 = -\dfrac{b}{a}$

P_2: $\quad x_1 \cdot x_2 = \dfrac{c}{a}$.

Außer den Eingaben schreibe man aus:
x_1, x_2, P_1, P_2.

Es sind folgende Fälle zu rechnen:

(1) a = 3 , b = -30 , c = 87   und

(2) a = 3 , b = -30 , c = -87 .

5.1 Komplexes Rechnen

5.1/5 Einzulesen ist ein komplexer Vektor $\underline{x}$ mit den Komponenten (u_j, v_j) ($\underline{x}_j = u_j + iv_j$). Es sind maximal 20 Komponenten vorzusehen. Aus $\underline{x}$ ist der konjugiert komplexe Vektor $\underline{x}^*$ zu bilden. Beide Vektoren sind in reale und imaginäre Vektoranteile aufzuspalten und diese in eigene Bereiche abzuspeichern:

$$\underline{x} = u + iv$$
$$\underline{x}^* = u - iv \quad .$$

Außerdem ist

$$|\underline{x}| = \sqrt{\underline{x}^T \cdot \underline{x}^*} = \sqrt{\sum_{i=1}^{n} x_i \cdot x_i^*}$$

zu bilden (T = transponiert, $x_i^{(*)}$ ist die i-te komplexe Komponente von $\underline{x}^{(*)}$).

Es ist auszudrucken: Betrag $|\underline{x}|$

Tabelle:

```
        x                       x*
..... + i .....          ..... + i .....
      :                        :
```

Man rechne ein Beispiel mit

$$\underline{x} = \begin{pmatrix} 2,1 - i\ 1,2 \\ -1,5 - i\ 3,1 \\ -1,7 + i\ 3,9 \\ 2,3 + i\ 4,1 \\ 0,4 - i\ 1,0 \end{pmatrix} \qquad \text{(vgl. Aufg. 5.1/6)}$$

5.1/6 Es ist eine Erweiterung der vorigen Aufgabe auf komplexe quadratische Matrizen (max. (5x5)-Matrix) durchzuführen. Eine Matrix A mit den Komponenten $a_{jk} = b_{jk} + i\,c_{jk}$ ist einzulesen und damit die konjugiert komplexe Matrix A* ($a_{jk} = b_{jk} - i\,c_{jk}$) zu bilden. Es ist dann

$$\left.\begin{array}{l} A = B + iC \\ A^* = B - iC \end{array}\right\} \quad \text{mit den reellen Matrizen B und C.}$$

Es ist zu bilden die konjugiert transponierte Matrix A^{*T} und in einen eigenen Bereich abzuspeichern.

Hiermit läßt sich eine quadratische Matrix A aufspalten in einen sog. hermite-symmetrischen (H_s) und hermite-antisymmetrischen (H_a) Anteil:

$$A = H_s + H_a \quad .$$

Es ist

$$H_s = \frac{1}{2} (A + A^{*T}) \quad \text{(hermite-symmetrisch)}$$

$$H_a = \frac{1}{2} (A - A^{*T}) \quad \text{(hermite-antisymmetrisch)} \quad .$$

Es sind Zeilen-/Spaltenzahl n der Matrix A sowie ihre komplexen Komponenten einzulesen.
Auszudrucken sind untereinander (mit Kurztext) die Matrizen A, B, C, H_s und H_a .
Es ist als Beispiel zu rechnen mit

$$A = \begin{pmatrix} 7,2 + i\ 3,1 & -2,5 + i\ 4,1 \\ -3,4 - i\ 1,7 & 0,5 - i\ 2,3 \end{pmatrix}$$

<u>5.1/7</u> Mit einem Exponentialansatz

$$s = \hat{s}_0 \cdot e^{-\delta t + i(\omega_d t + \varphi_0)} =$$
$$= \hat{s}_0 \cdot e^{(-\delta + i\omega_d)t + i\varphi_0} = \hat{s}_0 \cdot e^{i(\omega t + \varphi_0)}$$

ergibt sich für die gedämpfte harmonische Schwingung

$$i\omega = -\delta + i\omega_d = -\frac{b}{2m} + i\sqrt{\frac{D}{m} - \left(\frac{b}{2m}\right)^2} \quad .$$

Man schreibe ein Programm zur Berechnung von ω und $x = e^{i\omega t}$ für $0 \leq D \leq \frac{b^2}{2m}$ mit $\Delta D = \frac{1}{n}\left(\frac{b^2}{2m}\right)$.

t, n, b und m werden eingelesen.
Man rechne mit n = 20, b = 4, m = 3 und t = 5.
Es ist folgende Tabelle auszuschreiben:

D	Re(ω)	Im(ω)	Re(x)	Im(x)
:	:	:	:	:

5.1 Komplexes Rechnen

5.1/8 Es ist die Frequenzabhängigkeit des Stromes in einem Reihenschwingkreis zu untersuchen. Spannung $\underline{U}$, Strom $\underline{I}$ und komplexer Widerstand (Impedanz) $\underline{Z}$ sind als komplexe Größen zu definieren und in der Rechnung zu verwenden.

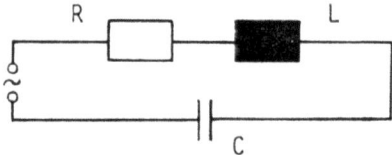

Es gilt: $\quad \underline{Z} = R + j(X_L - X_C)$; $\quad \underline{I} = \underline{U}/\underline{Z}$

$$\left. \begin{array}{l} X_L = \omega L \\ X_C = 1/(\omega C) \end{array} \right\} \quad \omega = 2\pi f$$

(Betrag) $\quad Z = \sqrt{\underline{Z} \cdot \underline{Z}^*} \quad$ ($* \hat{=}$ konj.komplex) .

Zur Berechnung des konjugiert komplexen Wertes von $\underline{Z}$ ist die Bibliotheksfunktion CONJG(Z) zu verwenden.

$\underline{U}$, R, L, C, f_A, Δf und f_E sind einzulesen.

Es ist eine Tabelle in folgender Art auszudrucken:

f	I	Z	/Z/
...	... + j...	... + j...	...
⋮			

Es ist als Beispiel mit folgenden Werten zu rechnen:

$\underline{U}$ = 12 + j0 V
R = 105 Ohm
L = 10^{-2} Henry
C = $2 \cdot 10^{-6}$ Farad
f = 200 Hz bis 3 kHz, Schrittweite 200 Hz.

5.1/9 Gegeben sind zwei konzentrische Kreise:

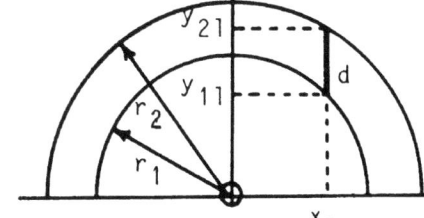

1.Kreis: $x^2 + y^2 = r_1^2$

2.Kreis: $x^2 + y^2 = r_2^2$.

Zu berechnen ist der Abstand d der zu einem vorgegebenen x_1

gehörenden Kreispunkte mit y_{11} und y_{21}, wobei die Kreispunkte auch komplex sein können. Man beschränke sich auf den ersten Quadranten.

Es seien $\underline{y}_1$ und $\underline{y}_2$ die i.a. komplexen Lösungen. Dann bestimmt sich der Abstand der beiden Punkte aus

$$d = |\underline{y}_1 - \underline{y}_2| = \sqrt{(\underline{y}_1 - \underline{y}_2)(\underline{y}_1 - \underline{y}_2)^*}$$

($* \stackrel{\wedge}{=}$ konjugiert komplex).

Schreiben Sie eine Tabelle aus für folgende Werte:
Eingaben: $r_1=3$, $r_2=5$, $0 \leq x \leq 7$, $\Delta x=0,5$:

x	$\underline{y}_1$	$\underline{y}_2$	d

5.1/10 Die Reflexion an Metallen führt unter Berücksichtigung der starken Absorption (ausgedrückt durch den Absorptionsindex $\varkappa$) auf die komplexe Brechzahl

$$\underline{n}_M = n_M(1 - i\varkappa).$$

Damit läßt sich die komplexe "Geschwindigkeit" $\underline{v}_M$ der Wellen im Metall definieren durch $\underline{v}_M = c/\underline{n}_M$. Das Reflexionsvermögen ist $R = |\underline{A}|^2$ (Beersches Gesetz) mit

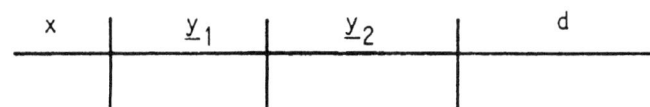

$$\underline{A} = \frac{n_M - n - in_M\varkappa}{n_M + n - in_M\varkappa}.$$

Es ist hierin n die Brechzahl des Mediums des einfallenden Strahles, c die Lichtgeschwindigkeit im Vakuum.

Man berechne die Reflexion an Gold ($n_M=0,37$; $\varkappa=4,9$), wobei n von n=1 (Vakuum/Luft) in Schritten von $\Delta n=0,01$ bis n=1,65 (Kalkspat) variiert wird. Man berechne und schreibe aus:

$\underline{v}_M$, $|\underline{v}_M|$

sowie tabellarisch n, $\underline{A}$, R.

Rechnen Sie komplex!

Es ist sinnvoll, sich die Ergebnisse zu skizzieren:
- in komplexer Ebene: Verlauf von $\underline{A}$ zum Parameter n,
- in (n,R)-Ebene: Verlauf des Reflexionsvermögens R(%).

Weitere Aufgaben zum komplexen Rechnen: 5.2/21, 6.1/5, 6.3/4.

5.2 Logisches Rechnen

Während die logischen Vergleichsoperatoren bereits im Kap.4.2 eingeführt wurden, wird nun das Rechnen mit Verknüpfungsoperatoren behandelt.

Zusammenstellung der notwendigen Zusammenhänge:

	Negation	AND (log.UND)	OR (log.ODER)	Nicht-Äquivalenz (Exkl.ODER)	Äquivalenz
Vorrang-folge	(1)	(2)	(3)	(4)	(4)
Schalt-zeichen	X—[1]o—Y	X₁,X₂—[&]—Y	X₁,X₂—[≥1]—Y	X₁,X₂—[=1]—Y	X₁,X₂—[=]—Y
Verknüpfungs-zeichen	$\overline{}$ oder $\neg$	$\wedge$	$\vee$	$\leftrightarrow\!\!\!\!/\,$	$\leftrightarrow$
Verknüpfungs-gleichung	$Y = \overline{X}$ oder $Y = \neg X$	$Y = X_1 \wedge X_2$	$Y = X_1 \vee X_2$	$Y = X_1 \leftrightarrow\!\!\!\!/\, X_2$	$Y = X_1 \leftrightarrow X_2$
Wahrheits-tafel	X: 1 0 / Y: 0 1	X₂\X₁: 1 0 / 1: 1 0 / 0: 0 0	X₂\X₁: 1 0 / 1: 1 1 / 0: 1 0	X₂\X₁: 1 0 / 1: 0 1 / 0: 1 0	X₂\X₁: 1 0 / 1: 1 0 / 0: 0 1
FORTRAN-Formulierung	Y=.NOT.X	Y = X1.AND.X2	Y = X1.OR.X2	Y = X1.NEQV.X2	Y = X1.EQV.X2

NAND und NOR sind in diese Möglichkeiten umzuformen.

Es gilt bei FORTRAN die angegebene Vorrangfolge (1) bis (4). Äquivalenz und Nicht-Äquivalenz (Antivalenz) sind gleichrangig. Abweichungen sind durch Klammersetzung möglich.

5.2/1 Ein Höchstgewinn im Lotto (H) ist dann erreicht
(H = .TRUE.), wenn entweder der Vater (A) oder die
Mutter (B) den Lottoschein ausgefüllt (C) und in der
Lottostelle abgegeben haben (D) sowie bei der anschlie-
ßenden Ziehung 6 Zahlen gezogen werden, die in einem
einzigen Spielfeld angekreuzt sind (E). Wie lautet
die FORTRAN-Formulierung für die Verknüpfung der Ereig-
nisse A bis E?

Warum ist die Form   H = A.OR.B.AND.C.AND.D.AND.E falsch?

5.2/2 Geben Sie die Verknüpfung für folgende Schalteranordnung
an (die Birne B soll brennen für B = .TRUE.).

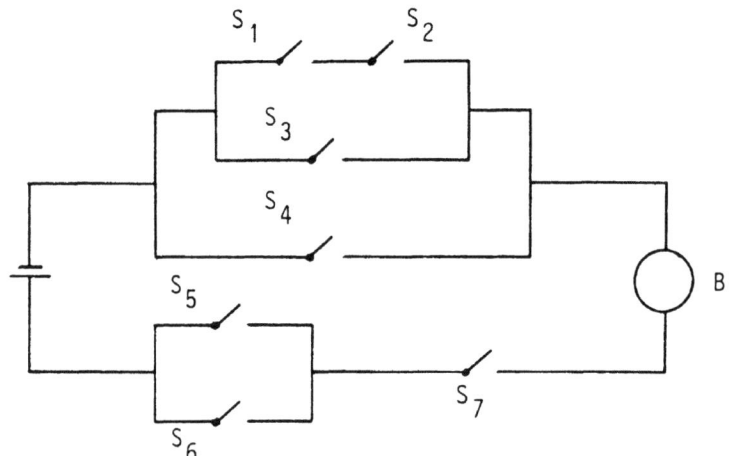

Die Schalterstellungen seien mit S1,...,S7 vorgegeben;
S = .TRUE. bedeutet, daß der Schalter geschlossen ist.

Schreiben Sie die Verknüpfung zunächst als Logik-Funktion, dann als FORTRAN-Anweisung.

5.2/3 Es gilt für NAND: $Q = \overline{A \wedge B} = \overline{A} \vee \overline{B}$.
Wie lautet die FORTRAN-Formulierung für beide Fälle?
Warum ist im ersten Fall Q = .NOT.A.AND.B falsch?

5.2/4 Für NOR gilt: $Q = \overline{A \vee B} = \overline{A} \wedge \overline{B}$.
Wie lautet die FORTRAN-Formulierung für beide Fälle?

5.2 Logisches Rechnen

5.2/5 Die disjunktive Normalform der Äquivalenz lautet:

$Q = (\bar{A} \wedge \bar{B}) \vee (A \wedge B)$.

Schreiben Sie dazu die FORTRAN-Formulierung.

5.2/6 Die konjunktive Normalform der Äquivalenz lautet:

$Q = (\bar{A} \vee B) \wedge (A \vee \bar{B})$.

Schreiben Sie dazu die FORTRAN-Formulierung.
Was bedeutet die Anweisung
Q = .NOT.A.OR.B.AND.A.OR..NOT.B   ?

5.2/7 Schreiben Sie die folgenden beiden FORTRAN-Anweisungen als Logik-Funktionen; sie sind andere Formen der kürzeren Möglichkeit Q = A.NEQV.B :

Q = A.AND..NOT.B.OR..NOT.A.AND.B

Q = .NOT.(A.OR..NOT.B).OR..NOT.(.NOT.A.OR.B) .

5.2/8 Welchen Wert hat ERGEB nach Durchlaufen folgender Anweisungen?

LOGICAL ERGEB,K
INTEGER F
A = .57
F = A-0.25
POT = F**3
K = F.NE.POT
ERGEB = F+1.LT.A-2..OR.ABS(POT).GT.0..AND..NOT.K

Man beachte, daß arithmetische Ausdrücke Vorrang vor logischen Vergleichsoperatoren und diese wieder Vorrang vor Verknüpfungsoperatoren haben.

5.2/9 Auf der positiven Zahlengeraden sei durch A und B (A < B) ein Intervall vorgegeben. Wie lautet die Abfrage, ob eine Zahl x innerhalb dieser Grenzen liegt?

5.2/10 Es seien A und B zwei positive Zahlen auf der x- bzw. y-Achse. Was bedeutet die Abfrage

IF(X.LT.A.AND.Y.LT.B)   --→ (a)   ?

5.2/11 Erstellen Sie ein Programm, das es ermöglicht, die
Gültigkeit eines (x,y)-Wertes dadurch festzulegen,
daß er in dem schraffierten Bereich (einschließlich

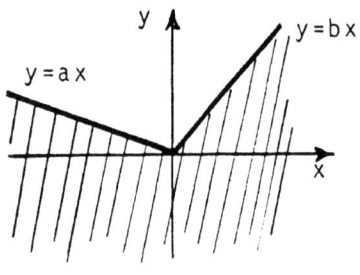
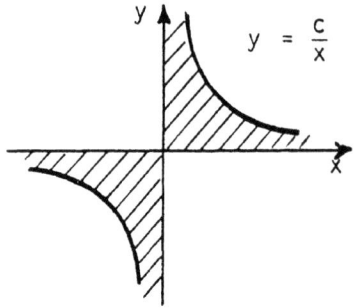

Rand) liegt, und testen Sie es durch Vorgabe von 10
vorher in einen Bereich einzulesender Wertepaare.
Die Konstanten a, b und c sind einzulesen. Rechnen Sie
folgende Beispiele: a = 0,7;   b = 0,3   (1)
                      a = -0,5; b = 1,2   (2)
                      c = 1 .   (3)

5.2/12 Binäres Suchen. Aus einer geordneten Liste ist durch
binäres Suchen die Position eines Listenelementes
festzustellen. Anstatt in der vorgegebenen Liste die
Elemente nacheinander (sequentiell) abzufragen, wird
das mittlere Element mit dem gesuchten verglichen. Hat
man damit nicht schon auf Anhieb das richtige Element
und seine Position gefunden, bestimmt man die Hälfte
der Liste, in der sich das Element befindet (wohlge-
merkt: es handelt sich hierbei um eine geordnete
Liste!). Auf diese Hälfte läßt sich der beschriebene
Suchschritt erneut anwenden, bis man das Element als
mittleren Wert gefunden und damit auch seine Position
bestimmt hat - oder feststellen mußte, daß die durch-
suchte Liste leer ist, das gesuchte Element also nicht
enthält.
Man rechne mit folgender Liste ($n \leq 20$ festzulegen):

n = 10 (einzulesen)
-27,5 -13,7 -11,3 -2,5 0,4 9,7 17,3 28,2 35,1 43,9 .
Es ist in zwei Läufen die Position zu suchen von -2,5
und 28,2.

5.2 Logisches Rechnen

5.2/13 Zwei reelle (nxm)-Matrizen X und Y (n,m ≤ 10) sind auf Gleichheit ihrer Komponenten zu prüfen, und das Ergebnis ist in einer Matrix Z darzustellen: darin wird in der gleichen Matrix-Stelle, an der die momentane Prüfung stattfindet, eine 0 gesetzt für Gleichheit, eine 1 für Ungleichheit.

Die Matrizen X, Y und Z sind - mit Kurztext - untereinander auszudrucken.

Man rechne folgendes Beispiel:

n = 5, m = 4:

$$X = \begin{pmatrix} -2,5 & 3 & 1,2 & 1,7 \\ 1,5 & -0,3 & -3,1 & 2,4 \\ 4,7 & 1,8 & 2,9 & -3,1 \\ 0 & 4,1 & -8,2 & 6,1 \\ 0,1 & -2,8 & -1,5 & 3,5 \end{pmatrix}$$

$$Y = \begin{pmatrix} -2,5 & 3 & 1,3 & 1,7 \\ 1,4 & -0,3 & -3,1 & 2,4 \\ 4,7 & 1,8 & 2,8 & -3,2 \\ 0 & 4 & -8,2 & 6,1 \\ 0,2 & 2,8 & -1,5 & 3,5 \end{pmatrix}$$

Machen Sie auch einen Testlauf mit X = Y.

5.2/14 Ein Programm soll die Gültigkeit eines (x,y)-Wertes dadurch festlegen, daß er in dem schraffierten Bereich (einschließlich Rand) liegt. Im Programm ist ein Be-

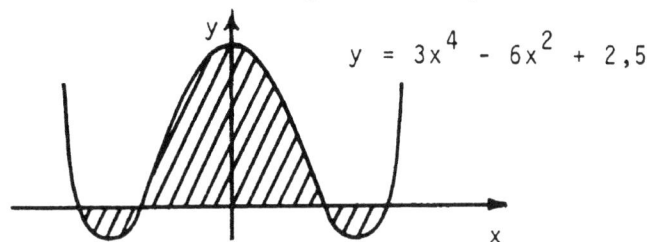

$y = 3x^4 - 6x^2 + 2,5$

reich für maximal 30 (x,y)-Paare zu definieren, in den die (x,y)-Werte zunächst eingelesen werden. Der Ausdruck soll wie in Aufg. 4.2/31 erfolgen, zur Beispielrechnung sind die dort angegebenen Wertepaare zu benutzen.

5.2/15   Ostersonntag. Es ist ein Programm zu schreiben, das zu
         einem gegebenen Jahr den Monat und den Tag des Oster-
         sonntages ausdruckt. Bezeichnet man mit R(Z/N) den
         Rest aus der Division von Zähler Z durch Nenner N
         (also z.B. R(34/5) = 4 oder R(7/9) = 7) und mit G(Z/N)
         das Ergebnis der ganzzahligen Division von Z durch N
         (also z.B. G(34/5) = 6 oder G(7/9) = 0), so lautet
         die Berechnungsfolge (das betreffende Jahr wird mit
         J bezeichnet):

K = G(J / 100)
H = G((13 + 8·K) / 25)
L = G(K / 4)
a = R((15 - H + K - L) / 30)
b = R((4 + K - L) / 7)
c = R(J / 19)
d = R(J / 4)
e = R(J / 7)
f = R((19·c + a) / 30)
g = R((2·d + 4·e + 6·f + b) / 7)   .

Für f+g $\leq$ 9 ist TAG = 22 + f + g und MONAT = 3 .
Für f = 29 und g = 6 ist TAG = 19 und MONAT = 4 .
Für f = 28, g = 6 und c > 10 ist TAG = 18 und MONAT = 4.

In allen anderen Fällen ist TAG = f+g-9 und MONAT = 4.
Außer der Jahreszahl sind Tag und Monat auszudrucken.

5.2/16   Entscheidungstabelle. Die Fahrpreisermittlung einer
         bestimmten Fahrkarte wird durch die nachstehende
         Entscheidungstabelle beschrieben.

         R_i bezeichnet die Tarifgruppen, J bedeutet JA, N bedeu-
         tet NEIN.

         Schreiben Sie hierzu ein Programm, und testen Sie es
         mit 7 eigenen Beispielen aus.

         Strukturieren Sie das Programm!

5.2 Logisches Rechnen

Fahrpreis	R1	R2	R3	R4	R5	R6	R7	R8	R9
Alter	<6	6-13	6-13	14-60	14-60	14-60	14-60	>60	>60
Schüler/Student	-	-	-	J	J	N	N	-	-
Gruppe≥15 P.	-	J	N	J	N	J	N	J	N
0.-DM	*								
6.-DM		*		*				*	
9.-DM			*		*				*
12.-DM						*			
18.-DM							*		

<u>5.2/17</u> Eine logische Funktion ist durch folgenden Logikplan gegeben. Programmieren Sie die Anweisung zur Berechnung von y.

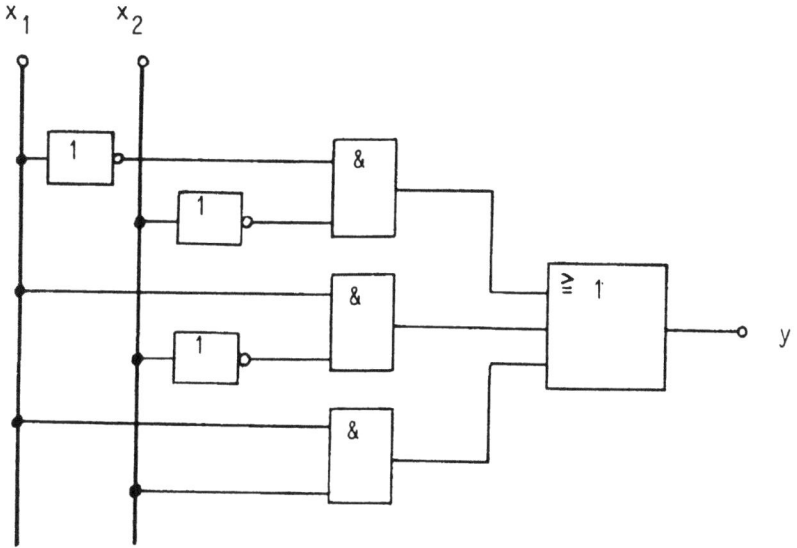

5.2/18 Ein Halbaddierer (zur Addition zweier Bits A und B mit Übertrag U und Rest R) läßt sich durch folgenden Logikplan darstellen:

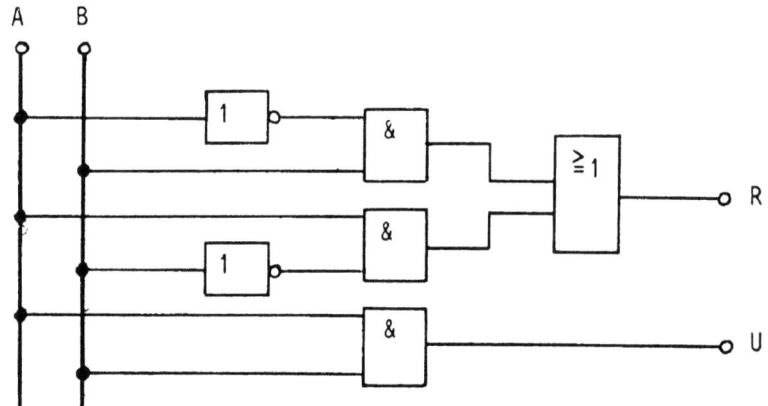

Geben Sie FORTRAN-Anweisungen zur Berechnung von R und U an.

5.2/19 Nachstehende Logikpläne erfüllen beide die gleiche logische Funktion. Dies ist dadurch nachzuweisen, daß man dem jeweiligen Logikplan die zugehörige Funktionaldarstellung entnimmt, diese programmiert und für alle möglichen Bitkombinationen aus den Eingängen für beide Funktionen parallel berechnet. Die Bitkombinationen

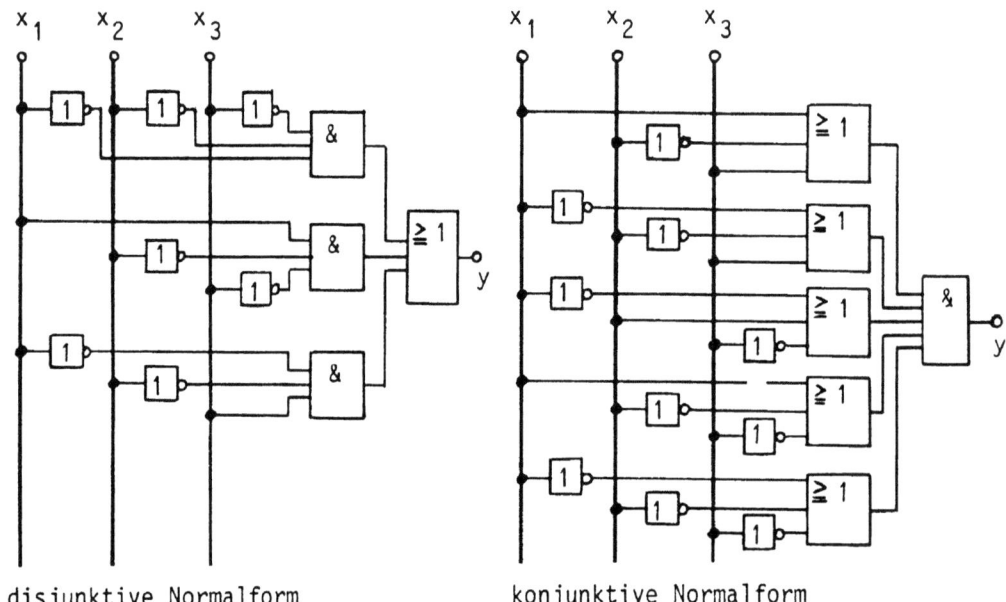

disjunktive Normalform   konjunktive Normalform

5.2 Logisches Rechnen

sind im Programm zu generieren (Schleife). In Tabellenform sind auszudrücken
- die Bitkombinationen der Eingänge (x_i) sowie
- die beiden zugehörigen Ergebniswerte aus beiden Funktionen.

5.2/20 BCD - Dezimal-Decodierer. Man weise für die 10 Dezimalziffern (0 bis 9) nach:
liegt an den Eingängen x_i eine Dezimalziffer in Dualform an (Zählung beginnend bei 0), so ist nur die dieser Ziffer entsprechende Position an den Ausgängen mit "1" besetzt (übrige Ausgänge "0"). Der Logikplan ist nebenstehend angegeben. Die Dezimalziffern können als duale Bitmuster eingegeben werden.
Beispiel:

$7_{10} = 0111_2$
     $= FTTT$ (logisch);

demnach:
$x_4 = 0$, $x_3 = 1$, $x_2 = 1$, $x_1 = 1$, also
$A_7 =$ "1", restliche $A_j = 0$.

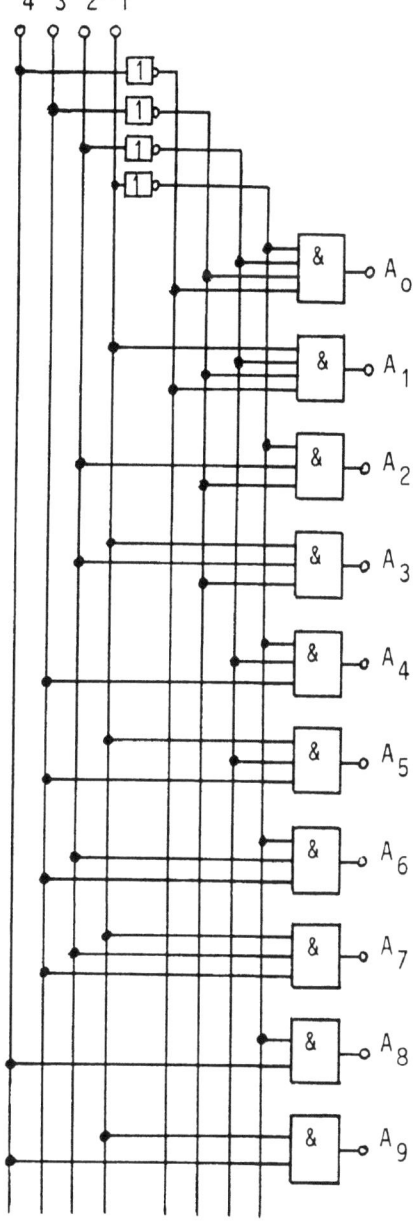

5.2/21 In dem folgenden Programm ist für komplexe Zahlen ihre Lage in der komplexen Ebene gemäß folgenden Unterscheidungen zu bestimmen:

Nullpunkt
positive reelle Achse
negative reelle Achse
positive imaginäre Achse
negative imaginäre Achse
1. Quadrant
2. Quadrant
3. Quadrant
4. Quadrant

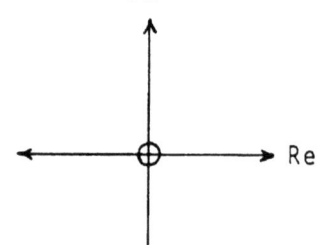

Die komplexen Zahlen sind in einen Bereich ($\leq$ 20 komplexe Zahlen) einzulesen und anschließend auszuwerten; das Ergebnis ist folgendermaßen auszudrucken:

```
          komplexe Zahl
  Realteil    Imaginärteil      Lage        Betrag
    :
```

Der Betrag einer komplexen Zahl ist durch $C = \sqrt{\underline{C} \cdot \underline{C}^*}$ (* = konjugiert komplex) gegeben. Man verwende hierzu die Bibliotheksfunktion CONJG(C).

Testen Sie die Fallunterscheidungen mit eigenen Beispielen durch.

5.2/22 Aussagenlogik. Drei Jungen haben sich bei einer Rauferei kräftig geprügelt, doch will sie keiner begonnen haben:

    Alex sagt, Björn lügt.

    Björn sagt, Chris lügt.

    Chris sagt, Alex und Björn lügen.

Wer von ihnen sagt nun wirklich die Wahrheit, wer lügt?

Schreiben Sie ein Programm, das diese Frage klärt!

Weitere Aufgabe zum logischen Rechnen: 6.3/5 (Codewandler).

6 Unterprogramme

6.1 Bibliotheks-Unterprogramme (Intrinsic functions)

6.1/1   In früheren Aufgaben ist der Ausdruck $\sqrt{X}$ durch Exponentiation mit 0.5 gebildet worden. Wie lautet die Wurzelfunktion generisch, wie speziell für DOUBLE PRECISION und COMPLEX?

6.1/2   Wie lautet die in Aufg. 4.1/24 genannte Funktion in generischer Darstellung, wie lautet die Exponentialfunktion in den speziellen Formen?

6.1/3   In Aufg. 4.2/14 wurden die Reihenentwicklungen zweier Funktionen angegeben. Wie lassen sich diese Funktionen generisch formulieren, wie speziell? Was gilt für sin?

6.1/4   Absolutbeträge komplexer Zahlen wurden bisher durch Ziehen der Quadratwurzel aus dem Produkt der komplexen Zahl mit ihrem konjugiert komplexen Wert gebildet. Wie lautet generisch die kürzere Formulierung, wie lautet sie speziell?

6.1/5   Eine Gleichung dritten Grades $y^3 + 3py + 2q = 0$ hat die Lösungen

$$y_1 = u + v,$$
$$y_2 = \varepsilon_1 u + \varepsilon_2 v,$$
$$y_3 = \varepsilon_2 u + \varepsilon_1 v \quad \text{mit}$$

$$u = \sqrt[3]{-q + \sqrt{q^2 + p^3}}, \quad v = \sqrt[3]{-q - \sqrt{q^2 + p^3}}$$

und $\quad \varepsilon_{1,2} = -\frac{1}{2} \pm i\frac{\sqrt{3}}{2}$.

Man erstelle ein Programm und rechne die beiden Beispiele $p_1 = -10/3$, $q_1 = -7/2$ sowie $p_2 = -8/3$, $q_2 = 7$.

6.2 FUNCTION-Anweisung und FUNCTION-UP

6.2/1 Newton-Verfahren (höherer Ordnung). Gegeben ist eine Gleichung $f(x) = 0$. Eine geschätzte Nullstelle sei x_0. Nun läßt sich $f(x)$ durch eine Taylor-Entwicklung in x_0

$$f(x) = y_0 + y_0' \cdot \delta + y_0'' \cdot \frac{\delta^2}{2!} + \ldots$$

mit dem Schritt $x - x_0 = \delta$ darstellen. Abbrechen nach dem linearen Glied und Setzung $x = x_1$ liefern (unter der Voraussetzung $y_0' \neq 0$) aus der Forderung $f(x) = 0$ die Newtonsche Verbesserungsformel 1.Ordnung

$$(\text{\textasteriskcentered}) \qquad \delta = x_1 - x_0 = -\frac{y_0}{y_0'} \quad .$$

Mitnahme des quadratischen Gliedes in der Entwicklung liefert

$$\delta = x_1 - x_0 = -\left(\frac{y_0}{y_0'} + \frac{y_0''}{2y_0'} \delta^2 \right) .$$

Setzt man rechtsseitig für δ den linearen Näherungswert aus (✱) ein, erhält man als neue Lösungsnäherung

$$x_1 = x_0 - \frac{y_0}{y_0'} \left(1 + \frac{y_0 y_0''}{2 y_0'^2} \right) .$$

Ersetzt man nun die Entwicklung um x_0 durch die Entwicklung um x_1, erhält man als neue Näherung x_2 usw., insgesamt also die iterative Näherungsfolge $x_0, x_1, x_2, \ldots$

Es ist mit folgender Funktion zu rechnen:

$$f(x) = x^2 - \sqrt{x} - 2 \quad (=0) .$$

Diese Funktion sowie ihre benötigten Ableitungen sind im Programm durch FUNCTION-Anweisungen zu definieren.

Eine Nullstellennäherung erhalten Sie am besten aus einer Tabelle $x, f(x)$. Die Iteration ist so oft durchzuführen, bis der Funktionswert $< 10^m$ ist ($m < 0$ ist

6.2 FUNCTION-Anweisung und FUNCTION-UP 77

einzulesen). Sehen Sie über eine Kennziffer-Steuerung vor, daß die Funktionstabelle für die Abschätzung der Näherungslösung auf Wunsch unterdrückt wird.

Rechnen Sie mit m = -6. Außer der u.U. gewünschten Funktionstabelle sind sämtliche Iterationen sowie das Ergebnis auszudrucken.

6.2/2 In der Trigonometrie lassen sich folgende tan-/cot-Beziehungen in die angegebenen sin-/cos-Beziehungen umwandeln:

1) $\tan \alpha \pm \tan \beta = \dfrac{\sin(\alpha \pm \beta)}{\cos \alpha \cdot \cos \beta}$

2) $\cot \alpha \pm \cot \beta = \pm \dfrac{\sin(\alpha \pm \beta)}{\sin \alpha \cdot \sin \beta}$

3) $\tan \alpha + \cot \beta = \dfrac{\cos(\alpha - \beta)}{\cos \alpha \cdot \sin \beta}$

4) $\cot \alpha - \tan \beta = \dfrac{\cos(\alpha + \beta)}{\sin \alpha \cdot \cos \beta}$

Rechtsseitig steht also die allgemeine Form $\dfrac{X(a)}{Y(b) \cdot Z(c)}$, worin X, Y, Z die zugehörigen Funktionsnamen sind. Man erstelle hierzu ein kleines FUNCTION-UP und rufe es durch ein Rahmen-HP zur Berechnung der einzelnen Beziehungen auf. Hierzu sind die Funktionsnamen an das UP zu übergeben.

6.2/3 Es ist ein FUNCTION-UP INTEG1 zu schreiben, das wahlweise den Integrations-Näherungswert aus einem der folgenden drei Verfahren liefert (Kennziffer 1 bis 3):

1) Sehnentrapezregel:

$$\int_a^b f(x)dx \approx R_n = h\left\{\frac{1}{2} \cdot f(a) + \sum_{j=1}^{n-1} f(a+jh) + \frac{1}{2} \cdot f(b)\right\}$$

2) Tangententrapezregel:

$$\int_a^b f(x)dx \approx T_n = 2h \sum_{j=1}^{n/2} f(a+(2j-1)h)$$

3) Simpsonformel

$$\int_a^b f(x)dx \approx S_n = \frac{1}{3}(T_n + 2 \cdot R_n),$$

wobei jeweils n gerade und h = (b-a)/n ist.
Unter Verwendung von INTEG1 ist nun noch folgendes
FUNCTION-UP INTEG2 zu schreiben (Rekursiv-Verfahren):

4) Romberg-Verfahren:

$$I_{n,0} = R_i \quad (R_i \text{ aus INTEG1}), \quad i = 2^n$$

$$I_{n,k} = \frac{4^k I_{n,k-1} - I_{n-1,k-1}}{4^k - 1} \quad ; \quad k = 1,\ldots,n.$$

$I_{n,n}$ ist das zu berechnende Integral.

Die zu integrierende Funktion soll mit ihrem Funktionsnamen an das UP INTEG1 übergeben werden (EXTERNAL).
Die Namen INTEG1/2 enthalten das Integrationsergebnis.

Berechnen Sie für alle angegebenen Verfahren die
Näherungswerte für das Integral

$$\int_0^1 f(x)dx \quad \text{mit} \quad f(x) = \sqrt{1 - x^2}.$$

Die Näherungen führe man in den Fällen 1) bis 3)
durch für n = 4, 8, 16, 32, 100, im Fall 4) für n = 2
bis n = 7. Genaues Ergebnis: $\pi/4$.
Über das HP schreibe man eine Tabelle aus, die außer
der Angabe des Verfahrens auch n und den zugehörigen
Integrationswert enthält.

6.2/4   In Aufg. 5.2/15 ist ein Algorithmus zur Bestimmung
des Ostersonntages angegeben worden. Darin tritt mehrfach der Ausdruck R(Z/N) als Rest aus der Division
von Zähler Z durch Nenner N auf. Schreiben Sie ein
FUNCTION-UP zur Berechnung dieses Divisionsrestes,
und geben Sie in ein paar HP-Zeilen an, wie dieses
UP an den entsprechenden Stellen aufzurufen ist.

6.2/5   Worin unterscheiden sich aktuelle und formale Parameter?

6.2 FUNCTION-Anweisung und FUNCTION-UP

6.2/6 Quadratwurzel-Iteration. Zur Berechnung von $\sqrt{a}$ kann man folgendes Iterationsverfahren benutzen:

$$x_0 = \frac{a}{2}$$

$$x_{n+1} = \frac{3ax_n + x_n^3}{3x_n^2 + a} \qquad (n=0,1,2,\ldots).$$

a) Schreiben Sie die mit x_{n+1} angegebene Iterationsvorschrift als FUNCTION-Anweisung.

b) Schreiben Sie die mit x_{n+1} angegebene Iterationsvorschrift als FUNCTION-UP.

Programmieren Sie die gesamte Iteration; sie ist zu beenden, sobald eine vorgegebene maximale Iterationszahl erreicht ist oder die relative Genauigkeit eine vorgegebene Grenze unterschreitet. Ist x_a der gerade iterierte Wert, so bestimmt sich hier die relative Genauigkeit aus dem Betrag des Quotienten

$$\frac{x_a^2 - a}{a} \quad .$$

Die einzelnen Iterationsschritte sind auszudrucken. Wenden Sie das Programm auf folgende Eingaben an:
(1) $a = 193$;   (2) $a = 5555$;
in beiden Fällen:
relative Genauigkeit: 10^{-5},
maximale Iterationszahl: 20.   (Vgl. Aufg. 6.2/7.)

6.2/7 Quadratwurzel-Iteration (Newton). Gegenüber Aufg. 6.2/6 besteht dieses Verfahren in folgender Iterationsvorschrift:

$$x_0 = \tfrac{1}{2}(1+a) \quad ; \quad x_{n+1} = x_n - \frac{x_n^2 - a}{2x_n} = \tfrac{1}{2} \cdot (x_n + \frac{a}{x_n}) \quad .$$

Hiernach ergibt sich also x_0 aus der allgemeinen Formulierung von x_{n+1}, wenn man $x_{-1}=1$ setzt.
Bearbeiten Sie diese Aufgabe wie die Aufg. 6.2/6; falls Sie jene schon gelöst haben, genügt es also, nur die FUNCTION-Anweisung bzw. das FUNCTION-UP sowie x_0 abzuändern. Vergleichen Sie die Konvergenz beider Verfahren.

6.3 SUBROUTINE-Unterprogramme

Die Aufgaben der früheren Kapitel bieten eine ganze Reihe von
Möglichkeiten der Umformulierung als Unterprogramme (z.B. die
Aufgaben 4.1/16 (Parameter m,n,A), 4.1/18 (Parameter n), 4.1/20
(Parameter n, a, b), 4.1/22 (Parameter A_o, R, N), 4.1/25 und
4.1/26 (Parameter n, a_i, x), 4.1/28, 4.1/29, 4.2/6. 4.2/9,
4.2/11, 4.2/13, 4.2/16, 4.2/24, 4.2/25, 4.2/27, 4.2/28, 4.2/29,
4.2/33, 4.2/34, 4.2/36, 4.2/37, 4.2/39, 4.2/40, 4.2/41, 4.2/42,
4.2/43, 4.2/45 - 47, 5.1/4, 5.1/6, 5.2/12, 5.2/13). - Da
derartige Umformulierungen relativ einfach vorgenommen werden
können, wird nachstehend auf diese Problemstellungen nicht mehr
zurückgegriffen. Einzelne der genannten Aufgaben lassen sich
auch durch FUNCTION-Unterprogramme beschreiben. Während beide
UP-Arten abgeschlossene Segmente sind und für beide Arten die
gleichen Parameter-Übergabe-Vorschriften gelten, merke man sich
den grundsätzlichen Unterschied: FUNCTION-Unterprogramme haben
- bei der Möglichkeit mehrerer Eingänge - nur einen Ausgang
(Funktionswert = FUNCTION-UP-Name), SUBROUTINE-Unterprogramme
jedoch können beliebig viele Ausgänge enthalten (der UP-Name
kann beliebig gewählt werden und erhält keine Wertzuweisung).

6.3/1 Schreiben Sie das FUNCTION-UP INTEG1 aus Aufg. 6.2/3
als SUBROUTINE-UP. Wie lautet der Aufruf im Hauptprogramm?

6.3/2 Es sei eine quadratische Matrix A mit maximal 10 Zeilen/Spalten vorgegeben. In der Matrix ist das betragskleinste und das betragsgrößte Element zu suchen und auszudrucken. Man füge ein UP ein, das die zugehörigen Zeilen-/Spaltennummern für diese Werte - ggf. auch für mehrfaches Auftreten - ausdruckt. Die Zeilen-/Spaltenzahl n ist einzulesen, die Matrix ist zur Kontrolle durch das HP mit auszudrucken. Rechnen Sie folgendes Beispiel:

6.3 Subroutine-Unterprogramme

n = 5:
$$\begin{pmatrix} 27,4 & -12,2 & 14,6 & 0,9 & -3,6 \\ -14,9 & 3,4 & -17,2 & 22,2 & -17,9 \\ 11,7 & 7,1 & 4,6 & 13,0 & 29,4 \\ 6,3 & -31,5 & -24,1 & -19,5 & 5,7 \\ -30,4 & 17,3 & 13,8 & -4,1 & 16,5 \end{pmatrix}.$$

6.3/3 Man multipliziere zwei Rechteckmatrizen A_{mn} und B_{nm} (m,n ≤ 10) miteinander. Hierzu lese man in einem HP die Rechteckdaten m,n sowie die Komponenten der Matrizen ein und schreibe die Eingaben sowie die Endmatrix aus. Für die Elemente der Produktmatrix C gilt:

$$c_{ik} = \sum_{j=1}^{n} a_{ij} b_{jk} \qquad (i = 1,\ldots,m;\ k = 1,\ldots,m).$$

Man schreibe ein Unterprogramm zur Multiplikation der beiden Matrizen. (Verwenden Sie DIMENSION bzw. COMMON !)

6.3/4 Konforme Abbildung. Man ermittle die Abbildung
$\underline{w} = \cos \underline{z}$ für $\underline{z} = x + iy$ und $\underline{w} = u + iv$.
In der z-Ebene bilden die Kurven x = const. und y = const. ein rechtwinkliges geradliniges Koordinatennetz. Diesen Geraden entsprechen wegen der Winkeltreue in der w-Ebene zwei Kurvenscharen, die einander rechtwinklig schneiden (Ellipsen und als Orthogonaltrajektorien Hyperbeln).

Man wähle zunächst x = 0 und variiere dazu y von -1,2 bis +1,2 mit $\Delta y = 0,1$. Für jedes komplexe $\underline{z}$ ((x,y)-Paar) erhält man ein komplexes $\underline{w}$, dem in der $\underline{w}$-Ebene ein Punkt entspricht. Man zeichne die Punkte in die $\underline{z}$- und $\underline{w}$-Ebene und verbinde sie zu je einer Kurve.

Dann erhöhe man x um $\pi/8$, erhält daraus für die unterschiedlichen y neue Punkte und Kurven usw.; dies führe man mit $\Delta x = \pi/8$ durch bis einschließlich $x = \pi$.

Nachdem dies erledigt ist, halte man jeweils y konstant und variiere x: zunächst ist y = -1,2 zu setzen und x von 0 bis π in Schritten von $\Delta x = \pi/32$ zu

variieren. Auch hier trage man wieder die komplexen
$\underline{z}$- und $\underline{w}$-Werte in der $\underline{z}$- und $\underline{w}$-Ebene ein und verbinde
sie zu Kurven. Dann erhöhe man y um 0,4 und variiere
wiederum x, zeichne die Punkte und Kurven usw. bis
einschließlich y = 1,2 (Δ y = 0,4).

Alle komplexen $\underline{z}$- und $\underline{w}$-Werte drucke man in übersichtlicher Tabellenform aus. Die grafische Darstellung aller Kurven erfolgt (von Hand) in einer einzigen $\underline{z}$- bzw. $\underline{w}$-Ebene; dabei verwende man möglichst für die Kurve in der $\underline{z}$-Ebene und die zugehörige Kurve in der $\underline{w}$-Ebene jeweils die gleiche Farbe.

Zur Darstellung von cos $\underline{z}$ benutze man 1. die Reihenentwicklung (bis zum 10. Glied) und 2. das Unterprogramm für den komplexen Kosinus. Man schreibe ein UP, das diese beiden Berechnungsarten durchführt.

6.3/5 Sogenannte Code-Wandler wandeln hardwaremäßig einen Code in einen anderen um. Nachstehend werden zwei Tetraden-Codes, d.h. solche, die sich mit 4 Bits darstellen lassen, betrachtet.
Entnehmen Sie dem Logikplan für die Umwandlung des Gray-Codes in den Gray-Stibitz-Code die Funktionsdarstellungen für die y_i, programmieren Sie sie, rechnen Sie sie für alle 16 möglichen Eingangs-Bitmuster, schreiben Sie alle Werte in Tabellenform aus, und überprüfen Sie die Code-Wandlung für die Eingangs-Bitmuster 0100, 0111 und 1100.

Sehen Sie in Ihrem Programm die folgenden beiden Möglichkeiten vor:

a) Durchrechnung aller 2^4 = 16 Binärmuster; hierzu sind die Binärmuster in 1/0-Darstellung im HP zu generieren und zur Code-Wandlung an ein UP zu übergeben;

b) Eingabe einzelner Binärmuster, die dann im UP in den anderen Code zu wandeln sind.

6.3 Subroutine-Unterprogramme

Das zu erstellende UP übernehme vom HP jeweils ein Binärmuster in 1/0-Darstellung, wandle es in logische Werte um und führe mit logischen Operationen die Code-Wandlung durch. Die Übergabe des Ergebnisses an das HP erfolgt wieder in 1/0-Darstellung.

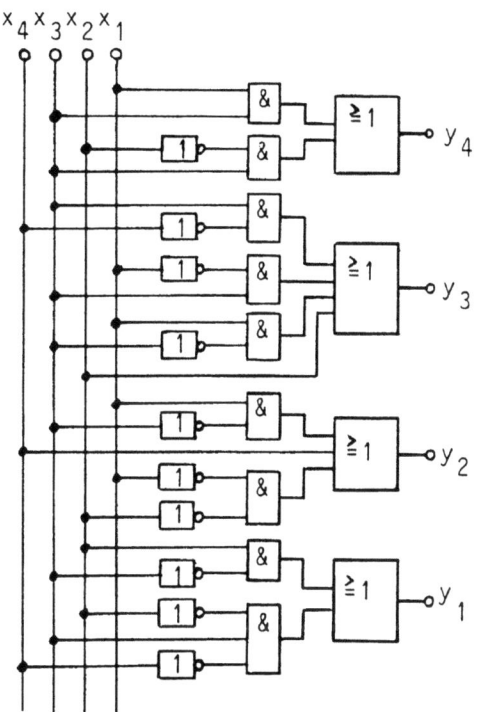

Überlegen Sie einmal die Möglichkeit, logische Operationen unter Verwendung der numerischen 1/0-Darstellung ohne FORTRAN-spezifische logische Operatoren .AND.,.OR. usw. durchzuführen. Dazu könnte man z.B. den logischen Operator .AND. durch eine FUNCTION-Anweisung LAND(L1,L2) mit den INTEGERs L1 und L2 und dem Ergebnis LAND = 1 oder LAND = 0 ausdrücken.

6.3/6 Warenrechnung. Ein Buchverlag gibt an bestimmte Personen einzelne Bücher zu 1/2- bzw. 3/4-Ladenpreis ab. Die Bücher befinden sich mit Bestellnummer, Titel und Preis in einem Feld. Als Beispiel wähle man einfach folgende Registrierung:
```
    5301    BUCH1    20.00 DM  ,
    5303    BUCH2    20.50 DM
    5305    BUCH3    21.00 DM      usw.
```
bis zur Buchnummer 5587.

Die Bücher
5327, 5381, 5383, 5411, 5427, 5451, 5479, 5481, 5499, 5507, 5543, 5555, 5581 werden zum halben,

die Bücher

5317, 5325, 5329, 5343, 5367, 5391, 5401, 5433, 5437,
5473, 5491, 5511, 5527, 5535, 5549, 5577

zu 3/4 Ladenpreis, der Rest nur zum vollen Ladenpreis abgegeben.

Die Bestell-Liste liegt unsortiert in einer Folge von Buchnummern vor. Schreiben Sie ein UP, das die Liste in steigender Nummernfolge sortiert.
Folgende Bestellung liegt vor:

5319, 5473, 5327, 5501, 5543, 5433, 5435, 5411.

Man stelle je eine Rechnung aus ohne Berücksichtigung sowie eine mit Berücksichtigung der jeweiligen Ermäßigungen. Die Rechnung enthält - nach steigenden Bestellnummern geordnet - die Bestellnummern, Buchtitel, Preise und den Endbetrag (Rechnungskopf und Gesamtsumme mit Text).

6.3/7 Kalenderausdruck. Schreiben Sie ein Programm, das für jedes vorgegebene Jahr ab 1583 (Gregorianischer Kalender) einen Kalender in folgender Form ausdruckt:

	JANUAR	FEBRUAR	MÄRZ
Montag	4 11 18 25	1 8 15 22	1 8 15 22 29
Dienstag	5 12 19 26	2 9 16 23	2 9 16 23 30
Mittwoch	6 13 20 27	3 10 17 24	3 10 17 24 31
Donnerstag	7 14 21 28	4 11 18 25	4 11 18 25
Freitag	1 8 15 22 29	5 12 19 26	5 12 19 ~~
Samst./Sonn.	2 9 16 23 30	6 13 20 ~~	
Sonntag	3 10 17 24 ~~		

	...vEMBER	DEZEMBER
	~ 11 18 25	1 8 15 22 29	6 13 20 27
~~	5 12 19 26	2 9 16 23 30	7 14 21 28
Mittwoch	6 13 20 27	3 10 17 24	1 8 15 22 29
Donnerstag	7 14 21 28	4 11 18 25	2 9 16 23 30
Freitag	1 8 15 22 29	5 12 19 26	3 10 17 24 31
Samst./Sonn.	2 9 16 23 30	6 13 20 27	4 11 18 25
Sonntag	3 10 17 24 31	7 14 21 28	5 12 19 26

Februar: Im Februar mit in der Regel 28 Tagen wird in allen durch 4 teilbaren Jahren im allgemeinen zusätzlich ein Schalttag eingeschoben (29. Februar). Die Schaltung unterbleibt im letzten Jahr jedes Jahrhunderts, außer wenn die Zahl der nach Ablauf des Jahres verflossenen Jahrhunderte durch 4 teilbar ist.

6.3 Subroutine-Unterprogramme

Das Programm läßt sich erstellen unter Verwendung eines einzigen Tagesdatums mit Wochentagzuordnung (z.B. 1.1.83: Samstag), womit alle anderen vorherigen und späteren Zuordnungen festliegen.
Testen Sie das Programm mit für Sie überprüfbaren Jahren.

6.3/8 Kurvenausdruck. Schreiben Sie zum Ausdrucken einer oszillierenden Funktion und ihrer Hüllkurve ein UP, das für eine aktuelle Abszisse die Druckpositionen der Kurven wie folgt besetzt: beiderseits der Symmetrieachse ein Punkt (.) entsprechend dem augenblicklichen Ordinatenwert (Betrag) der Einhüllenden, eine Sternchensäule (********) von der Symmetrieachse bis zum augenblicklichen Funktionswert der eigentlichen Funktion, sonst Leerstellen (Blanks). (UP GRAF1)

Vom HP wird an das UP übergeben die (ungerade) Zahl IB der Druckpositionen für die gesamte Kurvenbreite, die (einfache) Maximalamplitude XS, der Ordinatenwert XPG der Einhüllenden, der Ordinatenwert X der Ausgangsfunktion; vom UP wird an das HP übergeben die Druckzeile KURV für die Kurve. Ausdruck über HP.

Wenden Sie das UP auf folgende Aufgabenstellungen an:

(1) Gedämpfte Schwingung.

Gleichung: $x = \hat{x} \cdot e^{-\delta t} \cdot \sin(\omega t + \varphi_0)$

Hüllkurve: $x = \pm\hat{x} \cdot e^{-\delta t}$; $x(0) = \pm\hat{x}$.

Man rechne mit folgenden Werten und lese sie ins HP ein:

Anzahl N der Stützstellen: 55
Feldbreite IB der Kurve: 43 Druckpositionen
$f = 0,96$ ($\omega = 2\pi f$)
$\varphi_0 = 0,9$
$\delta = 0,5$
$\Delta t = 0,1$
$\hat{x} = 5,0$ ($= XS$)

Auf die Angabe von Einheiten wird verzichtet.

(2) Schwebung.

Gleichung: $\quad x = \hat{x} \cdot \cos\dfrac{\omega_1 - \omega_2}{2} t \cdot \sin\dfrac{\omega_1 + \omega_2}{2} t$

Hüllkurve: $\quad x = \pm\, \hat{x} \cdot \cos\dfrac{\omega_1 - \omega_2}{2} t \quad .$

Man rechne mit folgenden Werten und lese sie ins HP ein:

Anzahl N der Stützstellen: 55
Feldbreite IB der Kurve: 43 Druckpositionen
$f_1 = 5{,}0$
$f_2 = 4{,}0 \qquad\qquad (\omega = 2\pi f)$
$\Delta t = 0{,}03$
$\hat{x} = 3{,}0 \qquad (= XS)\quad .$

Auf die Angabe von Einheiten wird verzichtet.

(3) arctan x im Bereich $-\pi/2$ bis $+\pi/2$.
In diesem Fall ist die "Hüllkurve" ein konstanter den Bereich beidseitig begrenzender Wert.

Gleichung: $\quad y = \arctan x$

Hüllkurve: $\quad y = \pm\dfrac{\pi}{2} \quad .$

Man rechne mit folgenden Werten und lese sie ins HP ein:

Anzahl der Stützstellen: 21
Feldbreite der Kurve: 39 Druckpositionen
$x_{anf} = -5{,}0 \quad ; \quad \Delta x = 0{,}5 \quad .$

6.3/9 Kurvenausdruck. Schreiben Sie ein UP, das für eine aktuelle Abszisse die Ordinate einer Funktion wahlweise ohne Nullinie (Kennziffer 0), mit punktierter Nullinie (Kennziffer 1) bzw. als Sternchensäule (*****) von der Nullinie bis zum Ordinatenwert (Kennziffer 2) ausdruckt. Für eine Kennziffer < 0 wird die Berechnung abgebrochen. An das UP werden folgende Parameter übergeben: Kennziffer IKZ, Feldbreite des Kurvenausdrucks (in Druckpositionen) IB, minimaler negativer Funktionswert "links" YLM, maximaler positiver Funktionswert

"rechts" YRM, aktueller Funktionswert Y; vom UP ins
HP transferiert wird die Kurven-Druckzeile KURZ. Dabei
sollen YLM und YRM in jeder Zeile je durch ein "I"
markiert werden, für den Kurvenverlauf selbst benutze
man Sternchen (*). (UP GRAF2)
Testen Sie die drei Kennziffervariationen mit einem
Rahmen-HP für folgende Funktion:

$$y = x^3 - 2 \cdot x^2 \quad .$$

Lesen Sie in das HP ein: Kennziffer (0, 1, 2 oder negativ), Zahl N der Stützstellen (hier zu rechnen mit
N = 26), Kurven-Feldbreite KB (hier 41 Druckpositionen),
YLM (hier: -1,2), YRM (hier: 3,2), Δx = 0,1 (beginnend bei x = 0).

6.3/10 Hühnerhofhackordnung. Auf einem Hühnerhof befinden sich
n Hühner, unter denen folgende Hackordnung herrscht:
Jedes Huhn hat eine Ranglistennummer, am stärksten ist
Huhn Nr. 1, am schwächsten Huhn Nr. n. Ein Huhn darf
alle schwächeren Hühner (mit größerer Ranglistennummer)
hacken, ohne daß diese sich wehren, andererseits läßt
es sich selbst von stärkeren Hühnern (mit niedrigerer
Ranglistennummer) widerstandslos hacken (bzw. ergreift
die Flucht). So finden nur Hackereien ohne Bedeutung
für die Rangordnung statt.
Nun kommt aber in diesen geordneten Hühnerhof ein fremdes Huhn hinzu, dessen Rang festzustellen ist. Die Bestimmung des Ranges erfolgt durch eine Serie von echten Hackduellen. Falls das fremde Huhn das Duell gegen
das Huhn Nr. k gewonnen und das Duell gegen das Huhn
Nr. j (j < k) verloren hat, ist ihm ein Rang R mit
j+1 $\leq$ R $\leq$ k sicher, und alle künftigen Auseinandersetzungen mit den Hühnern vom Rang $\geq$ k oder $\leq$ j sind
Hackereien. Der Rang des fremden Huhnes ist endgültig
bestimmt, wenn j+1 = k geworden ist. Das Huhn hat
dann die Ranglistennummer R = k.
Dieser Vorgang ist nun durch ein Programm zu simulieren.

Benutzen Sie dazu ein Zufallszahlen-UP aus der Programmbibliothek Ihres Rechners; es wird hier kurz mit ZF bezeichnet. Mit welchen Gegnern das fremde Huhn nun nacheinander gerade zusammengerät, bestimmen Sie aus

(Ganzzahl von (ZF*n)) + 1 .

Dabei ist angenommen, daß ZF eine Zufallszahl mit $0 < ZF < 1$ (wobei ZF auch die Zufallszahl selbst bezeichnet) liefert. Der Gegner bestimmt sich also durch Addition von 1 zur Ganzzahl aus dem Produkt der Zufallszahl mit n.

Um den Ausgang eines Duells festzustellen, ist eine weitere Zufallszahl Z zu bestimmen. Für $0 < Z < 0,5$ hat das Huhn gewonnen, für $0,5 \leq Z < 1$ hat es verloren.

Teilberechnungen wie Hackerei oder Duell sind als Unterprogramme zu formulieren.

Die Anzahl der vorhandenen Hühner lese man ein. Auszudrucken ist die Zahl der Hackereien bis zum jeweils nächsten echten Duell, die Nummer des Gegners und der Ausgang des Duells, am Ende die Summe aller Hackereien und die Ranglistennummer des neuen Huhns.

6.3/11 Türme von Hanoi. Das Ende der Welt ist noch nicht gekommen, das eine hinterindische Sage vorhersieht. Danach sind in einem verborgenen Dschungeltempel seit Beginn der Zeitrechnung Mönche damit beschäftigt, einen Stapel von 50 goldenen Scheiben mit nach oben hin abnehmendem Durchmesser, die auf einem durch ihre Mitte hindurchgehenden goldenen Pfeiler aufgereiht sind, durch sukzessive Bewegung jeweils einer einzigen Scheibe auf einen anderen goldenen Pfeiler umzuschichten. Ein dritter Pfeiler darf als Hilfspfeiler benutzt werden, doch gilt die Maßgabe, daß niemals eine Scheibe mit größerem Durchmesser auf eine mit kleinerem Durchmesser zu liegen kommen darf. Wenn die Mönche ihr Werk beendet haben, soll das Ende der Welt gekommen sein.
Simulieren Sie die Aufgabe für n Scheiben, die anfangs auf dem linken Pfeiler sitzen; die Umschichtung erfolgt auf den mittleren Pfeiler. Der rechte Pfeiler ist immer Hilfspfeiler. Beispielrechnung mit n = 3, 4, 5 und 7.

6.3 Subroutine-Unterprogramme

6.3/12 Vorbemerkung: In der Informationsverarbeitung befaßt man sich neben der Darstellung von Zahlen in Systemen zu einer definierten Basis (z.B. Dualsystem mit Basis 2, Dezimalsystem mit Basis 10) und ihrer Arithmetik auch mit der Darstellung von Zahlen in sog. Residuensystemen und ihrer Arithmetik. Während bei den Basis-Systemen z.B. bei Additionen Überträge in die nächsthöhere Stelle notwendig werden können (serielle Verarbeitung), ist dies bei den Residuensystemen nicht der Fall; hier wird also eine parallele Verarbeitung möglich. Die nachfolgende Übung stellt beide Verfahren in ihrem Prinzip einander gegenüber.

Aufgabe:

HP: Man lese eine Kennziffer ein, aus der hervorgeht, ob man eine Dual-Addition oder eine Residuen-Addition vornehmen will (Residuen-Addition nachstehend beschrieben). Entsprechend der Kennziffer sind weiter einzulesen:
- für das Dualsystem: zwei zu addierende positive ganze Dezimalzahlen,
- für das Residuensystem: zwei zu addierende positive ganze Dezimalzahlen und 3 Moduli.

UP: Man erstelle zwei Unterprogramme:
1. Umwandlung der Dezimalzahlen in das Dualsystem (16-Bit-Wort), duale Addition der Bits. Ausdruck der Bitbesetzungen in 16 Positionen: "." für "0", "*" für "1" sowohl für die eingegebenen beiden Zahlen als auch für das Ergebnis. Das Ergebnis ist anschließend zurückzuverwandeln in das Dezimalsystem und mit den Eingaben auch dezimal auszudrucken.
2. Umwandlung der Dezimalzahlen in das vorgegebene Residuensystem, Addition im Residuensystem, Rückwandlung des Ergebnisses in das Dezimalsystem. Ausdruck der Zwischenergebnisse und des dezimalen Endergebnisses (auch Eingaben ausdrucken!).

Eingaben: Man rechne mit folgenden Eingaben (je 2 Läufe):

- Dualsystem: (1) 385, 2039
             (2) 16327, 4112 .

- Residuensystem:
  (1) Moduli: 3, 5, 7, Zahlen: 37, 54
  (2) Moduli: 5, 7, 11, Zahlen: 153, 227.

Beschreibung des Residuenverfahrens.

Die Residuenmethode beruht darauf, daß man sich Moduli m_i vorgibt, aus denen sich ganze Zahlen mit einem Rest (Residuum) darstellen lassen. Beisp.: 14 mod 3 = 4·3 + 2. Beachtet man lediglich den Rest, so schreibt man mit dem zugehörigen Modulus: Mod(14,3) = $|14|_3$ = 2. In weiteren Beispielen ist also $|37|_5$ = 2, $|37|_7$ = 2 oder $|52|_7$ = 3.

Es wird nachstehend nur der relativ einfache Fall der Addition bei Primzahlen-Moduli behandelt.

Gesetzmäßigkeiten:

- Man gibt sich ein Modulo-System (m_i, i= 1,...,n) vor, in dem man sich für die vorgegebenen Dezimalzahlen die Residuen ermittelt. Bei einer Addition werden die Residuen derart addiert, daß nur das Ergebnis-Residuum für den zugehörigen Modulus notiert wird, aber kein Übertrag erfolgt.

Beispiel: Moduli: m_1 = 3, m_2 = 5, m_3 = 7:

Dezimal: Residuenaddition

		m_1 = 3	m_2 = 5	m_3 = 7
19 →		1	4	5
+ 57 →	+	0	2	1
76 →		1	1	6
		=r_1	=r_2	=r_3

Wie man sich leicht vergewissert, ist auch das Ergebnis der Residuen-Addition die Modulo-Darstellung des Dezimalergebnisses 76.

6.3 Subroutine-Unterprogramme

- Die größte nach der Residuenmethode eindeutig darstellbare Zahl ist (für 3 Moduli) $M_{max} = M - 1$ mit $M = m_1 \cdot m_2 \cdot m_3$.

- Eine Residuen-Darstellung (z.B. auch obiges Ergebnis $\{1,1,6\}$) läßt sich wieder in das Dezimalsystem zurückverwandeln gemäß dem sog. Chinese Remainder Theorem.

Es sei dazu mit p_i definiert das Produkt aus allen Moduli außer m_i : also bei 3 Moduli z.B. $p_2 = m_1 \cdot m_3$.

Es wird weiterhin benötigt die sog. multiplikative Inverse zum Modulus m_i:

$$R_i = \left| \frac{1}{q_i} \right|_{m_i} .$$

Für Primzahlen-Moduli, die hier vorausgesetzt sind, ergibt sich hierfür nach dem Theorem von Fermat folgende Berechnungsformel:

$$\text{mit} \quad q_i = |p_i|_{m_i} \quad \curvearrowright \quad \left| \frac{1}{q_i} \right|_{m_i} = \left| q_i^{m_i - 2} \right|_{m_i} .$$

Ist nun x die gesuchte Dezimalzahl, so ergibt sie sich (für 3 Moduli) aus

$$x = \text{Mod} \left\{ p_1 \cdot \text{Mod}(r_1 \cdot R_1, m_1) + p_2 \cdot \text{Mod}(r_2 \cdot R_2, m_2) + p_3 \cdot \text{Mod}(r_3 \cdot R_3, m_3), M \right\} .$$

Aus dem Verfahren ergibt sich für die möglichen Dezimalzahlen eine Periodizität mit M, d.h. neben der Lösung $x < M$ sind auch die Lösungen $x_k = x + k \cdot M$ $(k = 1, 2, ...)$ Dezimalzahlen, für die die gleiche Residuendarstellung gilt.

Die zu rechnenden Beispiele sind jedoch so gewählt, daß ohne besondere Auswahlkriterien stets $x < M$ die richtige Lösung ist.

Beispiel (s.o.) für die Rückwandlung ins Dezimalsystem:

$p_1 = 5 \cdot 7 = 35 \qquad q_1 = |35|_3 = 2 \qquad R_1 = \left|\dfrac{1}{2}\right|_3 = |2^{3-2}|_3 = 2$

$p_2 = 3 \cdot 7 = 21 \qquad q_2 = |21|_5 = 1 \qquad R_2 = \left|\dfrac{1}{1}\right|_5 = |1^{5-2}|_5 = 1$

$p_3 = 3 \cdot 5 = 15 \qquad q_3 = |15|_7 = 1 \qquad R_3 = \left|\dfrac{1}{1}\right|_7 = |1^{7-2}|_7 = 1$.

Demnach ergibt sich mit $M = m_1 \cdot m_2 \cdot m_3 = 105$:

$x = \text{Mod} \{ 35 \cdot \text{Mod}(1 \cdot 2, 3) + 21 \cdot \text{Mod}(1 \cdot 1, 5) + 15 \cdot \text{Mod}(6 \cdot 1, 7) , 105 \}$

$ = \text{Mod} \{ 35 \cdot 2 + 15 \cdot 6 , 105 \}$

$ = \text{Mod} \{ 181 , 105 \}$

$ = 76$.

Man kann hieraus leicht erkennen, daß neben $x = 76$ auch
$x = 76 + 1 \cdot 105 = 181,$
$x = 76 + 2 \cdot 105 = 286$
usw.
mögliche Lösungen mit den gleichen Residuen $\{1, 1, 6\}$ zu den gewählten Moduli sind.

6.3 Subroutine-Unterprogramme

6.3/13　Es ist ein Unterprogramm zur Lösung der quadratischen Gleichung $ax^2 + bx + c = 0$ zu schreiben. Die Werte a, b und c werden als Parameter übergeben. - Die Gleichung wird im UP zunächst auf die Normalform $x^2 + px + q = 0$ gebracht, woraus man die Lösungen wie in Aufg.4.2/6 erhält. Es ist vorzusehen, daß man vom aufrufenden Programm aus auch direkt an die Stelle der Normalform springen kann (mit Übergabe der Parameter p und q). Verwenden Sie dazu die ENTRY-Anweisung. Falls die Diskriminante negativ wird, soll das UP ausgeben: "Lösung komplex" und ins HP zurückspringen.

6.3/14　Ändern Sie die vorige Aufgabe 6.3/13 dahin ab, daß Sie zwar im UP einen Test auf negative Diskriminante durchführen, je nach Ergebnis aber an unterschiedliche Stellen des HP zurückspringen, wo dann ggf. auch ein Text ausgeschrieben werden kann (Verwendung von RETURNn, wobei n eine INTEGER ist).

7 Texte, Dateien

7.1 Texte

Es empfiehlt sich anfangs die Bearbeitung der Aufgaben 3.2/39, 3.2/40, 4.2/49.

<u>7.1/1</u> In einem HP wird ein Text von maximal 1000 Zeichen eingelesen; außerdem werden eingelesen die für die Ausführung des jeweiligen Unterprogrammes notwendigen Angaben. Alle Ausdrucke erfolgen über das HP.

UP TEXT1: Der vom HP eingelesene Text ist auf das Auftreten einer Zeichengruppe (1-3 Zeichen) zu untersuchen. Wo die Zeichengruppe auftritt, bleibt sie bestehen, die restlichen Zeichen werden mit Punkten besetzt. Die so erhaltene Zeichenkette ist - wie der Originaltext - im HP auszudrucken.

Beispiel: Zeichengruppe: CH

Text und Ausdruck:
DIE EXISTENZ DER MENSCHLICHEN KULTUR WIRD VIELFACH
.....................CH..CH....................CH.

DURCH DIE IMMORALITAET ODER LEICHTFERTIGKEIT DER
...CH........................CH................

MACHTHABER BEDROHT.
..CH...............

UP TEXT2: Ermittlung der Anzahl der Zeichen in einem vorgegebenen Text.

UP TEXT3: Ermittlung der Anzahl der Ziffern in einem vorgegebenen Text.

UP TEXT4: Wie oft taucht ein vorgegebenes Zeichen in einem Text auf?

UP TEXT5: Wieviel Wörter fangen mit einem vorgegebenen Buchstaben an?

7.1 Texte

Vorgegebener Text:

Beim Hanteltraining ist es etwas schwierig, die Trainingskraft zu dosieren, da die Kraft des gleichen Muskels in Abhängigkeit von seiner Länge - z.B. extreme Beuge- und Streckstellung einer Gliedmasse - ein Verhältnis von 1 zu 3 bis 1 zu 4 aufweist. So entspricht z.B. die Kraft der Oberschenkelbeugemuskulatur in einer 60-Grad-Beugestellung des Oberschenkels gegen den Rumpf einem Drehmoment von ca. 40 Nm, in 20-Grad-Streckstellung des Oberschenkels dagegen 160 Nm.

(Es ist ä gleich ae zu setzen. Es genügt, den Text derart in die Zeilen anzuordnen, daß am rechten Rand keine Silbentrennung auftritt.)

Weitere Vorgaben zum Beispiel-Rechnen:

Zu UP TEXT1:   vorgegebene Zeichengruppe: ER

Zu UP TEXT4:   vorgegebenes Zeichen: A

Zu UP TEXT5:   vorgegebener Buchstabe: D

Ein Wortanfang ist dadurch definiert, daß einem (Wort-anfangs-) Zeichen eine Leerstelle (Blank) vorausgeht. Innerhalb eines Wortes dürfen also keine Blanks auftreten, außerdem hat man darauf zu achten, daß zwischen dem Punkt (.) eines Satzendes und dem ersten Buchstaben des neuen Satzes wenigstens ein Blank steht.

7.2 Dateien

Bereits in früheren Aufgaben ist es notwendig gewesen, Ein-/Ausgabe-Dateien einzurichten. Eine Möglichkeit, weitere Dateien zu benutzen, bietet z.B. auch Aufg. 6.3/6. Nachfolgend werden hierzu ergänzende Aufgaben gestellt.

7.2/1   Numerisches und alphabetisches Sortieren, Mischen; Dateien; Unterprogramme.
SORTIEREN:
Erstellen Sie jeweils ein UP zum Sortieren. Jedes Datenfeld enthält maximal 20 Zahlenangaben (bei komplexen Zahlen also maximal 40 Werte).

UP SONNI: Nichtnegative INTEGER-Zahlen (numerisches Beispiel: Zahlenwerte aus Datei 1 des Anwendungsbeispiels). Sortieren nach steigenden Werten.

UP SORZ: REAL-Zahlen (negativ/positiv gemischt) nach steigendem Wert (also von negativ nach positiv). Beispiel mit Tabelle 1 rechnen.

UP SOKOM: Komplexe Zahlen nach steigendem Betrag (auch Betrag ausdrucken). Beispiel: Tabelle 2.

UP SONAM: Namen (mit maximal 5 Zeichen) nach Alphabet; in den Namen treten keine Sonderzeichen auf; Leerstellen rangieren vor Buchstaben (also z.B. Karl vor Karla). Beispiel mit den Ortsnamen von Datei 1 des Anwendungsbeispiels.

In den Unterprogrammen erfolgt kein Ausdruck. Für UP SOKOM sind komplexe Felder zu definieren.

Tabelle 1

```
    439,1
    -17,9
-27901,53
   9004,7
    888,12
     11,4
```

Tabelle 2

```
(    4,3      -7    )
(  -19,1     -8,1   )
(   -8,5      5,9   )
(   57,9     13     )
(   24,1     25     )
(   -3,14    -4     )
```

(Fortsetzung auf der nächsten Seite)

7.2 Dateien

Forts.:

```
 -597,8           (    13         9,3  )
 -888,12          ( -1407      -803,1  )
    3,14          (    89,1     -24    )
  -17,8           (   199       163    )
  243,4           (   -12        21,3  )
```

MISCHEN:

Erstellen Sie jeweils ein UP zum Mischen.
In einer Datei 1 stehen n (numerisch bzw. alphabetisch)
geordnete Daten, in Datei 2 m ebenso geordnete Daten.
Fügen Sie die Daten von Datei 2 derart in die von
Datei 1 ein, daß wiederum eine geordnete Liste entsteht.
Es ist $n \leq 20$, $m \leq 20$ anzunehmen.

UP MINNI: Programmierung für nichtnegative INTEGERs;
Ordnung nach steigenden Werten. Beispiel-
rechnung mit Zahlen aus dem Anwendungsbeispiel:
Es sind die Postleitzahlen aus der Datei 1
des Anwendungsbeispiels zu übernehmen, mit
UP SONNI zu sortieren und in einen ersten
Bereich des Mischprogramms zu übertragen.
Analog ist mit der Datei 2 des Anwendungsbei-
spiels zu verfahren.

UP MIRZ: Programmierung für REAL-Zahlen; Ordnung nach
steigenden Werten. - Für die Beispielrechnung stütze man sich auf die Tabellen der
Sortieraufgabe: Tabelle 1 ist mit UP SORZ zu
sortieren und in einen ersten Bereich zu
übertragen, als zweite Datenfolge nehme man
die Realteile aus Tabelle 2 und verfahre
ebenso.

UP MINAM: Programmierung für Namen (keine Sonderzeichen
in Namen); Ordnung nach Alphabet; Leerstellen
rangieren vor Buchstaben.
Beispiel: als erste Datenfolge übernehme man
die Ortsnamen aus Datei 1 des Anwendungsbeispiels, Vorsortieren mit UP SONAM. - Analog
für die zweite Datenfolge aus Datei 2.

ANWENDUNGSBEISPIEL:

In einer Datei 1 befinden sich n Ortsnamen mit zugehörigen Postleitzahlen in willkürlicher Reihenfolge.

Aufgabe 1: Datei 1 ist nach steigenden Postleitzahlen zu ordnen und in ein Feld 3 abzuspeichern.

Aufgabe 2: Datei 1 ist nach dem Alphabet der Ortsnamen zu ordnen und in ein Feld 4 abzuspeichern.

Es sind auszudrucken die Daten aus Datei 1, Feld 3 und Feld 4.

In einer Datei 2 befinden sich m Ortsnamen mit zugehörigen Postleitzahlen in willkürlicher Reihenfolge.

Aufgabe 3: Datei 2 ist nach steigenden Postleitzahlen zu sortieren und in ein Feld 1 zu speichern.

Beide Datenfolgen sind auszudrucken.

Aufgabe 4: Die beiden nach Postleitzahlen sortierten Datenfolgen sind derart zu mischen, daß die Ordnung steigender Postleitzahlen gewahrt bleibt.

Aufgabe 5: Mischen der beiden nach Ortsnamen-Alphabet sortierten Datenfolgen derart, daß die alphabetische Reihenfolge gewahrt bleibt.

Beide Datenfolgen sind auszudrucken.

Tritt ein Ortsname doppelt auf, ist an dieser Stelle nach steigender Postleitzahl einzuordnen.

Die Orte sind auf maximal 5 Zeichen beschränkt; in der Hierarchie ist eine Leerstelle über einem Buchstaben (also z.B. Glesse über Glessen) anzuordnen. Innerhalb der Namen sollen keine Sonderzeichen auftreten.

Für die Eingabe soll gelten:

PLZ beginnend mit Spalte 1, Ortsname beginnend mit Spalte 6.

Es sollen möglichst die vorher erstellten Unterprogramme verwendet werden.

7.2 Dateien

DATEIEN:

Datei 1		Datei 2	
3351	Eimen	6719	Stauf
4041	Norf	4571	Vehs
23	Kiel	8504	Stein
6401	Jossa	55	Trier
883	Haag	7261	Sulz
5657	Haan	3382	Oker
5444	Polch	657	Kirn
7141	Murr	3559	Haina
5	Köln	2176	Osten
3453	Polle	5201	Kern
8752	Hain		
2951	Hesel		
6626	Bous		
8541	Haag		
2849	Erlte		
4174	Issum		
3101	Oldau		
2983	Juist		
7631	Sulz		
6491	Jossa		

7.2/2   Immerwährender Kalender. Er dient zur Ermittlung der
        Wochentage für jedes Datum vom Beginn der christlichen
        Zeitrechnung bis zum Jahr 2400. Der dafür maßgebende
        Algorithmus ergibt sich aus der nachfolgenden Tabelle.
        Dazu sucht man zunächst den Leitbuchstaben im Schnitt-
        punkt der Spalte unmittelbar unterhalb des gewünschten
        Jahrhunderts(Tabelle Ia oder Ib) mit der horizontalen
        Zeile, in der die beiden letzten Ziffern der Jahres-
        zahl (Tabelle II) erscheinen. Nun ermittelt man in Ta-
        belle III die Spalte, in der der soeben gefundene Leit-
        buchstabe horizontal mit dem gewünschten Monat erscheint.
        In der gleichen Spalte senkrecht darunter in Tabelle IV
        und horizontal mit dem gewünschten Tagesdatum findet

man den gesuchten Wochentag. Zu beachten: Schaltjahre
haben 2 Leitbuchstaben, von denen der erste für Januar
und Februar, der zweite für die übrigen Monate gilt.
So hat 1984 die Leitbuchstaben AG, d.h. der 10.Januar
erhält z.B. den Leitbuchstaben A, der 5.Juli den Leitbuchstaben G.

Für alle Daten bis einschließlich 4.Oktober 1582 ist
der Julianische Kalender (Tabelle Ia) und für alle Daten
vom 15. Oktober 1582 an der Gregorianische Kalender
(Tabelle Ib) zu verwenden. Auf den 4. Oktober 1582
folgte mit der Kalenderumstellung als nächster Tag der
15. Oktober des Gregorianischen Kalenders.

Beisp.: Welcher Tag ist am 1. Mai 1984?
Tabelle Ib entnimmt man für 1984 die Leitbuchstaben AG,
für den 1. Mai also den Leitbuchstaben G (Schnittpunkt
der Spalte "1900" aus Tabelle Ib mit der Zeile "84"
aus Tabelle II). In der Tabelle III ist für Mai der
Buchstabe G der Zahl 6 zugeordnet. Der Tabelle IV entnimmt man nun im Schnittpunkt der Zeile des Tagesdatums
"1" mit der Kennzahl "6" den Wochentag "Dienstag".

Die einzelnen Tabellen sind in Dateien anzulegen:
Ia in Datei 1, Ib in Datei 2, II in Datei 3, III in
Datei 4 und IV in Datei 5. Überprüfen Sie Ihr Programm
an einigen Beispielen sowohl für den Julianischen als
auch für den Gregorianischen Kalender.

Tabelle IV für den Immerwährenden Kalender:

(IV) Tagesdatum					Wochentage						
					1	2	3	4	5	6	7
1	8	15	22	29	So	Sa	Fr	Do	Mi	Di	Mo
2	9	16	23	30	Mo	So	Sa	Fr	Do	Mi	Di
3	10	17	24	31	Di	Mo	So	Sa	Fr	Do	Mi
4	11	18	25		Mi	Di	Mo	So	Sa	Fr	Do
5	12	19	26		Do	Mi	Di	Mo	So	Sa	Fr
6	13	20	27		Fr	Do	Mi	Di	Mo	So	Sa
7	14	21	28		Sa	Fr	Do	Mi	Di	Mo	So

7.2 Dateien

(IA) Jahrhundert Julianischer Kalender (0 bis 4.Oktob. 1582)							(IB) Jahrhundert Gregorianischer Kalender (15.Oktob.1582 bis 2400)					(II) Zehner und Einer der Jahreszahl		
0	100	200	300	400	500	600	1500	1600	1700	1800	1900			
700	800	900	1000	1100	1200	1300		2000	2100	2200	2300			
1400	1500													
Leitbuchstabe							Leitbuchstabe							
DC	ED	FE	GF	AG	BA	CB	–	BA	C	E	G	00		
B	C	D	E	F	G	A	F	G	B	D	F	01	29	57	85
A	B	C	D	E	F	G	E	F	A	C	E	02	30	58	86
G	A	B	C	D	E	F	D	E	G	B	D	03	31	59	87
FE	GF	AG	BA	CB	DC	ED	CB	DC	FE	AG	CB	04	32	60	88
D	E	F	G	A	B	C	A	B	D	F	A	05	33	61	89
C	D	E	F	G	A	B	G	A	C	E	G	06	34	62	90
B	C	D	E	F	G	A	F	G	B	D	F	07	35	63	91
AG	BA	CB	DC	ED	FE	GF	ED	FE	AG	CB	ED	08	36	64	92
F	G	A	B	C	D	E	C	D	F	A	C	09	37	65	93
E	F	G	A	B	C	D	B	C	E	G	B	10	38	66	94
D	E	F	G	A	B	C	A	B	D	F	A	11	39	67	95
CB	DC	ED	FE	GF	AG	BA	GF	AG	CB	ED	GF	12	40	68	96
A	B	C	D	E	F	G	E	F	A	C	E	13	41	69	97
G	A	B	C	D	E	F	D	E	G	B	D	14	42	70	98
F	G	A	B	C	D	E	C	D	F	A	C	15	43	71	99
ED	FE	GF	AG	BA	CB	DC	–	CB	ED	GF	BA	16	44	72	
C	D	E	F	G	A	B	–	A	C	E	G	17	45	73	
B	C	D	E	F	G	A	–	G	B	D	F	18	46	74	
A	B	C	D	E	F	G	–	F	A	C	E	19	47	75	
GF	AG	BA	CB	DC	ED	FE	–	ED	GF	BA	DC	20	48	76	
E	F	G	A	B	C	D	–	C	E	G	B	21	49	77	
D	E	F	G	A	B	C	–	B	D	F	A	22	50	78	
C	D	E	F	G	A	B	–	A	C	E	G	23	51	79	
BA	CB	DC	ED	FE	GF	AG	–	GF	BA	DC	FE	24	52	80	
G	A	B	C	D	E	F	–	E	G	B	D	25	53	81	
F	G	A	B	C	D	E	C	D	F	A	C	26	54	82	
E	F	G	A	B	C	D	B	C	E	G	B	27	55	83	
DC	ED	FE	GF	AG	BA	CB	AG	BA	DC	FE	AG	28	56	84	

(III) Monate	Leitbuchstabe						
	1	2	3	4	5	6	7
Januar, Oktober	A	B	C	D	E	F	G
Februar, März, November	D	E	F	G	A	B	C
April, Juli	G	A	B	C	D	E	F
Mai	B	C	D	E	F	G	A
Juni	E	F	G	A	B	C	D
August	C	D	E	F	G	A	B
September, Dezember	F	G	A	B	C	D	E

Tabelle IV s. vorherige Seite

8 Die Aufgabe „ohne Netz"

Ein interessantes Hardware-/Software-Problem der technischen Informatik ist die "sehende Maus": ein bewegungsfähiges System, die "Maus", ist mit optoelektronischen Sensoren und einem "Gedächtnis" ausgestattet. Läßt man die "Maus" in einen Irrgarten hinein, kann sie dort ihren Weg bis zum Ausgang suchen und speichert ihn derart in ihrem "Gedächtnis", daß sie den Irrgarten beim zweiten Mal fehlerfrei durchlaufen kann.

Das Problem ist am Computer zu simulieren. Dazu ist ein Irrgarten vorgegeben. Nun ist der Weg zu suchen und zu speichern, der zum Ausgang führt. In einem zweiten Rechengang ist der Irrgarten mitsamt dem Weg grafisch auszudrucken, den man sich beim ersten Durchgang gemerkt hat.

Vorgegebener Irrgarten: E = Eingang
                                 A = Ausgang

Zu dieser Aufgabe wird kein Lösungsvorschlag angeboten.
  (Vgl.hierzu Vieweg-Programmothek Bd.2: Spiele-Algorithmen-Grafiken (1984)).

Lösungen

Die als Lösungsvorschläge angegebenen Programme wurden an Terminals erstellt. Zur direkten interaktiven Bildschirmkontrolle wurden daher oft PRINT-Anweisungen eingefügt, während für die Ausgabe am Drucker (formatierte) WRITE-Anweisungen notwendig sind. Wer nicht am Terminal arbeitet, möge die folgenden einfachen Regeln beachten:

- PRINT-Anweisungen dienen bei den Lösungsvorschlägen im wesentlichen der Text- (Menü-) oder Datenwiedergabe auf dem Monitor und erleichtern so das Austesten und den Dialog. Für den Programmkern sind sie nicht notwendig, sie können also übergangen werden; wenn sie mit Statements versehen sind, müssen diese ggf. entsprechend der Logik des Programms etwas versetzt werden. Alle Ausgaben über Drucker werden - oft zusätzlich zu PRINT - über formatierte WRITE-Anweisungen eingeleitet.

- Komfortable Compiler ermöglichen einen sog. AUTO-Modus, bei dem der Programmierer die FORTRAN-typische Aufteilung (Positionen von Statement, Folgezeile usw.) nicht zu beachten braucht - allerdings oft zu Lasten der Übersichtlichkeit. Die beiden derartigen Beispiele 7.1/1 und 7.2/2 sind beim Fehlen eines AUTO-Modus FORTRAN-typisch aufzuteilen.

- Für die Ein- und Ausgabe über externe Geräte ist beim Arbeiten am Terminal zumeist die Errichtung von Ein-/Ausgabefiles notwendig. Formal lautet die diesbezügliche Kombination:
  ```
  OPEN(n,...)
  ...
  READ(n,...) Liste    / ebenso für WRITE
  ...
  CLOSE(n)
  ```
  mit n = INTEGER-Zahl als Datei-Nummer. Für Compiler, wo stattdessen bei READ bzw. WRITE direkt die logische Einheiten-Nummer des betreffenden Gerätes angegeben wird, unterbleibt die spezielle Eröffnung (OPEN) und Schließung (CLOSE) eines zugeordneten Files.

- Für diejenigen, die nur mit FORTRAN IV arbeiten, wurden insbesondere zu Anfang Querverbindungen zu FORTRAN 77 gegeben, die eine Übertragung der Vorschläge erleichtern sollen.

Die Programm-Vorschläge sind vollständig wiedergegeben, die damit gerechneten Beispiele jedoch oft nur auszugsweise.

2/1

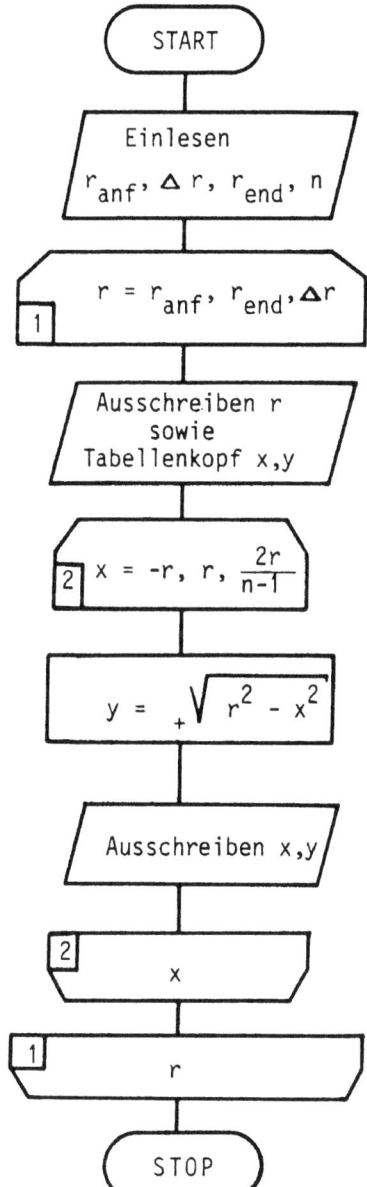

Die erste Zahl gibt hierin den Anfangswert, die zweite den Endwert, die dritte die jeweilige Erhöhung (Inkrement) an.

Hier wird das Inkrement aus dem jeweiligen Kreisdurchmesser und der Stützstellenzahl n berechnet.

2/2

Der erste Ablaufplan ist ein Hauptprogramm, das das Programm aus dem zweiten Ablaufplan als Unterprogramm benutzt. In diesem Fall wie auch nach dem dritten Ablaufplan wird berechnet: $\sum_{n=0}^{L} \frac{1}{n!}$ ($0!=1$, $n!=1 \cdot 2 \ldots \cdot n$).

Für $L \to \infty$ ergibt sich die Eulersche Zahl e.

3.1/1 Nachfolgend bedeutet "u" ungültig, "I" INTEGER,
"R" REAL, "L" LOGICAL, "C" COMPLEX, "Z" CHARACTER.

	1	2	3	4
a/	u	R	R	R
b/	C	u	L	u
c/	R	u	C	u
d/	u	u	R	R
e/	u	R	Z	I

3.1/2

	1	2	3	4
a/	I	R	u*	R
b/	R	u	R	R
c/	u	R	u	u
d/	I	u	R	u

* u gemäß Standard-FORTRAN; es gibt jedoch Compiler,
die mehr als 6 Zeichen zulassen

3.1/3 Es können hier nur Beispiele der vielfältigen Darstellungsmöglichkeiten angegeben werden:
- a1: 1.013   oder 1013.E-3   oder .1013D1
- a2: .000057 oder 5.7E-05   oder 57.D-06
- a3: .93E+47 oder .93E47   oder 9.3D46
- a4: -14.81   oder -1.481E1   oder -.1481D+2
- b1: (-4.7, 14.) oder (-47.E-1, .14E2)
- b2: 1.38E-23 oder 138.E-25   oder 1.38D-23
- b3: 3300.   oder 8.3E3   oder 8.3D3
- b4: 47.0003 oder 470.003E-1 oder .470003D2
- c1: 3.14   oder .314E1   oder 314.D-2
- c2: .TRUE.
- c3: (3, -5) oder (3. , -5.)
- c4: 'LEO'

3.1/4 Es werden in den nachfolgenden Beispielen leicht verständliche Variablennamen verwendet, die keiner besonderen Erörterung bedürfen (z.B. GAM für γ).
- a1: F = GAM*M1*M2/R/R   oder
-      F = GAM*M1*M2/(R*R) oder
-      F = GAM*M1*M2/R**2   (warum besser R*R als R**2?)

Lösungen 3.1/4 – 3.1/7

```
       a2:   C = P + RHO*G*H + RHO*V*V/2.    oder
             C = P + RHO*(G*H + V**2/2)
       b1:   Q = PI*(P1-P2)*R**4/(8.*ETA*L)
       b2:   X = (XS + V*TS) / (1. - (V/C)**2)**0.5
       c1:   ELQ = 1./(PI*2**0.5*N*D**2)
       c2:   Z = (R*R + (OM*L - 1./(OM*C))**2)**0.5
       d1:   G = (A+B)/(C+(D-3.*E)/4. - F)
       d2:   Y = X**((A+4)**K)    oder einfacher
             Y = X**(A+4)**K
       e1:   A = 5./(B*B + C**(3./2.))   oder auch
             A = 5./(B**2 + (C**3)**0.5)
       e2:   B = y + (1. - Z**105.)/Y**0.5
```

3.1/5   a: $c = \sqrt{a^2 - b^2}$

b: $y = (a-x) \cdot e^{-\frac{x^2}{2}}$

c: $g = ((a+b) \cdot c + d) \cdot e + f$

d: $a = b / x^2$

e: $p = \frac{(b+c) \cdot g}{x^2} - \frac{d}{2x - 1} + e - \frac{f}{x}$

f: $f = \sqrt[3]{x^2 + 7} - e^x$

3.1/6   a: Es sind weniger Klammern geöffnet als geschlossen.

b: + - Es dürfen nicht zwei Operatoren direkt hintereinander stehen (richtig wäre, wenn so gewollt: ... + (-C)).

c: letzter Summand: eine negative Basis darf nur mit einem INTEGER-Exponenten versehen werden

d: Es sind mehr Klammern geöffnet als geschlossen.

e: X(B   Zwischen X und (fehlt der Operator

3.1/7
```
       PI = 3.141593
       U = 2.*R*PI
       A = R*R*PI       oder    A = R**2*PI     oder    A = U/2.*R
```

3.1/8   Z = 27.

3.1/9   SHX = (E**X - E**(-X))/2.
         CHX = (E**X + E**(-X))/2.
         THX = (E**X - E**(-X))/(E**X + E**(-X))
             oder geschickter (warum?):
         EPX = E**X
         ENX = E**(-X)
         THX = (EPX - ENX)/(EPX + ENX)

3.1/10   PI   Es müßte 3.14 statt 3,14 heißen.
         U   Es dürfen nicht zwei berechnende Gleichsetzungen
              in einer Wertzuweisung stehen.
         A1   ist richtig, doch dürften die beiden Klammern
              entfallen.
         A2   kein Syntax-("Sprach-")Fehler, sondern ein logi-
              scher ("Denk-")Fehler: es müßte auf der rechten
              Seite richtig lauten: (D/2)**2*PI
         2   Linksseitig müßte eine Variable stehen.
         V   Syntax-Fehler: Es wird eine Klammer mehr geöffnet
              als geschlossen.
              Logischer Fehler: Die Anweisung müßte richtig z.B.
              lauten:
              V = (D*D - (X1*X1 + Y*Y))**0.5

3.1/11   a) LOES = 2   b) LOES = 1

3.1/12   a) Zu Programmanfang ist die Deklaration REAL K,L,LOES
            einzufügen.
            Nach FORTRAN 77 könnte man in diesem Fall auch de-
            klarieren: IMPLICIT REAL K,L   oder
                         IMPLICIT REAL (K-L)   .

         b) Statt REAL ist analog zu a) einzufügen:
                 DOUBLE PRECISION K,L,LOES,P,Q,R   .
            Nach FORTRAN 77 könnte man in diesem Fall auch de-
            klarieren: IMPLICIT DOUBLE PRECISION K,L,P,Q,R
                 oder   IMPLICIT DOUBLE PRECISION (K-L,P-R) .

Lösungen 3.1/12 – 3.2/6

c) LOES = 0,71157

3.1/13   a) B5 = 12   b) B5 = 8

3.1/14   LU = 54   LU1 = 1 (Division zweier INTEGERs!)

3.1/15   B: heiter   , C: Eimer   , D: Eismeer

3.1/16   REAL K
```
         DATA PI,E,K,H,C/3.14159,2.7182818,1.381E-23,6.625E-34,
                         2.998E8/
```

3.1/17   CHARACTER*2 E,F,G

          DATA A,B,C,D,E,F,G/3*1.5,-7.3,'Z1','Z2','Z3'/

          oder auch übersichtlicher:

          CHARACTER*2 E,F,G
          DATA A,B,C,D/3*1.5,-7.3/
          DATA E,F,G/'Z1','Z2','Z3'/   ;
          statt 3*1.5 auch 1.5,1.5,1.5 .

3.1/18   PARAMETER(PI=3.14159,E=2.7182818, usw.)

3.2/1   2 REAL-Werte mit je 10 Stellen (von einer Datenkarte)

3.2/2   2 REAL-Werte mit je 10 Stellen (von zwei Datenkarten)

3.2/3   Die ersten 20 Stellen (der Datenkarte) werden über-
         lesen, ab Spalte 21 werden 2 REAL-Werte mit je 10
         Stellen gelesen (von einer Karte).
         Ein Anwendungsfall ist z.B. dann gegeben, wenn in den
         ersten 20 Stellen eine nicht-numerische Zeichenfolge
         steht, die überlesen werden soll (z.B. Werkzeugbenen-
         nung, dahinter die zugehörigen Zahlenwerte).

3.2/4   Die ersten 20 Stellen werden überlesen, dann wird eine
         REAL-Zahl mit 10 Stellen eingelesen; auch für die
         zweite REAL-Zahl werden (von einer zweiten Datenkarte)
         zunächst die ersten 20 Stellen überlesen, und die Spal-
         ten 21 bis 30 gelten als Datenwort.

3.2/5   Von einem ersten Satz (Datenkarte) wird eine Zahl mit
         10 Stellen eingelesen; die zweite Zahl wird mit 9
         Stellen aus einem zweiten Satz (Datenkarte) gelesen.

3.2/6   FORMAT('1',T41,F8.3,T1,F8.3,T21,F8.3,T51,F8.3,T11,F8.3)

3.2/7 WRITE(LEN2,3) (A(I),I=1,5)
LEN2 bedeutet hierin die logische Einheiten-Nummer des Gerätes bzw. der Datei, direkt dahinter steht die bezogene Format-Nummer, die hier mit 3 angenommen ist.

3.2/8 Es wird zunächst ein Zeilenvorschub durchgeführt, dann werden die fünf Werte hintereinander mit je 13 Stellen ausgedruckt, wobei die jeweiligen Mantissen mit je 5 signifikanten Stellen dargestellt werden. –
Wäre der Vektor A vorher auf genau 5 Komponenten dimensioniert gewesen, könnte man einfacher schreiben:
WRITE(LEN2,5) A

3.2/9 Zunächst werden zwei Zeilenvorschübe durchgeführt. Anschließend werden die B(1) bis B(5) mit je 10 Stellen, davon je 4 hinter dem Dezimalpunkt, ausgedruckt. Nun erfolgen wieder zwei Zeilenvorschübe, und die letzten beiden Zahlen werden in gleicher Art ausgedruckt.
Merke: Wenn mehr Zahlen auszudrucken sind, als in der Formatierung erfaßt sind, wird der Inhalt der letzten Formatklammer erneut abgearbeitet. (Da hier nur ein Klammernpaar vorliegt, ist dies gleichzeitig das letzte.)

3.2/10 Es wird zunächst ein Zeilenvorschub aus (/, dann ein weiterer aus 1X durchgeführt. Anschließend werden drei Zahlen mit je 10 Stellen, davon 4 hinter dem Dezimalpunkt, ausgedruckt.
Merke: Sind in der Formatierung mehr Zahlen erfaßt, als tatsächlich auszudrucken sind, werden unbeschadet davon nur die angegebenen Werte ausgedruckt.

3.2/11 Jedes Zahlenpaar d_i, e_i wird nach jeweils einem Zeilenvorschub mit je 10 Stellen (4 hinter dem Dezimalpunkt) in folgender Form ausgedruckt:
$$d_i + I\ e_i \ .$$
Für d_i und e_i sind hierin die Zahlenwerte einzusetzen. Da der Laufindex i die Werte 1,3,...,N annimmt, ergibt sich die Ausdruckfolge
$$d_1 + I\ e_1$$
$$d_3 + I\ e_3$$
usw.

Lösungen 3.2/12 – 3.2/17

3.2/12 Es werden je 5 Zahlen in eine jeweils neue Zeile gedruckt (je 8 Stellen, davon 3 hinter dem Dezimalpunkt). In der ersten Zeile werden ausgedruckt

$a_{11} \quad a_{21} \quad a_{31} \quad a_{41} \quad a_{51}$.

3.2/13 In diesem Fall erfolgt der Ausdruck folgendermaßen:

$a_{11} \quad a_{12} \quad a_{13} \quad a_{14} \quad a_{15}$

3.2/14 Ein Zeilenvorschub, dann ab Pos. 41 Ausdruck der 3 Zahlen B(1), B(2), B(3) mit je 8 Stellen, davon je 4 hinter dem Dezimalpunkt. Der Slash / beendet diesen Satz, beim nachfolgenden Satz wird das erste Zeichen wieder als Steuerzeichen gewertet. "+" bedeutet in diesem Fall, daß kein Zeilenvorschub erfolgt. Demnach wird in der gleichen Zeile - ab Zeilenanfang - die INTEGER K0 mit insgesamt 4 Stellen ausgeschrieben. Nach Beendigung dieses Satzes durch / wird durch "5X" eine neue Zeile mit 4 Blanks (Leerstellen) eingeleitet, an die sich der Ausdruck der REAL F1 mit 8 Stellen (davon 4 hinter dem Dezimalpunkt) anschließt. Nach 9 Leerstellen wird noch die REAL SB mit Zehnerexponent und insgesamt 15 Stellen (davon 6 für die Mantisse) ausgedruckt.

3.2/15 1 Zeilenvorschub, dann in einer Zeile Ausdruck der beiden komplexen Zahlen, wobei der Realteil jeweils im F-Format, der Imaginärteil jeweils im E-Format ausgeschrieben wird.

3.2/16 X: 1 Zeilenvorschub, Realteil F10.4, Imaginärteil F10.3
Y: ebenso

3.2/17 1 Zeilenvorschub, Ausdruck X (zwei Zahlen, je F10.4), Ausdruck Realteil Y mit F8.3; erneut 1 Zeilenvorschub, Ausdruck Imaginärteil Y mit F10.4

112   Lösungen 3.2/18 – 3.2/22

<u>3.2/18</u>   X: 2 Zeilenvorschübe, Realteil F10.4, Text " + I ",
                Imaginärteil F10.4
           Y: ebenso (d.h. zwischen X- und Y-Zeile entsteht
                eine Leerzeile)

<u>3.2/19</u>   Beispiel: A = .FALSE. , B = .TRUE. ; Ausdruck:
           ein Zeilenvorschub, dann zwei Werte mit L3, also z.B.
             F   T

<u>3.2/20</u>   Die Matrix wird bei diesem Einlesemodus spaltenweise
           eingelesen (das Analoge gilt für die Ausgabe). Demnach
           werden hier 10 Werte F8.3 pro Satz (Datenkarte) einge-
           lesen und fortlaufend als Spaltenelemente weggespeichert.
           Für den Ausdruck der ersten beiden Druckzeilen ergibt
           sich also:

$a_{11} \quad\quad a_{21} \quad\quad a_{31} \quad\quad a_{41} \quad\quad a_{51}$

$a_{61} \quad\quad a_{71} \quad\quad a_{81} \quad\quad a_{91} \quad\quad a_{10,1} \quad\quad \ldots$

Da beim WRITE-Format kein besonderes Steuerzeichen angegeben ist, wird die jeweils erste Zahl (a_{11}, a_{61},..)
- nach einem Zeilenvorschub - nur mit F9.4 ausgedruckt.

Auf diese Eigenart der spaltenweisen Bearbeitung bei
nicht-indizierter Vollfeld-Ein-/Ausgabe ist unbedingt
zu achten, damit man nicht statt mit der ursprünglichen
mit der transponierten Matrix weiterrechnet.

<u>3.2/21</u>
```
         :
         READ(LEN1,10)((A(I,J),J=1,20),I=1,10)
   10    FORMAT(10F8.3)
         :
         WRITE(LEN2,5)((A(K,J),J=1,20),K=1,10)
    5    FORMAT(5F10.4)
         :                              ("Schachtelung")
```

<u>3.2/22</u>   Es erfolgt listengesteuerte Eingabe spaltenweise,
           d.h. die Zahlen können in beliebiger Formatierung ein-
           gegeben werden.

Lösungen 3.2/23 – 3.2/26

3.2/23 Es erfolgt listengesteuerte Ausgabe spaltenweise, d.h. die Formatierung bleibt dem Rechner überlassen.

3.2/24
```
      WRITE(LEN2,50) R
50 FORMAT('1ERGEBNISSE:'/'0R =',F8.2/'0',5X,'N',10X,
  1'Y'/)
      WRITE(LEN2,51) (N,X(N),Y(N),N=1,K)
51 FORMAT(1X,I6,2F11.3)
```

oder

```
      WRITE(LEN2,52) R,(N,X(N),Y(N),N=1,K)
52 FORMAT('1ERGEBNISSE:'/'0R =',F8.2/'0',5X,'N',10X,
  1'Y'//(I7,2F11.3))
```

Man beachte die Fortsetzung einer Anweisung in der nächsten Zeile (Datenkarte) durch Angabe eines Fortsetzungszeichens (oben "1") in der 6. Spalte.

Zu obiger 2. Version ist zu sagen, daß bei mehr Daten als Formatangaben die letzte Klammer in der FORMAT-Anweisung immer wieder abgearbeitet wird, bis alle Daten ein- bzw. ausgegeben sind (vgl. Aufg. 3.2/9).

3.2/25
```
    (1 Zeilenvorschub)
EITE   13
    (3 Zeilenvorschübe)
=**********
=   3.14000
```

Es fehlt die Angabe von Steuerzeichen, demnach wird das jeweils erste auszudruckende Zeichen als solches gewertet (und "verschluckt"). - Falls Zahlen zu groß sind gegenüber der dafür vorgesehenen Formatierung, werden **** ausgedruckt.

3.2/26 a) Es wird die Summe A+B gebildet und - nach einer Leerzeile - im Format F10.2 ausgedruckt.

b)
```
   S = A+B            // FORTRAN 77 auch:
   WRITE(LEN2,25) S.  // WRITE(LEN2,25) A+B
25 FORMAT(1X,F10.2)
```

c) Der nach FORTRAN 77 in einer WRITE-Anweisung berechnete Wert wird nicht weggespeichert, steht also für weitere Rechnungen nicht zur Verfügung. Dies gilt analog für die implizite Formatierung.

Von Vorteil ist also, daß man eine knappe Programmiermöglichkeit hat, wenn man auf die (innerhalb der WRITE-Anweisung berechneten) ausgedruckten Werte bzw. das Format später nicht mehr zurückzugreifen braucht. Im anderen Fall empfiehlt sich die Formatierung mit Statement bzw. die vorherige Berechnung des Datenwertes mit Zuweisung an eine Variable. Diese Form ist übrigens die in FORTRAN IV allein mögliche.

3.2/27
```
      WRITE(LEN2,17) ERG/N           vgl.Aufg.3.2/26 c)
   17 FORMAT(1X, 'MITTEL =', E15.5)
```

Nach einem Zeilenvorschub wird der Text MITTEL =, dahinter der Zahlenwert aus der Berechnung ERG/N mit E15.5 (5 signifikante Mantissenstellen) ausgedruckt (aber nicht weggespeichert).

3.2/28
```
      WRITE(LEN2,18) C, 2*A-B        vgl.Aufg.3.2/26 c)
   18 FORMAT(1X, 'Y''=', 2F10.4)
```

Nach einem Zeilenvorschub wird der Text Y'= , dahinter der Zahlenwert von C sowie der aus der Berechnung 2*A-B jeweils mit F10.4 ausgedruckt.

3.2/29
```
      PROGRAM TM1(INPUT,OUTPUT)
      OPEN(9,FILE=' ICH ')
      PRINT*, 'EINGABEN'
*
      PRINT*,'A= '
      READ*,A
*
      PRINT*,'B= '
      READ*,B
*
      PRINT*,'C= '
      READ*,C
      R1=(ABS(B**2-4*A*C)/(4*A**2))**0.5
      R2=(((B**2-4*A*C)/(4*A**2))**2)**0.25
```

```
      WRITE(9,200)A,B,C
200   FORMAT(1X,'A= ',F10.5,5X,'B= ',F10.5,5X,'C= ',F10.5 ////)
      WRITE(9,300)R1
300   FORMAT(' ERGEBNIS NACH 1. METHODE ','R1= ',F10.5 ////)
      WRITE(9,400)R2
400   FORMAT(' ERGEBNIS NACH 2. METHODE ','R2= ',F10.5)
      CLOSE(9)
      STOP
      END
```

Ausdruck: A=   5.00000   B=   -2.00000   C=   1.00000

ERGEBNIS NACH 1. METHODE R1=   .40000

ERGEBNIS NACH 2. METHODE R2=   .40000

3.2/30   A = 315.
         B = 0.8
         C = -12401.
         D = 3.14
         E = -93749.83
         WRITE(LEN2,1) A,B,C,D,E
       1 FORMAT(1X,5F12.2)

Die erweiterte Version könnte lauten:
READ *,A,B,C,D,E   (oder formatiert: FORTRAN IV)
WRITE(LEN2,2) A,B,C,D,E
2 FORMAT('1A =',F12.2/'0B =',F12.2/'0C =',F12.2/'0D =',
 1F12.2/'0E =',F12.2/)

3.2/31   Die Erweiterung könnte wie folgt aussehen:

E1 = A+B+C-D-E   oder   A+B+C-(D+E)
WRITE(LEN2,3) A,B,C,D,E,E1

mit zugehörigem erweitertem Format
oder auch

E1 = ...
WRITE(LEN2,4) E1
4 FORMAT('0'/' E1=',F12.2)   ,

wenn der Ausdruck unabhängig erfolgen soll.

3.2/32
```
      E2 =(A**B*C+D)/E
      WRITE...   (vgl. Aufg. 3.2/31)
```

3.2/33
```
      I1 = A+B+C-(D+E)     (oder explizite Typdeklaration)
      WRITE (LEN2,21) I1
   21 FORMAT('0'/' I1=',I10)
```

Gegenüber Aufg. 3.2/31 werden bei I1 alle Stellen hinter dem Komma abgeschnitten und das Ergebnis als INTEGER dargestellt, während bei der REAL-Darstellung von E1 alle Stellen erhalten bleiben.

3.2/34
```
      INTEGER A,B,C,D,E,E3
      READ(LEN1,22) A,B,C,D,E
   22 FORMAT(5I10)
      E3= A+B+C-(D+E)
      WRITE(LEN2,22)A,B,C,D,E,E3
```

Bei allen einzugebenden Zahlen werden die Stellen hinter dem Komma abgeschnitten; demzufolge ändert sich auch das Ergebnis gegenüber Aufg. 3.2/33.

Das Ausdrucken erfolgt hier mit dem gleichen Format wie die Eingabe. Der Ausdruck ist jedoch - vgl. frühere Aufgaben - etwas unterschiedlich zur Eingabe:

Zunächst erfolgt ein Zeilenvorschub, dann wird A mit I9 ausgedruckt; dahinter erfolgt in der gleichen Zeile der Ausdruck von B,C,D,E je mit I10. Nun wird ein neuer Zeilenvorschub getätigt und E3 mit I9 ausgedruckt.

3.2/35
```
      REAL NK, LZ, JZ
      READ(LEN1,1) GK,NK,LZ
    1 FORMAT(3F10.4)
      JZ = GK*2400./(NK*(LZ+1))
      WRITE(LEN2,5) GK,NK,LZ,JZ
    5 FORMAT('0GESAMTKREDITKOSTEN: ',F10.2,' DM'/'0NETTO
     1KREDIT: ',F10.2,' DM'/'0LAUFZEIT: ',F10.2,' MONATE'
     2//'0JAHRESEFFEKTIVZINS: ',F5.2,' PROZENT')
      STOP
      END
```

Bei rein listengesteuerter Zahlenein-/ausgabe könnte
man nach FORTRAN 77 schreiben:

```
REAL ...
READ *, GK, NK, LZ
JZ = ...
PRINT *, GK, NK, LZ, JZ .
```

Für die in der Aufgabenstellung angegebenen Beispiel-
zahlen mit Gesamtkreditkosten von 2500.- DM ergibt
sich ein Jahreseffektivzins von 24,49 % .

3.2/36
```
      READ *, A,B,C,X,Y
      W1 = (A+1)*(B+C/A)
      W2 = (X+2*Y)/(3*X)*(1./X - 1./(Y+1))*Y/(2.*X+Y)
      WRITE(LEN2,7) A,B,C,W1,X,Y,W2
    7 FORMAT(1X,'A =',F10.4/1X,'B =',F10.4/1X,'C =',F10.4/
     11X,'W1=',F10.4///'0X =',F10.4/1X,'Y =',F10.4/1X,'W2=',
     2F10.4)
      STOP
      END
```

3.2/37
```
      DOUBLE PRECISION K,H,C,LAM,F,UP,URJ,UW,PI8C,F2,F3,EF
      E = 2.718282
      K = 1.381D-23
      H = 6.625D-34
      C = 2.9979D8
      PI8C= 8.*3.14159/C**3
      READ *, T, LAM
      F = C/LAM
      F2 = F*F
      F3 = F2*F
      EF = E**(H*F/K/T)
      UP = PI8C*F3*H/(EF-1)
      URJ = PI8C*K*F2*T
      UW = PI8C*H*F3/EF
```

Anschließend erfolgt der Ausdruck, dessen Formulierung
nun Ihnen überlassen sei.

3.2/38

```
      PROGRAM P531
      CHARACTER*8 PRONA, DAT
      OPEN(10,FILE='EX')
      PRINT*
      PRINT*
      PRINT*,'EINGABE PROGRAMM-NAME UND DATUM (JE 8 ZEICHEN)'
      PRINT*
      READ(1,1) PRONA, DAT
    1 FORMAT(2A8)
*
      ISEI=0
*
*     IN DIE NACHFOLGENDE ANWEISUNG KANN MAN NACH DEM AUS-
*     SCHREIBEN JEWEILS EINER SEITE ZURUECKSPRINGEN (DABEI
*     ERHOEHUNG DER SEITENZAHL JEWEILS UM 1)
*
      ISEI=ISEI+1
      WRITE(10,2) PRONA, DAT, ISEI
    2 FORMAT('1PROGRAMM',2X,A8,10X,'DATUM',2X,A8,10X,'SEITE',I3)
*
*     FORTSETZUNG DES PROGRAMMS...
*
***** RUECKSPRUNG NACH ISEI=ISEI+1
*
      CLOSE(10)
      STOP
      END
```

Bei Eingabe eines Programm-Namens ALF-NUM1 ergibt sich folgender Ausdruck:

```
PROGRAMM   ALF-NUM1          DATUM  26.4.85          SEITE  1
```

Es sei erwähnt, daß FORTRAN IV die Deklaration der Länge einer Zeichenkette mittels der CHARACTER-Anweisung nicht kennt: dort ist man auf die Kenntnis der internen Zeichencodierung und der Wortlängen angewiesen. So kann man beispielsweise für eine 8-Bit-(1-Byte-)Zeichendarstellung mit einer INTEGER-Kapazität von 2 Bytes und einer REAL-Kapazität von 4 Bytes jeweils 2 Zeichen in eine INTEGER und 4 Zeichen in eine REAL hineinspeichern.

3.2/39

```
      PROGRAM BUCHST (INPUT,OUTPUT,TAPE 5=OUTPUT)
      CHARACTER *7 A,B,C,I,E,F,G,H,D*42
      OPEN (9,FILE='BU')
      D='DONAUDAMPFSCHIFFAHRTGESELLSCHAFTSKAPITAEN'
      A=D(22:25)
      B=D(34:35)//D(19:19)//D(9:10)//D(40:41)
      C=D(27:31)
      I=D(9:10)//D(4:5)
      E=D(6:10)//D(22:22)//D(19:19)
      F=D(21:26)//D(24:24)
      G=D(27:29)//D(24:26)//D(24:24)
      H=D(29:32)//D(5:5)//D(3:3)//D(21:21)

      WRITE (9,10) D,A,B,C,I,E,F,G,H
      WRITE (5,10) D,A,B,C,I,E,F,G,H
   10 FORMAT (5X,'A U S G A N G S W O R T'/4X,24('-')//5X,A42
     +       ///5X,'T I E R N A M E N '/4X,24('-')//5X,A7/5X,A7/
     +       5X,A7/5X,A7///5X,'S U B S T A N T I V E'/4X,24('-')
     +       /5X,A7/5X,A7/5X,A7/5X,A7)
      CLOSE (9)
      STOP
      END
```

```
     A U S G A N G S W O R T
     ------------------------

  DONAUDAMPFSCHIFFAHRTGESELLSCHAFTSKAPITAEN


     T I E R N A M E N
     ------------------------

     ESEL
     KARPFEN
     SCHAF
     PFAU


     S U B S T A N T I V E
     ------------------------
     DAMPFER
     GESELLE
     SCHELLE
     HAFTUNG
```

3.2/40

```
      PROGRAM ZAZE
      CHARACTER A*23, B*22, C*26
      OPEN(11,FILE='JASTU')
      READ*, A, B
*
*     HERAUSGREIFEN UND UMWANDELN DER ZEICHEN '24' UND '365' IN
*     ZAHLEN (ZUORDNUNG ZU DEN VARIABLEN IS UND IT)
*
      READ(A(13:14),'(I2)') IS
      READ(B(14:16),'(I3)') IT
      C='DAS JAHR HAT XXXX STUNDEN. '
      IJ=IS*IT
*
*     UMWANDELN DES ZAHLENWERTES VON IJ IN EINE ZEICHENFOLGE
*     UND EINSETZEN IN DEN STRING C
*
      WRITE(C(14:17),'(I4)') IJ
      WRITE(11,2) A,B,C
    2 FORMAT('0',A26)
      PRINT*,C
      CLOSE(11)                     DER TAG HAT 24 STUNDEN.
      STOP
      END                           DAS JAHR HAT 365 TAGE.

                                    DAS JAHR HAT 8760 STUNDEN.
```

Die Zeile   WRITE(C(14:17),....) IJ   ließe sich auch etwa durch folgende Kombination ersetzen:

L=INDEX(C, 'XXXX')
WRITE(C(L:L+3),'(I4)') IJ

INDEX(C1,C2) liefert die Position (INTEGER) innerhalb des Strings C1, in der der Substring C2 beginnt. Das Ergebnis ist 0, wenn C2 nicht in C1 enthalten ist.

Folgende Möglichkeiten zur Umwandlung einzelner Zeichen in korrespondierende Zahlen der rechnerspezifischen internen Codierungsliste (z.B. ASCII-Code) und umgekehrt seien noch angegeben:

CHAR(I) : Umwandlung INTEGER I in entsprechendes Code-Zeichen,
ICHAR(CH): Umwandlung CHARACTER CH in entsprechende INTEGER.

3.2/41

a) WRITE(LEN2,'('' ERGEBNIS ='',F10.4)') R

b) WRITE(LEN2,'(A,F10.4)') ' ERGEBNIS =',R

c) WRITE(LEN2,7) R
  7 FORMAT(' ERGEBNIS =',F10.4)

Lösungen 3.2/42 – 3.2/44

3.2/42 siehe Lösung zur nächsten Aufgabe

3.2/43

```
      PROGRAM VARFO
      CHARACTER*8 F
      OPEN(11,FILE='VAR')
      PRINT*,'EINGABE EINES AUSGABEFORMATES IN DER FORM'
      PRINT*,'(5F****) : OHNE HOCHKOMMA, MIT KLAMMERN !'
*     HIER WIRD DAS AUSGABEFORMAT ALS CHARACTERVARIABLE
*     MIT DEM IMPLIZITEN A-FORMAT (FUER CHARACTER) EINGE-
*     LESEN IN DIE CHARACTERVARIABLE F
      READ(1,'(A)')F
*     EINLESEN VON 5 ZAHLEN IN DIE VARIABLEN A,B,C,D,E
      PRINT*,'EINGABE VON 5 BELIEBIGEN REAL-ZAHLEN: '
      READ*,A,B,C,D,E
      PRINT*,A,B,C,D,E
*     AUSSCHREIBEN DER ZAHLEN MIT DEM EINGELESENEN F-FORMAT
      WRITE(11,1)F
      WRITE(11,F)A,B,C,D,E
*     AENDERN AUF E-FORMAT UND AUSDRUCK
      F(3:3)='E'
      WRITE(11,1)F
      WRITE(11,F)A,B,C,D,E
*     AENDERN AUF G-FORMAT UND AUSDRUCK
      F(3:7)='G12.4'
      WRITE(11,1)F
      WRITE(11,F)A,B,C,D,E
      CLOSE(7)
      STOP
    1 FORMAT(//'0AUSSCHREIBEN DER ZAHLEN MIT DEM FORMAT: ',A13/)
      END
```

AUSSCHREIBEN DER ZAHLEN MIT DEM FORMAT: (5F13.5)

   3.14159   -0.05132   1500.22998   -47.11010   11326.50000

AUSSCHREIBEN DER ZAHLEN MIT DEM FORMAT: (5E13.5)

 0.31416E+01 -0.51320E-01 0.15002E+04 -0.47110E+02 0.11327E+05

AUSSCHREIBEN DER ZAHLEN MIT DEM FORMAT: (5G12.4)

  3.142   -0.5132E-01   1500.   -47.11   0.1133E+05

3.2/44 a)   -4.711010   1132.600000

        b)   -0.047110E+03   0.011326E+06

        c)   -0.471101E+002   0.113260E+005

        d)   -47.110100   UND   11326.000000

4.1/1
```
REAL M                    //  einfacher:  REAL A(5),M
DIMENSION A(5)            //
READ *, A
M =(A(1)+A(2)+A(3)+A(4)+A(5))/5.
WRITE(LEN2,'(''FELD A:'',5F10.4/1X,''M='',F10.4)')A,M
```

4.1/2
```
DIMENSION B(5)
 :
 :
S= (B(1)*B(1)+B(2)*B(2)+B(3)*B(3)+B(4.)*B(4)+B(5)*B(5))**0.5
 :
```

Hierin ist B(J) äquivalent $b_i = b_{j-3}$ (also B(1) = b_{-2} usw.). Vgl. Aufg. 4.1/4.

FORTRAN 77 läßt außerdem folgende Version zu:

```
DIMENSION B(-2:2)
 :
 :
S= (B(-2)*B(-2)+B(-1)*B(-1)+....)**0.5
 :
```

Entsprechend ist erlaubt:
```
READ(LEN1,20) (B(I),I=-2,2)        (analog WRITE)
```
mit beispielhaft FORMAT-Statement 20.

4.1/3
```
      DIMENSION V(0:20)
      READ (LEN1,19) (V(I),I=0,20,5)
   19 FORMAT(5F11.5)
      SUM = V(0) + V(5) + V(10) + V(15) + V(20)
```

4.1/4 Mit FORTRAN IV ist eine Indizierung in der vorgegebenen Art nicht möglich. Der Ausweg liegt in einer Umdefinition:

```
          F(-5,I) = F1(1,I)
          F(-4,I) = F1(2,I)   usw.
sowie     K(5) = K1(1)
          K(6) = K1(2)        usw.
```

Eine Dimensionierung von K(1) bis K(15), die den angesprochenen Bereich enthalten würde, wäre zwar ebenfalls möglich, würde aber unnötig Speicherplatz kosten.

Damit ergibt sich die Dimensionierung:

```
INTEGER F1
REAL K1
DIMENSION F1(11,11),K1(11)
```

oder auch einfacher

```
INTEGER F1(11,11)
REAL K1(11)                .
```

Für FORTRAN 77 ist eine Umdefinition nicht notwendig. Man kann direkt schreiben

```
INTEGER F
REAL K
DIMENSION F(-5:5,1:11),K(5:15)
```

oder auch einfacher

```
INTEGER F(-5:5,11)
REAL K(5:15)               .
```

4.1/5
```
DIMENSION V(20),U(5),W(15)
EQUIVALENCE (V(1),U(1)),(V(6),W(1))
```

4.1/6
```
DIMENSION V(20), U(5), W(15), X(10)
EQUIVALENCE (V(1),U(1)),(V(5),X(1)),(V(6),W(1))
```

oder auch
```
EQUIVALENCE (V(1),U(1)),(V(6),W(1),X(2))
```

4.1/7
```
COMPLEX C              //   oder einfacher:
LOGICAL L              //   COMPLEX C(20)
DIMENSION C(20),L(10)  //   LOGICAL L(10)
```

4.1/8
```
    REAL R(20)
    :
    READ(LEN1,5) (R(K), K=IA,IE,IS)
5   FORMAT (...)
```

4.1/9
```
      DO 17 I=1,7
      WRITE(LEN2,6) B(I)
    6 FORMAT(1H0,F10.4)
   17 CONTINUE
```

Im Gegensatz zu Aufg. 3.2/9 wird so jedoch jede Zahl in eine neue (übernächste) Zeile geschrieben. Das wäre auch der Fall, wenn man das in Aufg. 3.2/9 angegebene Format unverändert übernehmen würde.

4.1/10
```
      DO 18 I=1,N,2
      WRITE(LEN2,8) D(I),E(I)
    8 FORMAT(1X,F10.4,' + I ',F10.4)
   18 CONTINUE
```

Das Format kann unverändert übernommen werden und hat die gleiche Wirkung wie bei der inneren DO-Schleife. Begründung im Vergleich zu Aufg. 4.1/9 ?

4.1/11
```
      DO 19 K=1,5
      WRITE(LEN2, 9)(A(K,L),L=1,5)
    9 FORMAT(1H ,5F8.3)
   19 CONTINUE
```

Das Format hat die gleiche Wirkung wie dort.

Das Ausdrucken könnte auch mit 2 DO-Schleifen erfolgen:

```
      DO 19 K=1,5        alternativ:    DO 19 K=1,5
      DO 20 L=1,5                       DO 19 L=1,5
      WRITE(LEN2,10) A(K,L)             WRITE..
   10 FORMAT(1H ,F8.3)               10 FORMAT..
   20 CONTINUE                       19 CONTINUE
   19 CONTINUE
```

Hierbei wird jedoch - im Gegensatz zu Aufg. 3.2/13 - jede Zahl in eine neue Zeile gedruckt. Daran würde sich nichts ändern, wenn man das Originalformat verwenden würde.

("Schachtelung")

Lösungen 4.1/12 – 4.1/15

4.1/12
```
      REAL A(5),M
      READ *,A
      M = 0.
      DO 1 I = 1,5        alternativ:    DO 1 I = 1,5
      M = M + A(I)                     1 M = M + A(I)
    1 CONTINUE
      M = M/5.
      WRITE...
```

4.1/13
```
      DIMENSION B(5)      alternativ:    DIMENSION B(-2:2)
       .                                  .
       .                                  .
      S = 0.                             S = 0.
      DO 2 J=1,5                         DO 2 J=-2,2
      S = S + B(J)*B(J)
    2 CONTINUE                           (FORTRAN 77)
       .
```

4.1/14
```
      DIMENSION V(0:20)      Bei FORTRAN IV müßte eine
      READ...                Umdefinition V1(1)=V(0),
   19 FORMAT...              ...V1(21)=V(20), daraus
      SUM = 0.               DIMENSION V1(21) usw. er-
      DO 25 I = 0,20,5       folgen.
      SUM = SUM + V(I)
   25 CONTINUE
```

4.1/15
```
      PI = 3.14159        alternativ:
      PIN = PI/N
      DO 30 X= -PI,PI,PIN    DO 30 X=-PI,PI,PI/N
      (Berechnung f(x))
      WRITE...
       .
       .
   30 CONTINUE
```

FORTRAN IV erlaubt im Gegensatz dazu nur DO-Schleifen mit positiven INTEGER-Laufvariablen. Eine weitere Möglichkeit wäre die Verwendung einer IF-Schleife, die erst im nächsten Abschnitt behandelt wird.

Nach FORTRAN IV ließe sich die DO-Schleife wie folgt formulieren:

```
        PI = ...
        PIN = ...
        K = N+1
        ARG = -PI
        DO 31 I = 1,K
        ARG = ARG + (I-1)*PIN
        (Berechnung f(ARG))
        WRITE...
        :
     31 CONTINUE
```

4.1/16
```
        AS = 0.            oder:    AS = 0.
        DO 83 I=1,M                 DO 83 I=1,M
        DO 84 J=1,N                 DO 83 J=1,N
        AS = AS + A(I,J)            AS = ...
     84 CONTINUE                 83 CONTINUE
     83 CONTINUE
```

Kürzeste Fassung:
```
            AS = 0.
            DO 83 I=1,M
            DO 83 J=1,N
         83 AS = AS + A(I,J)
```

Man beachte, daß folgende Formulierung unlogisch und nach FORTRAN unzulässig wäre:
```
        AS = 0.
        DO 83 I = 1,M
        DO 84 J = 1,N
        AS = AS + A(I,J)          ("Überlappung")
     83 CONTINUE
     84 CONTINUE
```

4.1/17
```
        Y = 1
        DO 29 I=1,N
        Y = Y*X             oder    29 Y = Y*X
     29 CONTINUE
```

Lösungen 4.1/18 – 4.1/20

4.1/18
```
      REAL NF
      NF = 1.
      DO 14 I = 2,N           //    DO 14 I=2,N
      NF = NF*FLOAT(I)        //  14 NF = NF*I
   14 CONTINUE                //
```

4.1/19
```
      (Vorgegeben: N,K,RA,RE)
      DR = (RE-RA)/(K-1)
      DX = 2.*R/(N-1)
      DO 15 R=RA,RE,DR              FORTRAN IV:
      DO 15 X=-R,R,DX               vgl. Aufg. 4.1/15
      Y=(R*R-X*X)**0.5
      (Ausdruck)
   15 CONTINUE
```

Es genügt für Y die Berücksichtigung des positiven Vorzeichens.

Als Testbeispiel läßt sich gut verwenden:

RA = 2, RE = 5, K = 4, N = 11.

4.1/20

```
   PROGRAM P4120A
   DIMENSION A(20),B(20)
   OPEN(11,FILE='A4120A')
   READ*,N
   READ*,(A(I),I=1,N),(B(I),I=1,N)
   SP=0.
   DO 16 I=1,N
     SP=SP+A(I)*B(I)
16 CONTINUE
   WRITE(11,5)
   WRITE(11,6)(A(I),B(I),I=1,N)
   WRITE(11,7)SP
   CLOSE(11)
   STOP
 5 FORMAT('1VEKTOREN:'//10X,'A',9X,'B'/)
 6 FORMAT(1X,2F10.4)
 7 FORMAT(/' SKALARPRODUKT:'/' SP=',F10.3)
   END
```

VEKTOREN:	
A	B
2.0000	40.0000
4.0000	39.0000
6.0000	38.0000
8.0000	37.0000
10.0000	36.0000
12.0000	35.0000
14.0000	34.0000
16.0000	33.0000
18.0000	32.0000
20.0000	31.0000

SKALARPRODUKT:
SP=   3740.000

In diesem Beispiel wurden die Vektoren A und B hintereinander eingelesen und paarweise ausgedruckt.

Statt zweier Vektoren wird nachfolgend eine zweizeilige Matrix C verwendet.

```
      PROGRAM P4120
      DIMENSION C(2,20)
      OPEN(11,FILE='A4120B')
      READ*,N
      READ*,((C(I,J),J=1,N),I=1,2)
      SP=0.
      DO 16 I=1,N
         SP=SP+C(1,I)*C(2,I)
   16 CONTINUE
      WRITE(11,5)
      WRITE(11,6)(C(1,I),C(2,I),I=1,N)
      WRITE(11,7)SP
      CLOSE(11)
      STOP
    5 FORMAT('1VEKTOREN:'//10X,'A',9X,'B'/)
    6 FORMAT(1X,2F10.4)
    7 FORMAT(/' SKALARPRODUKT:'/' SP=',F10.3)
      END
```

4.1/21

```
   PROGRAM P4121
   DIMENSION ND(10),S(10),A(0:10)
   OPEN(11,FILE='V4121')
   PRINT*,'EING. POLYNOMGRAD M UND ZAHL K DER DURCHLAEUFE:'
   READ*,M,K
   PRINT*
   PRINT*,'EINGABE ALLER M+1 KOEFFIZIENTEN:'
   READ*,(A(I),I=0,M)
   PRINT*
   PRINT*,'EINGABE ALLER K N-WERTE:'
   READ*,(ND(J),J=1,K)
   PRINT*
   PRINT*,'EINGABE ABSZISSE XO:'
   READ*,X
   DO 1 J=1,K
      S(J)=0.
      S1=0.
      DO 1 I=0,M
         S(J)=S(J)+A(I)*((X+1./ND(J))**I-X**I)*ND(J)
         S1=S1+A(I)*I*X**(I-1)
 1 CONTINUE
   WRITE(11,2)(A(I),I=0,M)
   WRITE(11,3)X
   WRITE(11,4)(ND(I),S(I),I=1,K)
   WRITE(11,5)S1
   CLOSE(11)
   STOP
 2 FORMAT(' KOEFFIZIENTEN:   ',11F7.2)
 3 FORMAT(/' STELLE XO DER ABLEITUNG:   ',F7.2)
 4 FORMAT(///'      N              S'//(I7,F14.5))
 5 FORMAT(/' EXAKTER WERT DER ABLEITUNG:   ',F10.5)
   END
```

```
KOEFFIZIENTEN:      -2.00    5.00   -4.00    3.00    2.00    1.00

STELLE X0 DER ABLEITUNG:      1.00


      N              S

      2          38.68750
      5          25.29759
     20          20.40337
    250          19.10823
   1000          19.02676

EXAKTER WERT DER ABLEITUNG:      19.00000
```

4.1/22

```
      PROGRAM P4122
*
      DOUBLE PRECISION A0,R,Z
      OPEN(11,FILE='A4122')
*
      PRINT*
      PRINT*,'GEWUENSCHTE DARLEHENSSUMME (DM): '
      READ*,A0
      PRINT*,'MONATLICHER ZINSSATZ (%): '
      READ*,R
      PRINT*,'LAUFZEIT DER RUECKZAHLUNG (MONATE): '
      READ*,M
      WRITE(11,10)A0,R,M
      PRINT 10,A0,R,M
      WRITE(11,20)
      PRINT 20
      R=R/100
      RM=(1+R)**M
      P=A0*R*RM/(RM-1)
      DO 1 I=1,M
         Z=A0*R
         A0=A0-P+Z
         WRITE(11,30)I,P,Z,A0
         PRINT 30,I,P,Z,A0
    1 CONTINUE
      CLOSE(11)
      STOP
   10 FORMAT(/5X,' DARLEHENSSUMME =',F10.2,' DM'
     1       /5X,'      ZINSSATZ =',F10.2,' %'
     2       /5X,'      LAUFZEIT =',F9.1,'  MONATE'///)
   20 FORMAT(5X,'MONAT   MONATL.ZAHLUNG   ZINSEN    RESTSCHULD'
     1       /5X,43('-'))
   30 FORMAT(7X,I2,5X,F10.2,4X,F6.2,2X,F10.2)
      END
```

```
          DARLEHENSSUMME =    10000.00 DM
             ZINSSATZ =           0.50 %
             LAUFZEIT =          24.0  MONATE


     MONAT   MONATL. ZAHLUNG   ZINSEN    RESTSCHULD
     ---------------------------------------------------
       1         443.21         50.00      9606.79
       2         443.21         48.03      9211.62
       3         443.21         46.06      8814.47
       4         443.21         44.07      8415.34
       5         443.21         42.08      8014.21
       6         443.21         40.07      7611.07
       7         443.21         38.06      7205.92
       8         443.21         36.03      6798.74
       ...
                  ...           ...        2613.30
      19         443.21         13.07      2183.16
      20         443.21         10.92      1750.87
      21         443.21          8.75      1316.42
      22         443.21          6.58       879.80
      23         443.21          4.40       440.99
      24         443.21          2.20        -0.01
```

4.1/23

```
      PROGRAM BREMS (INPUT,OUTPUT)
      REAL S,V1,V2,A,VA,VE,VS
      OPEN(9,FILE='LOGO')
      PRINT*,'GESCHWINDIGKEIT IN [M/S] ; ANFANG,ENDE,SCHRITT?'
      READ*,VA,VE,VS
      PRINT*,'BREMSVERZOEGERUNG IN [M/S*S]?'
      READ*,A
      WRITE(9,20)
      WRITE(9,30)VA
      WRITE(9,40)VE
      WRITE(9,50)VS
      WRITE(9,60)A
      WRITE(9,70)
  20  FORMAT(1X,'# BREMSWEG BEI EINGABE VON V #'/1X,
     *'#',TR28,'#'/1X,30('#'))
  30  FORMAT(/// 1X,'ANFANGSGESCHWINDIGKEIT=',F6.3,' M/S')
  40  FORMAT(1X,'ENDGESCHWINDIGKEIT=',F6.3,' M/S')
  50  FORMAT(1X,'GESCHWINDIGKEITSAENDERUNG=',F6.3,' M/S')
  60  FORMAT(1X,'BREMSVERZOEGERUNG=',F6.3,' M/S*S')
  70  FORMAT(///11X,'V [M/S]',3X,'#',3X,'V [KM/H]',3X,'#',
     *6X,'S [M]'/53('#'))
      DO 1 V1=VA,VE,VS
         S=V1*V1/A/2
         V2=V1*3.6
         WRITE(9,100)V1,V2,S
 100     FORMAT(TR12,F6.3,3X,'#',4X,F7.3,3X,'#',3X,F8.3)
   1  CONTINUE
      CLOSE(9)
      STOP
      END
```

```
# BREMSWEG BEI EINGABE VON V #
#                              #
################################
```

ANFANGSGESCHWINDIGKEIT= 6.000 M/S
ENDGESCHWINDIGKEIT=50.000 M/S
GESCHWINDIGKEITSAENDERUNG= 2.000 M/S
BREMSVERZOEGERUNG= 4.000 M/S*S

V [M/S]	#	V [KM/H]	#	S [M]
6.000	#	21.600	#	4.500
8.000	#	28.800	#	8.000
10.000	#	36.000	#	12.500
12.000	#	43.200	#	18.000
14.000	#	50.400	#	24.500
16.000	#	57.600	#	-- --
...	#	163.600	#	264.500
48.000	#	172.800	#	288.000
50.000	#	180.000	#	312.500

4.1/24
```
        PROGRAM MAX(INPUT,OUTPUT,TAPE 5=OUTPUT)
        OPEN(2,FILE='BOMA')
*             VORBESETZUNGEN
        A=5.
        B=4.
        E=2.71828183
        DV=0.25
        VA=0
        VE=10.
*             AUSDRUCK UND ANZEIGE AUF BILDSCHIRM
        PRINT*,' A= ',A,'      B= ',B,'        E= ',E,
        PRINT*
        PRINT*
        PRINT*,'DV= ',DV,'   VA= ',VA,'      VE= ',VE
        WRITE(2,'(7X,A,F5.2,3X,A,F5.2/)')'A= ',A,'B= ',B
        WRITE(2,'(6X,A,F5.2,2X,A,F5.2/)')'VA= ',VA,'VE= ',VE
        WRITE(2,'(6X,A,F5.2,3X,A,F11.8///)')'DV= ',DV,'E= ',E
*             TABELLENKOPF AUSDRUCKEN
        WRITE(2,20)
        WRITE(5,20)
     20 FORMAT(20X,'V',23X,'F(V)'/8X,50('='))
        PRINT*
        PRINT*
*             SCHLEIFE ZUR BE-RECHNUNG
        DO 100 V=VA,VE,DV
           F=A*V*V* E**(-V*V/B)
           WRITE(5,30)V,F
           WRITE(2,30)V,F
     30    FORMAT(8X,F15.3,E30.8)
    100 CONTINUE
        CLOSE(1)
        STOP
        END
```

```
         A=   5.00     B=    4.00
         VA=  0.00     VE=  10.00
         DV=   .25     E=   2.71828183
```

```
                        V                        F(V)
              ====================================================
                     0.000              0.
                      .250               .30765514E+00
                      .500               .11742663E+01
                      .750               .24435423E+01
                     1.000               .38940039E+01
                     1.250               .52862019E+01
                     1.500               .64100568E+01
                     1.750               .71209738E+01
                     2.000               .73575888E+01
                     2.250               .71397185E+01
                     2.500               ,-----

                                          .0J011/JJE-06
                     7.250               .21949421E-06
                     9.500               .71721268E-07
                     9.750               .22682945E-07
                    10.000               .69439718E-09
```

4.1/25

```
        PROGRAM POLBER  (INPUT,OUTPUT)
*
        DIMENSION A(0:20)
*
        OPEN (1,FILE='PTB')
        PRINT*,'*** POLYNOMBERECHNUNG ***'
*
        PRINT*,'GEBEN SIE NUN DEN GRAD IHRES POLYNOMES EIN. ',
        READ*,N
        DO 10 LV=0,N
        PRINT*,'A',LV,'=',
     10 READ*,A(LV)
        PRINT*,'GEBEN SIE DEN ANFANGSWERT VON X EIN. ',
        READ*,XA
        PRINT*,'GEBEN SIE DEN ENDWERT VON X EIN. ',
        READ*,XE
        PRINT*,'GEBEN SIE DIE SCHRITTWEITE VON X EIN. ',
        READ*,DX
        WRITE(1,100)
    100 FORMAT(20X,'*** POLYNOMBERECHNUNG ***' //
       1 5X,'KOEFFIZIENTEN:' /)
*
        DO 15 LV=0,N
        WRITE (1,101) LV,A(LV)
    101 FORMAT (5X,'A',I2,'=',F10.4)
     15 CONTINUE
*
        WRITE(1,102)
    102 FORMAT(//9X,'X-WERT',26X,'Y-WERT' /3X,55('=') /)
*
```

Lösungen 4.1/25

```
      DO 30 X=XA,XE,DX
      Y=A(0)
*
*  DO-SCHLEIFE ZUR BERECHNUNG MIT SUMMENFORMEL
*
      DO 20 V=1,N
   20 Y=Y+A(V)*X**V
  103 FORMAT(5X,F10.4,12X,F20.4)
      WRITE(1,103) X,Y
   30 CONTINUE
      WRITE(1,104)
  104 FORMAT (3X,55('='))
*
      CLOSE(1)
      STOP
      END
```

*** POLYNOMBERECHNUNG ***

KOEFFIZIENTEN:

```
A  0=    -5.1000
A  1=     2.4000
A  2=     0.0000
A  3=     4.7000
A  4=     0.0000
A  5=     -.9000
A  6=     0.0000
A  7=     0.0000
A  8=     1.0000
A  9=     0.0000
A10=     -.5000
```

X-WERT	Y-WERT
0.0000	-5.1000
.2000	-4.5827
.4000	-3.8478
.6000	-2.7010
.8000	-.9544
1.0000	1.6000
1.2000	4.8661
1.4000	6.6115
1.6000	-3.4719
1.8000	-58.6995
2.0000	-247.5000
2.2000	-775.3945
2.4000	-2075.4467
2.6000	-4993.2693
2.8000	-11081.9173
3.0000	-23053.2000

4.1/26 Es ist gegenüber Aufg. 4.1/25 lediglich die Berechnungs-
schleife abzuändern.

```
*
*   DO-SCHLEIFE ZUR BERECHNUNG MIT HORNER-SCHEMA
*
        Y=0
        DO 20 V=N,0,-1
    20  Y=Y*X+A(V)
```

4.1/27

```
    PROGRAM STF  (INPUT,OUTPUT)
*   AUSDRUCK EINER TABELLE VON RESONANZFREQUENZEN

    INTEGER C
    DIMENSION F(50),H(50)
    OPEN (9,FILE='RESONF')
    I=1

    DO 10 A=1.,11.,2.5
        H(I)=A
        I=I+1
 10 CONTINUE

    PRINT 100,(H(I),I=1,5)
    WRITE (9,100) (H(I),I=1,5)
100 FORMAT (1X,'INDUKTIVITAET IN MIKRO-HENRY (UH)' //
   11X,'C (PF)',2X(5(2X,'L=',F4.1,'UH')) / 1X,60('='))

    DO 20 C=100.,1000.,100.
        J=1

        DO 30 HE=1.,11.,2.5
            F(J )=1/(1.E6*2*3.141592654*(C*HE)**0.5*1E-9
            J=J+1
 30     CONTINUE

        PRINT 200,C,(F(J),J=1,5)
        WRITE (9,200) C,(F(J),J=1,5)
200     FORMAT(1X,I4,4X,5(1X,F6.3,'MHZ'))
 20 CONTINUE

    CLOSE(9)
    STOP
    END
```

INDUKTIVITAET IN MIKRO-HENRY (UH)

C (PF)	L= 1.0UH	L= 3.5UH	L= 6.0UH	L= 8.5UH	L=11.0UH
100	15.915MHZ	8.507MHZ	6.497MHZ	5.459MHZ	4.799MHZ
200	11.254MHZ	6.015MHZ	4.594MHZ	3.860MHZ	3.393MHZ
300	9.189MHZ	4.912MHZ	3.751MHZ	3.152MHZ	2.771MHZ
400	7.958MHZ	4.254MHZ	3.249MHZ	2.729MHZ	2.399MHZ
500	7.118MHZ	3.805MHZ	2.906MHZ	2.441MHZ	2.146MHZ
600	6.497MHZ	3.473MHZ	2.653MHZ	2.229MHZ	1.959MHZ
700	6.015MHZ	3.215MHZ	2.456MHZ	2.063MHZ	1.814MHZ
800	5.627MHZ	3.008MHZ	2.297MHZ	1.930MHZ	1.697MHZ
900	5.305MHZ	2.836MHZ	2.166MHZ	1.820MHZ	1.600MHZ
1000	5.033MHZ	2.690MHZ	2.055MHZ	1.726MHZ	1.517MHZ

4.1/28   DIMENSION A(10,10),B(10,10)   (B = A^T)
         :
         DO 30 J=1,N
         DO 40 I=1,M   //   DO 30 I=1,M
         B(J,I) = A(I,J)   //   B(J,I)=A(I,J)   //   30 B(J,I)=A(I,J)
      40 CONTINUE   // 30 CONTINUE   //   :
      30 CONTINUE   //   :
         :

Die einzelnen Schleifenvariationen wurden bereits in
früheren Aufgaben erklärt.
Es wurde eine (mxn)-Rechteckmatrix für A angenommen,
m und n sind vorher zu definieren (einzulesen).

4.1/29   DIMENSION A(10,7)
         :
         DO 50 I=1,10
         DO 50 J=1,7
         A(I,J) = 0.   //   50 A(I,J) = 0.
      50 CONTINUE   //   :
         :

Weitere Möglichkeiten ergeben sich aus späteren Betrachtungen.

4.1/30   Ein typisches Beispiel dafür, daß sich erhöhter Aufwand und Genauigkeitseinbußen vermeiden lassen, wenn man die Aufgabenstellung zuerst durchdenkt statt sie blindlings zu programmieren, zeigt diese relativ einfache Aufgabe.

Die Fakultät wächst bekanntlich sehr schnell an (so ist z.B. schon 30! = $2{,}65 \cdot 10^{32}$); ihre Berechnung erfordert -wie auch die des Zählers - zusätzlichen Rechenaufwand.

Demgegenüber zeigen die einzelnen Summanden rekursives Verhalten, d.h. jeder Summand ergibt sich aus dem vorhergehenden nach einer gleichbleibenden Vorschrift (vgl. auch Aufg. 4.1/26). Dadurch vereinfacht sich die Berechnung wesentlich, und die Rechengenauigkeit leidet nicht unter extremen Zahlengrößen. Bezeichnet man die Summanden mit a, so entnimmt man der Reihenentwicklung folgenden Zusammenhang:

$$a_0 = 1$$
$$a_1 = a_0 \cdot \frac{m-0}{1} x$$
$$a_2 = a_1 \cdot \frac{m-1}{2} x$$
$$a_3 = a_2 \cdot \frac{m-2}{3} x$$
$$\vdots$$
$$a_n = a_{n-1} \cdot \frac{m-n+1}{n} x$$
$$\vdots$$

Mit vorgegebenem N läßt sich die Berechnung demnach folgendermaßen formulieren:

```
    S = 1.                  (S ist die Summe)
    A = 1.
    DO 13 I = 1,N
    A = A*(M-I+1)*X/I
    S = S+A
 13 CONTINUE
      ⋮
```

Lösungen 4.1/31   137

4.1/31 Das Programm verwendet die binomische Formel. Es läßt sich für den rekursiven Algorithmus leicht umformen.

```
        PROGRAM  PAS        (OUTPUT)
*
        PARAMETER (K=10)
        INTEGER F(0:K,0:K),ZSUM(0:K),FAK(0:K),I,J
        CHARACTER DRUFOR*20,AT5*2,AT9*2
*
        FAK(0)=1
        DO 10 I=1,K
          FAK(I)=I*FAK(I-1)
     10 CONTINUE
*
        DO 20 I=0,K
          ZSUM(I)=0
            DO 20 J=0,I
              F(I,J)=FAK(I)/(FAK(J)*FAK(I-J))
*
              ZSUM(I)=ZSUM(I)+F(I,J)
*
     20 CONTINUE
*
        OPEN (9,FILE='TURM')
        WRITE(9,1)
        DRUFOR='(I4,--X,--I4,T67,I4)'
        DO 30 I=0,K
*
          WRITE(AT5,'(I2)')29-2*I
          WRITE(AT9,'(I2)')I+1
*
          DRUFOR(5:6)=AT5
          DRUFOR(9:10)=AT9
*
          WRITE(9,DRUFOR)I,(F(I,J),J=0,I),ZSUM(I)
     30 CONTINUE
      1 FORMAT(3X,'N',22X,'KOEFFIZIENTENDREIECK',T66,'SUMME'/)
        CLOSE(9)
        STOP
        END
```

```
 N                    KOEFFIZIENTENDREIECK                  SUMME

 0                              1                              1
 1                            1   1                            2
 2                          1   2   1                          4
 3                        1   3   3   1                        8
 4                      1   4   6   4   1                     16
 5                    1   5  10  10   5   1                   32
 6                  1   6  15  20  15   6   1                 64
 7                1   7  21  35  35  21   7   1              128
 8              1   8  28  56  70  56  28   8   1            256
 9            1   9  36  84 126 126  84  36   9   1          512
10          1  10  45 120 210 252 210 120  45  10   1       1024
```

4.2/1   Besitzt die erste ausführbare Anweisung z.B. das
        Statement 1, so lautet der Sprung:

```
        1 .....
          :
          GOTO 1
        .. STOP
```

4.2/2
```
        IF(R) 30,31,31                //    IF(R.GE.0.)GOTO 31
     30 WRITE(LEN2,32)                //    WRITE(LEN2,32)
     32 FORMAT('0WURZEL IMAGINAER')
        GOTO 34
     31 WRITE(LEN2,33)
     33 FORMAT('0WURZEL REELL')
     34 .
```

FORTRAN 77 ermöglicht außerdem folgende Fassung:

```
        IF(R.LT.0.) THEN
            WRITE(LEN2,32)
     32     FORMAT(...)                  ( R < 0 )
        ELSE
            WRITE(LEN2,33)
     33     FORMAT(...)                  ( R ≥ 0 )
        END IF
        :
```

4.2/3   Es sei $N \geq 1$ eingelesen.

```
        DO 53 I=1,N
        :
        :   (Programm)
        :
     53 CONTINUE
        STOP
        END
```

oder:

```
        I=1
     56 IF(I-N) 54,54,55      /    56 IF(I.GT.N) GOTO 55
     54 :  (Programm)                    :
        I=I+1
        GOTO 56
     55 STOP
        END
```

oder:

```
        I=1
     57 :  (Programm)
        I=I+1
        IF(N-I)55,57,57        /      IF(N.GE.I) GOTO 57
     55 STOP
        END
```

oder mit FORTRAN 77:

```
     I=1
  59 IF(I.LE.N) THEN
     :
     :   (Programm)
     :
     I=I+1
     GOTO 59
     END IF
     STOP
     END
```

4.2/4
```
     READ *,K
     IF(K) 40,40,41        /   IF(K.EQ.0) GOTO 40
  41 :                         :
     :   (Programm)            :
     :
  40 STOP
     END
```

4.2/5
```
     IF(KEN-2) 10,11,12
  12 IF(KEN-3) 11,13,14
  10 .
     :   (KEN=1)
     :
     GOTO 15
  11 .
     :   (KEN=2)            ("arithmetisches IF")
     :
     GOTO 15
  13 .
     :   (KEN=3)
     :
     GOTO 15
  14 .
     :   (KEN=4)
     :
  15 -----
     :
```

oder:

```
     IF(KEN.EQ.1) GOTO 10
     IF(KEN.EQ.2) GOTO 11       ("logisches IF")
     IF(KEN.EQ.3) GOTO 13
     :   (KEN=4)
     .
     GOTO 15
  10 :   (KEN=1)
     .
     GOTO 15
  11 :   (KEN=2)
     .
     GOTO 15
  13 :   (KEN=3)
     .
  15 :-----
     :
```

oder:

```
      GOTO (10, 11, 13, 14), KEN
10    :   (KEN=1)
      :
      GOTO 15
11    :   (KEN=2)
      :
      GOTO 15
13    :   (KEN=3)
      :
      GOTO 15
14    :   (KEN=4)
      :
15    -----
      :
```

oder:

```
IF(KEN.EQ.1) ASSIGN 10 TO L
IF(KEN.EQ.2) ASSIGN 11 TO L
IF(KEN.EQ.3) ASSIGN 13 TO L
IF(KEN.EQ.4) ASSIGN 14 TO L
GOTO L (10,11,13,14)
:
```

oder mit FORTRAN 77:

```
      IF(KEN.EQ.1) THEN
          :   (KEN=1)
          :
      ELSE IF(KEN.EQ.2) THEN
          :   (KEN=2)
          :
      ELSE IF(KEN.EQ.3) THEN
          :   (KEN=3)
          :
      ELSE IF(KEN.EQ.4) THEN
          :   (KEN=4)
          :
      END IF
      :
```

4.2/6

```
      READ(LEN1,8) P,Q
8     FORMAT(...)
      A = P/2
      D= A *A - Q
      IF(D)1,6,2
1     WRITE(LEN2,3)
3     FORMAT('0X KOMPLEX')
      GOTO 5
2     DW = D**0.5
      X1 = -A +DW
      X2 = -A -DW
      WRITE(LEN2,4) P,Q,X1,X2
4     FORMAT(...)
      GOTO 5
6     X = -A
      WRITE(LEN2,7) P,Q,X
7     FORMAT(...)
5     STOP
      END
```

Mit FORTRAN 77 läßt sich das Programm beispielsweise
wie folgt schreiben:

```
      PROGRAM P426
      OPEN(11,FILE='A426')
      READ*,P,Q
      A2=P/2
      D=A2*A2-Q
      IF(D.EQ.0.) THEN
         WRITE(11,'(''OP ='',F8.3/''OQ ='',F8.3/''OX ='',
     1   F8.3)')P,Q,-A2
      ELSE IF(D.GT.0.) THEN
         DW=D**0.5
         WRITE(11,'(''OP ='',F8.3/''OQ ='',F8.3/''OX1='',F8.3/
     1   ''OX2='',F8.3)')P,Q,-A2+DW,-A2-DW
      ELSE
         WRITE(11,'('' X KOMPLEX'')')
      END IF
      CLOSE(11)
      STOP
      END
```

```
P =   6.000     P =   2.000
Q =   9.000     Q = -35.000
X =  -3.000     X1=   5.000
                X2=  -7.000
```

Man beachte, daß hierbei keinerlei Statements auftreten
(die zweimal vorgezogene 1 bedeutet je eine Folgezeile).

Außerdem sei auf die implizite Formatierung sowie die
Möglichkeit hingewiesen, arithmetische Ausdrücke in
die WRITE-Anweisung zu schreiben (vgl. Aufg. 3.2/26).

4.2/7

```
      PROGRAM EB02   (INPUT,OUTPUT)
      INTEGER I,K,Y1,Y2,Y3,Y4
      CHARACTER*6 FKT
      OPEN(1,FILE='WAHTAB')
      REWIND 1
    1 PRINT*,'BITTE GEBEN SIE DIE KENNZIFFER EIN: ',
      READ*,K
      IF(K.LT.0) GOTO 12
      IF(K.LE.4) GOTO 11
   12 PRINT 300
      WRITE(1,300)
      GOTO 1
   11 GOTO(10,20,30,40)K
      GOTO 60
*
   10 FKT='.AND. '
      Y1=1
      Y2=0
      Y3=0
      Y4=0
      GOTO 50
*
   20 FKT=' .OR. '
      Y1=1
      Y2=1
      Y3=1
      Y4=0
      GOTO 50
```

```
      30 FKT='.EQV. '
         Y1=1
         Y2=0
         Y3=0
         Y4=1
         GOTO 50
*
      40 FKT='.NEQV '
         Y1=0
         Y2=1
         Y3=1
         Y4=0
      50    I=1
         PRINT 400,FKT
         WRITE(1,400) FKT
      51    PRINT 500
            WRITE(1,500)
            GOTO(52,53,1)I
      52    PRINT 600,Y1,Y2
         WRITE(1,600) Y1,Y2
         I=2
         GOTO 51
      53    PRINT 700,Y3,Y4
         WRITE(1,700) Y3,Y4
         I=3
         GOTO 51
      60 PRINT 800
         WRITE(1,800)
         CLOSE(1)
     300 FORMAT(//10X,'> > > KENNZIFFER UNGUELTIG! < < <'///)
     400 FORMAT(//21X,A,'! 1 ! 0 !')
     500 FORMAT(21X,6('-'),'!',3('-'),'!',3('-'),'!')
     600 FORMAT(23X,'1',3X,'! ',I1,' ! ',I1,' !')
     700 FORMAT(23X,'0',3X,'! ',I1,' ! ',I1,' !')
     800 FORMAT(//15X,'*** ENDE DES PROGRAMMES ***'///)
         STOP
         END
```

```
          .AND. ! 1 ! 0 !            .EQV. ! 1 ! 0 !
          ------!---!---!            ------!---!---!
            1   ! 1 ! 0 !              1   ! 1 ! 0 !
          ------!---!---!            ------!---!---!
            0   ! 0 ! 0 !              0   ! 0 ! 1 !
          ------!---!---!            ------!---!---!


          .OR.  ! 1 ! 0 !            .NEQV.! 1 ! 0 !
          ------!---!---!            ------!---!---!
            1   ! 1 ! 1 !              1   ! 0 ! 1 !
          ------!---!---!            ------!---!---!
            0   ! 1 ! 0 !              0   ! 1 ! 0 !
          ------!---!---!            ------!---!---!


              > > > KENNZIFFER UNGUELTIG! < < <

                *** ENDE DES PROGRAMMES ***
```

4.2/8

```
      PROGRAM BHOF(INPUT,OUTPUT)
      INTEGER H,T,B
      OPEN(9,FILE='HT1')
      PRINT*,'GEBEN SIE DIE ANZAHL DER TIERE EIN'
      READ*,N
      PRINT*,'GEBEN SIE DIE ANZAHL DER BEINE EIN'
      READ*,B
C     K IST DER VARIABLENNAME FUER KANINCHEN
      K=1
      PRINT 10
      WRITE(9,10)
   10 FORMAT(5X,'KANINCHEN',5X,'HUEHNER',5X,'TIERZAHL')
      DO 20 I=4,B,4
C         H IST DER VARIABLENNAME FUER HUEHNER
C         T IST DER VARIABLENNAME FUER TIERZAHL
C         B IST DER VARIABLENNAME FUER BEINZAHL
          H=(B-I)/2
          T=H+K
          PRINT 30,K,H,T
          WRITE(9,30)K,H,T
   30     FORMAT(6X,I5,8X,I5,7X,I5)
          IF (T.EQ.N)GOTO 40
          K=K+1
   20 CONTINUE
   40 PRINT 45
      WRITE(9,45)
   45 FORMAT(5X,34('*')//)
      PRINT 50,N
      WRITE(9,50)N
   50 FORMAT(5X,'ANZAHL DER EINGEGEBENEN TIERE WAR: ',I5//)
      PRINT 60,B
      WRITE(9,60)B
   60 FORMAT(5X,'ANZAHL DER EINGEGEBENEN BEINZAHL WAR: ',I5//)
      PRINT 70
      WRITE(9,70)
   70 FORMAT(5X,'ERGEBNIS:'/)
      PRINT 80,K,H
      WRITE(9,80)K,H
   80 FORMAT(5X,'ES HANDELT SICH UM',I3,' KANINCHEN UND'
     1,I3,' HUEHNER.'//)
      CLOSE(9)
      STOP
      END
```

```
KANINCHEN     HUEHNER      TIERZAHL
    1           30            31
    2           28            30
    3           26            29
    4           24            28
    5           22            27
    6           20            26
    7           18            25
    8           16            24
    9           14            23
   10           12            22
   11           10            21
   12            8            20
************************************
```

ANZAHL DER EINGEGEBENEN TIERE WAR: 20

ANZAHL DER EINGEGEBENEN BEINZAHL WAR: 64

ERGEBNIS:

ES HANDELT SICH UM 12 KANINCHEN UND 8 HUEHNER.

4.2/9   Mit logischem IF:
```
      Y = 0.
      DO 50 K = -N,N           (nicht FORTRAN IV)
      IF(ABS(K).EQ.1) GOTO 50
      Y = 1./(K*K-1) + Y
 50   CONTINUE
```

Mit Block-IF:
```
      Y = 0.
      DO 51 K = -N,N           (nicht FORTRAN IV)
      IF(K.EQ.1) THEN
         GOTO 51
      ELSE IF(K.EQ.-1) THEN
         GOTO 51
      END IF
      Y = 1./(K*K-1) + Y
 51   CONTINUE
```

Kürzeste Fassung: Wegen der Symmetrie von $|k|>1$ kann man schreiben:
```
      Y = -1.
      DO 52 K = 2,N
 52   Y = 2./(K*K-1) + Y
```

4.2/10

```
        PROGRAM WH1(INPUT,OUTPUT)
        OPEN (9,FILE='BERN')
        Q=1.
        DO 200 K= 1,10**4
        Q1=(366.-K)/365.
        Q=Q1*Q
        IF(Q.LT.0.5) GOTO 300
    200 CONTINUE
    300 W=1-Q
        PRINT*,'DIE WAHRSCHEINLICHKEIT W=', W
        PRINT*,' DIE ANZAHL DER PERSONEN K=', K
        WRITE(9,1)W
        WRITE(9,2)K
      1 FORMAT(2X,'DIE WAHRSCHEINLICHKEIT W=',F12.9)
      2 FORMAT(2X,'DIE ANZAHL DER PERSONEN K=',I2)
        CLOSE (9)
        STOP
        END
```

```
        DIE WAHRSCHEINLICHKEIT W=  .507297234
        DIE ANZAHL DER PERSONEN K=23
```

4.2/11

```
      PROGRAM SKALAR (INPUT,OUTPUT)
*
      INTEGER   ANZAHL
      DIMENSION A(20),B(20)
      OPEN(9,FILE='UDO')
   10 PRINT*,'ANZAHL DER KOMPONENTEN IST MAX 20'
      PRINT*,'ANZAHL EINGEBEN'
      READ*,ANZAHL
      IF (ANZAHL.GT.20.)THEN
          PRINT*,'ANZAHL ZU GROSS'
          GOTO 10
      END IF
*     EINLESEN DER VEKTOREN
      PRINT*,'BITTE ',ANZAHL,' KOMPONENTEN DES VEKTORS A EINGEBEN'
      READ*,(A(I),I=1,ANZAHL)
      PRINT*,'BITTE ',ANZAHL,' KOMPONENTEN DES VEKTORS B EINGEBEN'
      READ*,(B(I),I=1,ANZAHL)
*     BERECHNUNG DES COSINUS EINES WINKELS
      SPROD=0
      SUMX=0
      SUMY=0
      DO 20    I=1 ,ANZAHL
          X= A(I)*A(I)
          SUMX=SUMX+X
          Y= B(I)*B(I)
          SUMY=SUMY+Y
          SPROD=SPROD+A(I)*B(I)
   20 CONTINUE
```

```
        BETR A =SUMX**0.5
        BETR B =SUMY**0.5
        COS = SPROD/( BETR A * BETR B )
        WRITE(9,30) (A(I), I=1, ANZAHL)
        WRITE(9,40) (B(I), I=1, ANZAHL)
        WRITE(9,50) COS
        PRINT 30, (A(I), I=1, ANZAHL)
        PRINT 40, (B(I), I=1, ANZAHL)
        PRINT 50, COS
     30 FORMAT (///' A= ',(8F6.1))
     40 FORMAT (///' B= ',(8F6.1))
     50 FORMAT (///' COS= ',F8.5)
        CLOSE(9)
        STOP
        END
```

A=   3.6   -1.8

B=   1.4   2.7

COS=   .01470

Für das zweite Beispiel
ergibt sich:
COS = -.30505

4.2/12
```
        PROGRAM P4212
        OPEN(11,FILE='A4212')
        READ*,KE
        IF(KE.EQ.1)THEN
            READ*, G, B
            F=G*B/(G+B)
        ELSE IF(KE.EQ.2) THEN
            READ*, G, F
            B=G*F/(G-F)
        ELSE IF(KE.EQ.3) THEN
            READ*, B, F
            G=B*F/(B-F)
        ELSE IF(KE.EQ.0) THEN
            GOTO 1
        END IF
        PRINT*, G, B, F
        WRITE(11,10) G, B, F
     10 FORMAT('0',8X,'G',8X,'B',8X,'F'//'0',3F9.3)
      1 STOP
        END
```

              G   B   F

           5.000   20.000   4.000

4.2/13

```
            PROGRAM KL
            READ*,A,B,C
            IF(A.GE.B) THEN
               IF(A.GE.C) THEN
                  PRINT*,A
               ELSE
                  PRINT*,C
               END IF
            ELSE IF(B.GE.C) THEN
               PRINT*,B
            ELSE
               PRINT*,C
            END IF
            STOP
            END
```

4.2/14

```
      PROGRAM P4214
      OPEN(12,FILE='AUS')
   1  READ*,X
      IF(X.LE.0.) GOTO 10
      WRITE(12,2)X
   2  FORMAT('1BERECHNUNG VON ARCTAN X'///'0EINGABE   X=',F6.3//)
      SUM=X
      DO 3 N=1,49
      L=(-1)**N
      A=((X**(2*N+1))/(2*N+1))*L
      SUM=SUM+A
      IF(N.EQ.49) GOTO 5
      IF(N.EQ.8) GOTO 5
      IF(N.EQ.5) GOTO 5
      IF(N.NE.2) GOTO 3
   5  WRITE(12,4) N+1,SUM
   4  FORMAT(/I5,' SUMMENGLIEDER: ',T25,F10.7)
   3  CONTINUE
  10  CLOSE(12)
      STOP
      END
```

```
  BERECHNUNG VON ARCTAN X


  EINGABE   X= 0.500



      3 SUMMENGLIEDER:     0.4645833

      6 SUMMENGLIEDER:     0.4636397

      9 SUMMENGLIEDER:     0.4636474

     50 SUMMENGLIEDER:     0.4636469         (vgl. Aufg. 6.1/3)
```

Auf die Wiedergabe eines Programmes zur Berechnung von cos x kann verzichtet werden, da es sich analog zu obiger Realisierung gestalten läßt. Man berücksichtige die Bemerkungen zu Aufg. 4.1/30. - Es ergeben sich folgende Zwischenwerte für die Eingabe x = 0,5:

3 Summenglieder:	0,87760
6 Summenglieder:	0,87758
50 Summenglieder:	0,87758 .

4.2/15

```
      PROGRAM P4215
*
      DATA E,E1,ES,K1,K2,K3/2.71828183,5*1/
*         E IST HIERIN DER TASCHENRECHNERWERT
      OPEN(11,FILE='A4215')
      DO 1 I=1,1E6
         GOTO(60,80) K1
 60      ES=ES/I
         E1=E1+ES
         IF(E-E1.LE.1E-3) K1=2
         I1=I+1
 80      GOTO(90,110) K2
 90      IF(I.GT.1) E2=(1-1./I)**(-I)
         IF(ABS(E-E2).LE.1E-3) K2=2
         I2=I
 110     GOTO(120,140) K3
 120     E3=(1+1./I)**I
         IF(E-E3.LE.1E-3) K3=2
         I3=I
 140     IF(K1+K2+K3.EQ.6) GOTO 170
   1  CONTINUE
 170  PRINT*,'ERGEBNISSE:'
      PRINT*,E1,I1
      PRINT*,E2,I2
      PRINT*,E3,I3
      WRITE(11,2) E1,I1,E2,I2,E3,I3
   2  FORMAT(' ERGEBNISSE:'//16X,'WERT',6X,'ITERATIONSZAHL'
     1//' REIHE',6X,F10.7,8X,I5/' LIM(-N)',4X,F10.7,8X,I5
     2/' LIM(N)',5X,F10.7,8X,I5/)
      CLOSE(11)
      STOP
      END
```

ERGEBNISSE:

	WERT	ITERATIONSZAHL
REIHE	2.7180548	7
LIM(-N)	2.7192817	1360
LIM(N)	2.7172823	1359

4.2/ 16

```
      PROGRAM QSU (INPUT,OUTPUT)
      INTEGER EZ,Z,ZS,QS
      OPEN(9,FILE='UWE')
  100 PRINT*,'ZAHL EINGEBEN'
      READ*,EZ
      Z=EZ
      QS=0.
      D=1.E+09
      IF(EZ.GE.1.E+10)THEN
          PRINT*,'ZAHL ZU GROSS'
          GOTO 100
      END IF
      DO 200 I=1,10,1
          ZS=IFIX(Z/D)
          QS=QS+ZS
          Z=Z-ZS*D
          D=D/10
  200 CONTINUE
      WRITE(9,2)EZ,QS
      PRINT2,EZ,QS
    2 FORMAT(/////' EZ=   ',I10//' QSU= ',I10)
      CLOSE(9)
      STOP
      END
```

EZ=   5973248

QSU=   38

4.2/17

```
      PROGRAM GWO (INPUT,OUTPUT)
      OPEN(9,FILE='ARA')
*     ****************************************
*     DAS PROGRAMM BERECHNET EINE REIHE MIT DEM
*     GRENZWERT 1/2. DIE ZAHL DER ZU BERECHNEN-
*     DEN SUMMANDEN IST VARIABEL.    (MAX 9999)
*     ****************************************
    1 PRINT*
      PRINT*,'BERECHNUNG EINER REIHE'
      PRINT*,'BITTE ZAHL DER SUMMANDEN EINGEBEN'
      PRINT*,'EINGABE 0 BEENDET BERECHNUNG'
      PRINT*
      READ*,N
*
*     PRUEFUNG OB N GUELTIG
*
      IF(N.EQ.0) GOTO 30
      IF(N.GT.9999) GOTO 1
      IF(N.LT.0) GOTO 1
*
*     BERECHNUNG DER REIHE
*
      SUM=0.0
         DO 10  K=1,N
            X=FLOAT(K)
            SUM=SUM+ 1./((2.*X-1.)*(2.*X+1.))
   10    CONTINUE
*
*     AUSGABE DER WERTE
*
      WRITE(9,20) N,SUM
   20 FORMAT(2X,'N=',I4,2X,'SUMME=',F8.5)
      PRINT25,N,SUM
   25 FORMAT(2X,'N=',I4,2X,'SUMME=',F8.5)
      GOTO 1
   30 CLOSE(9)
      STOP
      END
```

```
         N=   5   SUMME=  .45455
         N=  10   SUMME=  .47619
         N=  30   SUMME=  .49180
         N= 100   SUMME=  .49751
```

4.2/18

```
        PROGRAM CHRIS (INPUT,OUTPUT)
        OPEN(3,FILE='SONNE')
        READ*,R
*
*   AUFSTELLEN DER TABELLE
*
        WRITE(3,10)
*
*   N IST DER KOKOSNUSSPARAMETER
*
   10   FORMAT('1',13X,'N',28X,'REST' /14X,35('-') /)
        N=0
   20   N=N+1
*
*   A IST DIE ANZAHL DER KOKOSNUESSE VON PERSON 1
*
        A=0.5*(N+1)
*
*   B IST DER ERSTE REST
*
        B=0.5*(N-1)
*
*   C IST DIE ANZAHL DER KOKOSNUESSE VON PERSON 2
*
        C=0.25*(N+1)
*
*   D IST DER ZWEITE REST
*
        D=0.25*(N-3)
*
*   E IST DIE ANZAHL DER KOKOSNUESSE VON PERSON 3
*
        E=0.125*(N+1)
*
*   F IST DER AUSZUDRUCKENDE REST
*
        F=0.125*(N-7)
        IF(F.LT.0) F=0
*
*   BEI NEG. REST NULL AUSDRUCKEN
*
        WRITE(3,40)N,F
   40   FORMAT (11X,I4,27X,F7.4)
*
*   RESTVERGLEICH MIT DER EINGABE
*
   90   IF(F.EQ.R)GOTO 60
        GOTO 20
   60   WRITE(3,70)N
   70   FORMAT(//13X,'DIE GESAMTZAHL DER KOKOSNUESSE IST ',I4
       + /13X,39('=') ///)
        CLOSE(3)
        STOP
        END
```

N	REST
1	0.0000
2	0.0000
3	0.0000
4	0.0000
5	0.0000
6	0.0000
7	0.0000
8	.1250
9	.2500
10	.3750
11	.5000
12	
--	3.6250
37	3.7500
38	3.8750
39	4.0000

DIE GESAMTZAHL DER KOKOSNUESSE IST   39
==

4.2/19

```
      PROGRAM P4219
      DIMENSION K(200)
*
*     PRIMZAHLEN < 1000: DIVISIONSMETHODE
*
      OPEN(11,FILE='A4219')
      J=1
      DO 1 N=1,1000
        NK=N/2
        DO 2 I=2,NK
          IF(MOD(N,I).EQ.0) GOTO 1
    2   CONTINUE
*
        K(J)=N
        J=J+1
    1 CONTINUE
      PRINT 3,(K(M),M=1,J-1)
      WRITE(11,3) (K(M),M=1,J-1)
    3 FORMAT(4X,8I6/)
      CLOSE(11)
      STOP
      END
```

Die Ergebnistabelle befindet sich hinter dem Programm 4.2/20.

4.2/20

```
      PROGRAM P4220
      DIMENSION LM(1000),J(200)
*
*     PRIMZAHLEN < 1000: "SIEB DES ERATOSTHENES"
*
      OPEN(11,FILE='ZA')
      DO 1 K=1,1000
         LM(K)=K
    1 CONTINUE
*
*     PRUEFUNG, OB LM(K) UNGLEICH NULL: DANN ALLE
*     VIELFACHE VON LM(K) AUF NULL SETZEN
*
      I=1
      DO 2 K=2,1000
         IF(LM(K).NE.0) THEN
            M=1000/K
            IF(LM(K).GE.M) GOTO 4
            DO 3 N=2,M
               KN=K*N
               LM(KN)=0
    3       CONTINUE
         END IF
    2 CONTINUE
*
*     AUSDRUCKEN ALLER LM-KOMPONENTEN UNGLEICH NULL
*
    4 DO 5 L=1,1000
         IF(LM(L).NE.0) THEN
            J(I)=LM(L)
            I=I+1
         END IF
    5 CONTINUE
      PRINT 6,(J(M),M=1,I-1)
      WRITE(11,6) (J(M),M=1,I-1)
    6 FORMAT(4X,8I6/)
      CLOSE(11)
      STOP
      END
```

Primzahlentabelle aus den Aufgaben 4.2/19 und 4.2/20:

1	2	3	5	7	11	13	17
19	23	29	31	37	41	43	47
53	59	61	67	71	73	79	83
89	97	101	103	107	109	113	127
131	137	139	149	151	157	163	167
173	179	181	191	193	197	199	211
223	227	229	233	239	241	251	257
263	269	271	277	281	283	293	307
311	313	317	331	337	347	349	353
359	367	373	379	383	389	397	401
409	419	421	431	433	439	443	449
457	461	463	467	479	487	491	499
503	509	521	523	541	547	557	563
569	571	577	587	593	599	601	607
613	617	619	631	641	643	647	653
659	661	673	677	683	691	701	709
719	727	733	739	743	751	757	761
769	773	787	797	809	811	821	823
827	829	839	853	857	859	863	877
881	883	887	907	911	919	929	937
941	947	953	967	971	977	983	991
997							

4.2/21

```
      PROGRAM ST1 (INPUT,OUTPUT)
      INTEGER T
         UG=0.25
         OG=50.
      OPEN (9,FILE='ALLI')
      E=2.71828183
      H=6.626176E-34
      B=1.38066E-23
      C=2.997924E8
      P=3.14159265
      PRINT*,' EINGABE DES PARAMETERS T'
      READ*,T
      WRITE(9,120)T
 120  FORMAT(4X,'TEMPERATUR=',I4)
      IF(T.EQ.0.) GOTO 400
      PRINT*,' T=', T
      WRITE(9,150)
      PRINT 150
 150  FORMAT(4X,'LAMBDA',10X,'PLANCK',10X,'R.-JEANS',7X,'WIEN')
      DO 300 W= UG,OG,0.25
      F= C/W.*1.E6
      A=  8*P*F*F /C**3 *H*F/(E**( H*F /(B*T))-1)
      R=  8*P*B /C**3 *F*F*T
      V=  8*P*H*F**3 /C**3 *E**(-.H*F /(B*T))
      WG=W*1.E-6
      WRITE(9,200) WG,A,R,V
      PRINT 200,WG,A,R,V
 200  FORMAT(4X,4(E12.6,4X))
 300  CONTINUE
 400  CLOSE (9)
      STOP
      END
```

```
TEMPERATUR= 200
LAMBDA            PLANCK            R.-JEANS          WIEN
 .250000E-06      .113798-136       .370387E-14       .113798-136
 .500000E-06      .435330E-75       .925968E-15       .435330E-75
 .750000E-06      .869233E-55       .411541E-15       .869233E-55
 .100000E-05      .951954E-45       .231492E-15       .951954E-45
 .125000E-05      .863899E-39       .148155E-15       .863899E-39
 .150000E-05      .732213E-35       .102885E-15       .732213E-35
 .175000E-05      .435823E-32       .755892E-16       .435823E-32
    :                 :                 :                 :


TEMPERATUR= 400
LAMBDA            PLANCK            R.-JEANS          WIEN
 .250000E-06      .348264E-74       .740774E-14       .348264E-74
 .500000E-06      .761563E-44       .185194E-14       .761563E-44
 .750000E-06      .585771E-34       .823083E-15       .585771E-34
 .100000E-05      .398162E-29       .462984E-15       .398162E-29
 .125000E-05      .271405E-26       .296310E-15       .271405E-26
 .150000E-05      .190079E-24       .205771E-15       .190079E-24
 .175000E-05      .368001E-23       .151178E-15       .368001E-23
    :                 :                 :                 :
```

```
TEMPERATUR= 600
LAMBDA           PLANCK           R.-JEANS         WIEN
 .250000E-06     .234693E-53      .111116E-13      .234693E-53
 .500000E-06     .197698E-33      .277790E-14      .197698E-33
 .750000E-06     .513560E-27      .123462E-14      .513560E-27
 .100000E-05     .641515E-24      .694476E-15      .641515E-24
 .125000E-05     .397499E-22      .444465E-15      .397499E-22
 .150000E-05     .562815E-21      .308656E-15      .562814E-21
 .175000E-05     .347827E-20      .226768E-15      .347826E-20
      .                .                .                .
      .                .                .                .
      .                .                .                .
 .485000E-04     .228242E-18      .295239E-18      .890328E-19
 .487500E-04     .226217E-18      .292219E-18      .878926E-19
 .490000E-04     .224219E-18      .289244E-18      .867717E-19
 .492500E-04     .222246E-18      .286315E-18      .856695E-19
 .495000E-04     .220299E-18      .283431E-18      .845858E-19
 .497500E-04     .218378E-18      .280589E-18      .835201E-19
 .500000E-04     .216481E-18      .277790E-18      .824721E-19


TEMPERATUR= 900
LAMBDA           PLANCK           R.-JEANS         WIEN
 .250000E-06     .180396E-39      .166674E-13      .180396E-39
 .500000E-06     .173327E-26      .416686E-14      .173327E-26
 .750000E-06     .218357E-22      .185194E-14      .218357E-22
 .100000E-05     .189950E-20      .104171E-14      .189950E-20
 .125000E-05     .237948E-19      .666697E-15      .237948E-19
 .150000E-05     .116053E-18      .462984E-15      .116052E-18
 .175000E-05     .335031E-18      .340152E-15      .334995E-18
      .                .                .                .
      .                .                .                .
      .                .                .                .
 .485000E-04     .373874E-18      .442859E-18      .104985E-18
 .487500E-04     .370379E-18      .438328E-18      .103553E-18
 .490000E-04     .366933E-18      .433867E-18      .102146E-18
 .492500E-04     .363534E-18      .429473E-18      .100766E-18
 .495000E-04     .360182E-18      .425146E-18      .994094E-19
 .497500E-04     .356876E-18      .420884E-18      .980773E-19
 .500000E-04     .353616E-18      .416686E-18      .967688E-19


TEMPERATUR=1000
LAMBDA           PLANCK           R.-JEANS         WIEN
 .250000E-06     .107987E-36      .185194E-13      .107987E-36
 .500000E-06     .424070E-25      .462984E-14      .424070E-25
 .750000E-06     .184027E-21      .205771E-14      .184027E-21
 .100000E-05     .939562E-20      .115746E-14      .939562E-20
 .125000E-05     .854900E-19      .740774E-15      .854891E-19
 .150000E-05     .336931E-18      .514427E-15      .336908E-18
 .175000E-05     .835391E-18      .377946E-15      .835166E-18
      .                .                .                .
      .                .                .                .
      .                .                .                .
 .485000E-04     .422681E-18      .492065E-18      .108503E-18
 .487500E-04     .418691E-18      .487031E-18      .107005E-18
 .490000E-04     .414737E-18      .482074E-18      .105534E-18
 .492500E-04     .410878E-18      .477192E-18      .104090E-18
 .495000E-04     .407053E-18      .472384E-18      .102672E-18
 .497500E-04     .403281E-18      .467649E-18      .101280E-18
 .500000E-04     .399561E-18      .462984E-18      .999128E-19
```

Das Tabellenwerk ist recht umfangreich.

4.2/22

```
        PROGRAM P4222
    *
        REAL I
        DOUBLE PRECISION E, MO, SY, S, SX, SUX, C, CT, B2
        PARAMETER(E=1.602D-19, MO=9.11D-31, C=3D5, CT=3D8)
    *
        OPEN(11, FILE='A4222')
        WRITE(11, 25)
        PRINT 25
    *
        DO 10 I=0., 300000., 5000.
           V=I
           IF(I.EQ.300000) V=299999.
           B2=(V/C)**2
           SX=1
           SY=1
           DO 20 K=1, 29
              SY=SY*(2.*K-1)/(2*K)*B2
              SX=SX+SY
    20     CONTINUE
           SUX=1./(1-B2)**0.5
           U=MO*CT**2/E*(SUX-1)/1000
           IV=V
           PRINT 30, IV, U, SX, SUX
           WRITE(11, 30) IV, U, SX, SUX
    10  CONTINUE
        CLOSE(11)
        STOP
    25  FORMAT(3X, 'V[KM/S]', 10X, 'U[KV]', 7X, 'M/MO(R)', 6X,
       1'M/MO(E)'/)
    30  FORMAT(I10, F15.4, F14.4, F13.4)
        END
```

V[KM/S]	U[KV]	M/MO(R)	M/MO(E)
0	0.0000	1.0000	1.0000
5000	0.0711	1.0001	1.0001
10000	0.2846	1.0006	1.0006
15000	0.6409	1.0013	1.0013
20000	1.1411	1.0022	1.0022
25000	1.7864	1.0035	1.0035
30000	2.5783	1.0050	1.0050
35000	3.5190	1.0069	1.0069
40000	4.6109	1.0090	1.0090
45000	5.8567	1.0114	1.0114
50000	—	—	—
⋮	⋮	⋮	1.7328
250000	414.0792	1.8091	1.8091
255000	459.7561	1.8983	1.8983
260000	514.0800	2.0044	2.0045
265000	580.0482	2.1331	2.1334
270000	662.3468	2.2932	2.2942
275000	768.8087	2.4989	2.5022
280000	913.7791	2.7738	2.7854
285000	1127.2666	3.1594	3.2026
290000	1487.1138	3.7316	3.9057
295000	2303.1875	4.6351	5.5002
299999	197706.7813	6.1543	387.2987

4.2/23

```
PROGRAM SPORT (INPUT,OUTPUT)
      INTEGER C,B
      REAL NW,M
      DIMENSION B(21)
      OPEN(5,FILE='PC')
*     EINLESEN VON N UND DEN PUNKTEN
      PRINT*,'GEBEN SIE DIE ANZAHL DER PUNKTE EIN'
      READ*,N
      IF(N.GT.20)N=20
      PRINT*,'GEBEN SIE DIE PUNKTFOLGE EIN'
      READ*,(B(I),I=1,N)
      WRITE(5,300)(B(I),I=1,N)
      PRINT 100
      WRITE (5,100)
      NW=1
      M=-1
      C=1
      I=1
*     ABFRAGE,OB WERTE N-FACH
   21 IF(C.GT.N)GOTO 20
      NW=1
      DO 30 J=C,N
        IF(B(I).NE.B(I+1)) GOTO 50
        I=I+1
        NW=NW+1
   30 CONTINUE
*     BERECHNUNG VON RANG
   50 M=M+1
      RANG=M+(NW+1)/2
      DO 40 E=1,NW
        PRINT 200,B(I),RANG
        WRITE (5,200)B(I),RANG
   40 CONTINUE
      C=C+NW
      M=M+NW-1
      I=I+1
      GOTO 21
  100 FORMAT (/// 15X,'PUNKTE',14X,'RANG' / 15X,24('-'))
  200 FORMAT (/ 15X,I4,14X,F5.1)
  300 FORMAT (1X,'PUNKTELISTE: ',20(I4))
   20 CLOSE (5)
      STOP
      END
```

PUNKTELISTE: 89   78   73   73   73   54   41   41   27   13   13   13   13   9

PUNKTE	RANG
89	1.0
78	2.0
73	4.0

(Fortsetzung wie in der Aufgabenstellung)

4.2/24
```
         PROGRAM P4224
         CHARACTER*10 EINH
         OPEN(11,FILE='ZA')              (1)
         SUM=0
         PRINT*
         PRINT*,'EINGABE KENNZIFFER K UND ZAHLENWERT'
         PRINT*,'0<=K<=5   (ENDE FUER K=0)'
         PRINT*
         WRITE(11,9)
       1 PRINT*,'?'
         READ*,K
         IF(K.EQ.0) GOTO 8
         READ*,Z
         PRINT*
         GOTO(2,3,4,5,6),K
*            UMRECHNUNGEN IN METER
       2 F=Z
         EINH='METER'
         GOTO 7
       3 F=Z*0.01                        (2)
         EINH='ZENTIMETER'
         GOTO 7
       4 F=Z*0.0254                      (Hinweis: Versuchen Sie es
         EINH='INCH'                      auch einmal mit
         GOTO 7                           IF-/ELSE IF-Strukturen!)
       5 F=Z*0.3048
         EINH='FUSS'
         GOTO 7
       6 F=Z*0.9144
         EINH='YARD'
       7 SUM=SUM+F
         WRITE(11,10) Z,EINH,F
         GOTO 1
       8 WRITE(11,11) SUM
         CLOSE(11)
         STOP
       9 FORMAT(13X,'LAENGE',12X,'EINHEIT',10X,'METER'//)
      10 FORMAT(F20.5,10X,A10,F14.5)
      11 FORMAT(/24X,'SUMME DER LAENGEN: ',F12.5,'   METER'/)
         END
```

Alternativlösung ohne "berechnetes GOTO": Ersetzung von (1) und (2) durch

```
      PROGRAM P4224Z
      CHARACTER*10 EH(5),EINH
      DIMENSION WERT(5)
(1)
      DATA EH/'METER','ZENTIMETER','INCH','FUSS','YARD'/
      DATA WERT/1,0.01,0.0254,0.3048,0.9144/
      OPEN(11,FILE='ZA')
      SUM=0
                              PRINT*
                          *       UMRECHNUNGEN IN METER
                              F=Z*WERT(K)
                   (2)        EINH=EH(K)
                              SUM=SUM+F
                              WRITE(11,10) Z,EINH,F
```

LAENGE	EINHEIT	METER
57.30000	INCH	1.45542
93.75000	YARD	85.72500
112.32600	METER	112.32600
4221.90000	ZENTIMETER	42.21900
983.20000	ZENTIMETER	9.83200
88.70000	INCH	2.25298
1974.40000	ZENTIMETER	19.74400
27.13000	YARD	24.80767
310.97000	FUSS	94.78366
2841.50000	ZENTIMETER	28.41500
1024.05000	FUSS	312.13044

SUMME DER LAENGEN: 733.69117   METER

4.2/25

```
      PROGRAM P4225
*
      DIMENSION A(100)
      OPEN(11,FILE='A4225')
      PRINT*
      PRINT*,'EINGABEN: OBERE INTERVALLGRENZE,'
      PRINT*,'UNTERE INTERVALLGRENZE UND'
      PRINT*,'GESAMTZAHL DER WERTE:'
      READ*,B,C,L
      F=C
      G=B
*
      PRINT*
      PRINT*,'EINGABE DER ZAHLEN:'
      READ*,(A(I),I=1,L)
*
*     ZAHLENVERGLEICH
*
      DO 1 I=1,L
         IF(A(I).LT.C) GOTO 1
         IF(A(I).GT.B) GOTO 1
         IF(A(I).GT.F) GOTO 2
    4    IF(A(I).LT.G) GOTO 3
         GOTO 1
    2    F=A(I)
         GOTO 4
    3    G=A(I)
    1 CONTINUE
*
```

```
*       AUSGABE
*
        PRINT*,'MAX. UND MIN. : ',F,G
        WRITE(11,5) (A(I),I=1,L)
        WRITE(11,6) C,B,F,G
        CLOSE(11)
        STOP
    5 FORMAT(' EINGEGEBENE ZAHLEN:'//(F10.4))
    6 FORMAT(//'0INTERVALL VON',F9.4,' BIS',F9.4,' :'/
       1'0MAXIMUM= ',F9.4,8X,'MINIMUM= ',F9.4)
        END
```

```
         EINGEGEBENE ZAHLEN:

           -60.0000
            15.0000
            13.0000
             4.5000
            -3.4800
            -3.4890
             7.3000
           -20.0000
            14.0000
            13.0000
            78.0000
            -8.0000
            -3.4870
            15.2400
            16.4780
           -29.3450
            22.1500
             1.0000
            -2.0000
             0.0000


         INTERVALL VON   -3.5000 BIS    7.5000 :

         MAXIMUM=      7.3000        MINIMUM=     -3.4890
```

4.2/26

```
      PROGRAM FIBO (INPUT,OUTPUT,TAPE5=OUTPUT)

*****************************************************
*                                                   *
*                                                   *
* BERECHNUNG DER FIBONACCI-ZAHLEN VON 1-20          *
*                                                   *
*****************************************************
*
      INTEGER F,FZ
      DIMENSION F(5,4),FZ(20)
      OPEN (9,FILE='FIBON')
      N=3
      FZ(1)=0
      FZ(2)=1
***** BERECHNUNG DER F.-ZAHLEN  *****
    1 FZ(N)=FZ(N-1)+FZ(N-2)
      N=N+1
      IF (N.LE.20) GOTO 1
      N=1
***** EINLESEN DER BERECHNETEN ZAHLEN IN EIN 5*4 FELD *****
      DO 2 I=1,5
        DO 2 J=1,4,1
          F(I,J)=FZ(N)
          N=N+1
    2 CONTINUE
***** AUSDRUCKEN DES FELDES *****
      WRITE (9,30)
      WRITE (5,30)
      DO 10 I=1,5
         WRITE (9,20) (F(I,J),J=1,4)
         WRITE (5,20) (F(I,J),J=1,4)
   20    FORMAT(6X,4I8)
   30    FORMAT (12X,'FIBONACCI-ZAHLEN VON 1-20'/8X,35('-'))
   10 CONTINUE
      CLOSE (9)
      STOP
      END
```

```
        FIBONACCI-ZAHLEN VON 1-20
        ---------------------------------
            0       1       1       2
            3       5       8      13
           21      34      55      89
          144     233     377     610
          987    1597    2584    4181
```

4.2/27

```
      PROGRAM STICH(INPUT,OUTPUT)
C     * STICHPROBENAUSWERTUNG MAX100 *
C     ********************************
      REAL STIP(1:100),SORT(1:100)
      INTEGER ANZ
      OPEN(9,FILE='LOGO')
C     # EINGABEROUTINE #
      PRINT*,'ANZAHL DER WERTE ?'
      READ*,ANZ
      PRINT*,'EINGABE ALLER WERTE.'
      READ*,(STIP(N),N=1,ANZ)
C     # EINGABEWERTE UMSORTIEREN #
      DO 1 L=1, ANZ-1.
        N=L
        M=L+1.
   30   IF (STIP(N).LT.STIP(M)) THEN
          M=M+1.
          IF (M.GT.ANZ) GOTO 40
        ELSE
          N=M
          M=M+1
          IF (M.GT.ANZ) GOTO 40
        END IF
        GOTO 30
   40   SORT(L)=STIP(N)
        STIP(N)=STIP(L)
    1 CONTINUE
      SORT(ANZ)=STIP(ANZ)
C     # BESTIMMUNG DES KLEINSTEN, GROESSTEN WERTES, SPANNW. #
      ZMAX=SORT(ANZ)
      ZMIN=SORT(1)
      R=ZMAX-ZMIN
C     # ERMITTLUNG DES MITTELWERTES #
      Z=0.
      DO 2 N=1,ANZ
        Z=Z+SORT(N)
    2 CONTINUE
      ZM=Z/ANZ
C     # ERMITTL. DER STREUUNG, STANDARDABW., VARIATIONSKOEFF. #
      Z=0.
      DO 3 N=1,ANZ
        Z=Z+ (SORT(N)-ZM)**2.
    3 CONTINUE
      U=Z/(ANZ-1.)
      S=U**0.5
      V=S*100./ZM
C     # TEST OB ANZ GERADE ODER UNGERADE IST #
C     # BESTIMMUNG DES MEDIANWERTES #
      IF (ANZ.EQ.(INT(ANZ/2.)*2.)) THEN
        A=(SORT(ANZ/2.)+SORT(ANZ/2.+1))/2.
      ELSE
        A=SORT(ANZ/2.+0.5)
      END IF
```

```
C       # AUSGABEROUTINE #
        WRITE(9,50)
        WRITE(9,60)(SORT(L),L=1,ANZ)
        WRITE(9,70)ZMAX,ZMIN,R
        WRITE(9,80)ZM,U
        WRITE(9,90)S,V
        WRITE(9,100)A
        WRITE(9,110)
50      FORMAT(/// 1X,'STICHPROBENAUSWERTUNG MAX 100'
       */ 1X,30('-') /// 1X,'EINGEGEBENE WERTE NACH GROESSE SORTIERT: '
       */ 1X,52('=') //)
60      FORMAT(/ 5(F8.3,2X))
70      FORMAT(/// 1X,'MAXWERT',3X,'=',F8.3,3X,'MINWERT',2X,
       *'=',F8.3,3X,'SPANNW. =',F8.3)
80      FORMAT(/ 1X,'MITTELWERT=',F8.3,3X,'STREUUNG',1X,'=',F8.3)
90      FORMAT(/ 1X,'STANDABW. ',1X,'=',F8.3,3X,'VARKOEFF. =',F8.3,'%')
100     FORMAT(/ 1X,'MEDIANWERT=',F8.3)
110     FORMAT(/// 1X,'ENDE DES PROGRAMMS !')
        CLOSE(9)
        STOP
        END
```

```
STICHPROBENAUSWERTUNG MAX 100
------------------------------

EINGEGEBENE WERTE NACH GROESSE SORTIERT:
========================================

   21.000    21.005    21.111    21.230    21.367
   21.368    21.369    21.369    21.457    21.458
   21.478    21.568    21.777    21.783    21.789
   21.987    22.123    22.148    22.157    22.314
   22.365    22.369    22.564    22.584    22.590
   22.689    22.698    22.987    22.998    22.999


MAXWERT   =  22.999    MINWERT  =  21.000    SPANNW. =   1.999

MITTELWERT=  21.957    STREUUNG =    .396

STANDABW. =    .629    VARKOEFF. =  2.864%

MEDIANWERT=  21.888


ENDE DES PROGRAMMS !
```

4.2/28

```
      PROGRAM AUSGL(INPUT,OUTPUT)
      DIMENSION X(20),Y(20)
      OPEN(1,FILE='ICH')
*
*     EINGABEBLOCK
*
      PRINT*,'WIEVIEL TABELLEN WOLLEN SIE EINGEBEN ?'
      READ*,M
   15 PRINT*,'AUS WIEVIEL WERTEPAAREN BESTEHT IHRE TABELLE ? (MAX 20)'
      READ*,N
      IF(N.GT.20) THEN
      PRINT*,'IHRE TABELLE IST ZU GROSS FUER DIESES PROGRAMM'
      GOTO 15
      END IF
      DO 100 I=1,N
      PRINT*,'X-WERT"',I,'"=',
      READ*,X(I)
  100 CONTINUE
      PRINT*,'=========================='
      DO 200 I=1,N
      PRINT*,'Y-WERT"',I,'"=',
      READ*,Y(I)
  200 CONTINUE
*
*     NULLSETZEN DER ANFANGSWERTE
*
      SY=0
      SX=0
      SXX=0
      SXY=0
*
*     BERECHNUNG DER BENOETIGTEN SUMMENWERTE
*
      DO 300 I=1,N
      SY=SY+Y(I)
      SX=SX+X(I)
      SXX=SXX+X(I)*X(I)
      SXY=SXY+X(I)*Y(I)
  300 CONTINUE
*
*     BERECHNUNG DER STEIGUNG A1 UND DES ABS.GLIEDES A0
*
      A0=(SY*SXX-SX*SXY)/(N*SXX-SX*SX)
      A1=(N*SXY-SX*SY)/(N*SXX-SX*SX)
*
*     WERTETABELLE ERSTELLEN
*
      PRINT 10
      WRITE(1,10)
   10 FORMAT (/ ' WERTETABELLE')
      PRINT 20
      WRITE(1,20)
   20 FORMAT (// 8X,'X',15X,'Y')
      PRINT 40
      WRITE(1,40)
   40 FORMAT(1X,44('='))
```

```
*
*       X-UND Y-WERTE IN TABELLE DRUCKEN
*
        DO 400 I=1,N
        PRINT 60,X(I),Y(I)
        WRITE(1,60)X(I),Y(I)
   60   FORMAT (/ 2X,F10.4,4X,':',2X,F10.4)
  400   CONTINUE
*
*       AUSDRUCKEN DER AUSGLEICHSGERADEN
*
        PRINT 30
        WRITE(1,30)
   30   FORMAT (//,9X,' GLEICHUNG DER AUSGLEICHSGERADEN')
        PRINT 50,A1,A0
        WRITE(1,50)A1,A0
   50   FORMAT(// 10X,'Y=',F8.4,' * X + (',F8.4,')')
*
*       KONTROLLE,OB ALLE TABELLEN EINGEGEBEN
*
        M=M-1
        IF(M.GT.0) GOTO 15
        CLOSE(1)
        STOP
        END
```

WERTETABELLE

WERTETABELLE

X		Y
10.0000	:	27.0000
20.0000	:	54.0000
30.0000	:	80.0000
40.0000	:	100.0000
50.0000	:	128.0000
70.0000	:	180.0000
90.0000	:	230.0000
120.0000	:	295.0000
150.0000	:	380.0000

GLEICHUNG DER AUSGLEICHSGERADEN

Y=   2.4891 * X + (3.3699)

X		Y
20.0000	:	31.0000
40.0000	:	63.0000
60.0000	:	91.0000
80.0000	:	128.0000
100.0000	:	170.0000

GLEICHUNG DER AUSGLEICHSGERADEN

Y=   1.7150 * X + (-6.3000)

4.2/29

```
      PROGRAM KORREL (INPUT,OUTPUT)
*     BERECHNUNG EINES KORRELATIONSKOEFFIZIENTEN R
      DIMENSION A(20,2)
      OPEN(9,FILE='ROS')
120   PRINT*,'EINGABE DER WERTEPAARE X(I),Y(I) UND DIE ANZAHL N'
      PRINT*,'N='
      READ*,N
      DO 10 J=1,N
        PRINT*,'X(I)=     Y(I)='
        READ*,(A(J,K),K=1,2)
10    CONTINUE
      S1=0
      DO 20 J=1,N
      S1=S1+A(J,1)*A(J,2)
20    CONTINUE
      S2=0
      DO 30 J=1,N
      S2=S2+A(J,1)
30    CONTINUE
      S3=0
      DO 40 J=1,N
      S3=S3+A(J,2)
40    CONTINUE
      S4=0
      DO 50 J=1,N
      S4=S4+ A(J,1) **2
50    CONTINUE
      S5=0
      DO 60 J=1,N
      S5=S5+ A(J,2) **2
60    CONTINUE
      S6=0
      DO 70 J=1,N
      S6=S6+A(J,1)
70    CONTINUE
      S8=S6**2
      S7=0
      DO 80 J=1,N
      S7=S7+A(J,2)
80    CONTINUE
      S9=S7**2
      AN=N
      Z=S1-1./AN*S2*S3
      EN=((S4-1./AN*S8)*(S5-1./N*S9))**0.5
      R=Z/EN
      WRITE (9,95)
95    FORMAT (//////5X,'WERTEPAARE X(I) UND Y(I)'//)
      WRITE (9,105) (A(I,1),I=1,N)
      WRITE (9,110) (A(I,2),I=1,N)
105   FORMAT(5X,'X(I)',10F10.3)
110   FORMAT (5X,'Y(I)',10F10.3)
      PRINT *,(A(I,1),I=1,N)
      PRINT*,(A(I,2),I=1,N)
100   FORMAT (5X,10F10.3)
      PRINT*,'R=',R
      WRITE (9,85) R
85    FORMAT (//////5X,' KORRELATIONSKOEFFIZIENT R=',F10.6//)
      PRINT*,'NEUE BERECHNUNG JA ODER NEIN ?'
      PRINT*,'WENN JA,DANN 1 EINGEBEN,WENN NEIN,DANN 0 EINGEBEN'
      READ*,JA
      IF (JA.EQ.1) GOTO 120
      CLOSE (9)
      STOP
```

WERTEPAARE X(I) UND Y(I)

X(I)	2.000	3.000	6.000	7.000
Y(I)	3.000	4.000	5.000	2.000

KORRELATIONSKOEFFIZIENT R= -.108465

WERTEPAARE X(I) UND Y(I)

X(I)	860.000	1120.000	980.000	430.000	1380.000
Y(I)	950.000	1460.000	1050.000	610.000	1480.000

	1080.000	970.000	790.000	620.000	740.000
	1440.000	1100.000	810.000	930.000	810.000

KORRELATIONSKOEFFIZIENT R=   .913091

4.2/30

```
      PROGRAM GAMF   (INPUT,OUTPUT)
*
***********************************************************
*   BERECHNUNG DER GAMMAFUNKTION                           *
***********************************************************
*
*   DIMENSIONIERUNG DES PARAMETERFELDES
*
      DIMENSION A(0:7)
*
*   FESTLEGUNG DER PARAMETER
*
      A(0)= 1
      A(1)=-0.57710166
      A(2)= 0.98585399
      A(3)=-0.87642182
      A(4)= 0.8328212
      A(5)=-0.5684729
      A(6)= 0.25482049
      A(7)=-0.0514993
*
      OPEN (1,FILE='GTB')
      WRITE(1,100)
  100 FORMAT (10X,'*** BERECHNUNG DER GAMMAFUNKTION ***',/)
      WRITE (1,101)
  101 FORMAT (/,9X,'X-WERT',19X,'GAMMA(X)'
     1 ,/5X,55('='))
*
*   EINGABE VON X
*
   10 PRINT*
      PRINT*,'GEBEN SIE IHRE ZAHL EIN.    (0==>ENDE)',
      READ*,X
      Y=X
      R=0
*
*   IF-BLOCK ZUR PRUEFUNG AUF
*      BEREICHSUEBERSCHREITUNG
*      'ENDE' EINGABE
*      BERECHNUNG VON R UND Y
*
      IF (X.LT.0.) THEN
              PRINT*,'IHR EINGEGEBENER ZAHLENWERT LIEGT AUSSERHALB'
              PRINT*,'DES BEREICHES. BITTE NEUEINGABE.'
              GOTO 10
              ELSE IF (X.EQ.0) THEN
                  GOTO 90
              ELSE IF (X.GE.2) THEN
   30             Y=Y-1
                  R=R+1
                  IF (Y.LT.2) GOTO 40
                  GOTO 30
              ELSE IF (X.LT.1)THEN
```

```
50            Y=Y+1
              R=R+1
              IF (Y.GE.1) GOTO 40
              GOTO 50
      END IF
*
*     BERECHNUNG VON GAMMA-Y      *
*
   40 GY=0
      DO 60 I=7,0,-1
   60 GY=GY*(Y-1)+A(I)
*
*   IF-BLOCK ZUR BERECHNUNG VON GX
*
      IF (X.GE.2) THEN
           GX=GY
           DO 70 I=1,R
   70      GX=GX*(X-I)
      ELSE
           GX=1
           DO 80 I=0,R-1
   80      GX=GX*(X+I)
           GX=GY/GX
      END IF
      WRITE (1,102) X,GX
  102 FORMAT (5X,F10.4,10X,F15.4)
      GOTO 10
   90 PRINT*,'EINGABE WURDE MIT ''0'' ABGESCHLOSSEN !'
      WRITE (1,103)
  103 FORMAT (5X,55('='))
*
      CLOSE(1)
      STOP
      END
```

```
*** BERECHNUNG DER GAMMAFUNKTION ***

   X-WERT                    GAMMA(X)
==========================================================
    .5000                    1.7725
   1.0000                    1.0000
   1.5000                     .8862
   2.5000                    1.3293
   5.0000                   24.0000
   7.5000                 1871.2518
  10.0000               362880.0000
----------------------------------------------------------
```

4.2/31

```
            PROGRAM GUE    (INPUT,OUTPUT)
            DIMENSION X(30),Y(30)
            OPEN (9, FILE='BDAT')
     *      N = ANZAHL DER WERTEPAARE
            READ*,N
            DO 10 I=1,N
     *         X UND Y PAARWEISE EINGEBEN
            READ*,X(I),Y(I)
     10     CONTINUE
     *      R = RADIUS
            READ*,R
            WRITE(9,50)R
     50     FORMAT (20X,'RADIUS=',1X,F5.1//)
            WRITE(9,60)
     60     FORMAT (15X,'WERTEPAAR',10X,'GUELTIGKEIT'//)
            DO 100 I=1,N
            A=(Y(I)**2+X(I)**2)**0.5
            B=R-A
            IF (B.LE.0.) THEN
               WRITE (9,20) X(I),Y(I)
     20        FORMAT (11X,F5.1,3X,F5.1,15X,' - ')
            ELSE
               WRITE (9,30) X(I),Y(I)
     30        FORMAT (11X,F5.1,3X,F5.1,15X,' + ')
            END IF
     100    CONTINUE
            CLOSE (9)
            STOP
            END
```

```
                RADIUS=    1.5

          WERTEPAAR              GUELTIGKEIT

           2.0   -1.0                 -
           1.0    -.5                 +
           -.2    1.5                 -
           0.0    0.0                 +
          -1.0    -.4                 +
           0.0    1.9                 -
           3.0   -2.0                 -
           1.2    2.5                 -
           -.3     .4                 +
          -1.1    -.1                 +
```

4.2/32

```
     IF(X(I).LE.0.) GOTO 2
     IF(X(I).GE.XA) GOTO 2
     IF(Y(I).GE.2.*X(I)) GOTO 2
     IF(Y(I).LE.0.) GOTO 2
       :
           ( + )
       :
     GOTO ...
  2    :
           ( - )
       :
```

(Einfachere Lösung möglich mit logischen Verknüpfungen - vgl. Kap.5.2, z.B. Aufg.5.2/11 und 14.)

Man beachte, daß arithmetische Ausdrücke vor logischen Vergleichen eingestuft sind. Der Ausdruck 2.*X(I) in der dritten Zeile braucht also nicht in Klammern gesetzt zu werden.

4.2/33

```
        PROGRAM P4233
*
        PARAMETER(E=2.71828, PI=3.14159)
        OPEN(11,FILE='A4233')
*
        PRINT*,'EINGABE A, B UND G: '
        READ*,A,B,G
        WRITE(11, '(5X,A/)') 'TABELLE'
        WRITE(11, '(6X,A,11X,A,11X,A/)') 'K','X','F(X)'
        K=0
    160 FA=A**A*E**(-A)*(2*PI*A)**0.5-24
        FB=B**B*E**(-B)*(2*PI*B)**0.5-24
        K=K+1
        X=B-FB*(B-A)/(FB-FA)
        FX=X**X*E**(-X)*(2*PI*X)**0.5-24
        WRITE(11,230)K,X,FX
*
*       GENAUIGKEITSKONTROLLE
*
        IF(ABS(FX).GT.G) THEN
           IF(FX.GT.0) THEN
              B=X
           ELSE
              A=X
           END IF
           GOTO 160
        ELSE
           PRINT*,'NULLSTELLE GEFUNDEN: X= ',X
           WRITE(11,250)X
        END IF
        CLOSE(11)
        STOP
    230 FORMAT(5X,I2,5X,F10.6,4X,F10.6)
    250 FORMAT(//' GEFUNDENE NULLSTELLE:'///' X =',F10.6)
        END
```

```
        TABELLE

        K           X           F(X)

        1        2.952619    -18.501671
        2        3.289266    -15.488504
        3        3.531228    -12.133823
        4        3.699115     -8.930687
        5        3.811964     -6.238949
        ⋮           ⋮             ⋮
                             -0.000363
       27        4.013737    -0.000222
       28        4.013739    -0.000160
       29        4.013740    -0.000121
       30        4.013741    -0.000087


     GEFUNDENE NULLSTELLE:

     X =    4.013741
```

4.2/34

```
      PROGRAM P4234
*
      PARAMETER(E=2.71828, PI=3.14159)
      OPEN(11,FILE='A4234')
*
      PRINT*,'EINGABE A, B UND G: '
      READ*,A,B,G
      WRITE(11,'(5X,A/)') 'TABELLE'
      WRITE(11,'(6X,A,11X,A,11X,A/)') 'K','X','F(X)'
      K=0
      FA=A**A*E**(-A)*(2*PI*A)**0.5-24
      FB=B**B*E**(-B)*(2*PI*B)**0.5-24
  180 K=K+1
      X=B-FB*(B-A)/(FB-FA)
      FX=X**X*E**(-X)*(2*PI*X)**0.5-24
      WRITE(11,230)K,X,FX
*
*     GENAUIGKEITSKONTROLLE
*
      IF(ABS(FX).GT.G) THEN
         Y=FB*FX
         IF(Y.GT.0) THEN
            B=X
            FA=FA*FB/(FB+FX)
            FB=FX
         ELSE
            A=B
            B=X
            FA=FB
            FB=FX
         END IF
         GOTO 180
      ELSE
         PRINT*,'NULLSTELLE GEFUNDEN: X= ',X
         WRITE(11,250)X
      END IF
      CLOSE(11)
      STOP
  230 FORMAT(5X,I2,5X,F10.6,4X,F10.6)
  250 FORMAT(//' GEFUNDENE NULLSTELLE:'///' X =',F10.6)
      END
```

```
              TABELLE

          K         X           F(X)

          1      2.952619    -18.501671
          2      3.289266    -15.488504
          3      3.686723     -9.197536
          4      3.979141     -1.222172
          5      4.021340      0.277866
          6      4.013523     -0.007983
          7      4.013741     -0.000087


          GEFUNDENE NULLSTELLE:

          X =    4.013741
```

4.2/35

```
        PROGRAM P4235
*
        OPEN(11,FILE='A4235')
*
        PRINT*
        PRINT*,'EINGABE NAEHERUNGSVORGABE X0: '
        READ*,X0
*
        X=X0
        WRITE(11,1)
        PRINT 1
        DO 10 I=1,10000
           XN=X
           F=X**3-X**2-X-1
           X=1+1/XN+1/XN**2
           WRITE(11,2)I,XN,F
           PRINT 2,I,XN,F
           IF(ABS(XN-X).LT.1E-5) GOTO 3
     10 CONTINUE
*
      3 WRITE(11,4)XN
        CLOSE(11)
        STOP
      1 FORMAT(/6X,'N',10X,'X',11X,'F(X)'/3X,32('*')/)
      2 FORMAT(I7,6X,F8.6,6X,F8.6)
      4 FORMAT(//'    GEFUNDENE NULLSTELLE: ',F10.6)
        END
```

```
         N           X            F(X)
    ********************************

         1      2.000000     1.000000
         2      1.750000    -.453125
         3      1.897959     0.336712
         4      1.804486    -.184943
         5      1.861283     0.122525
         6      1.825916    -.072339
         7      1.847613     0.045862
         8      1.834178    -.027828
         9      1.842450     0.017347
        10      1.837339    -.010638
        11      1.840490     0.006588
        12      1.838545    -.004057
        13      1.839745     0.002505
        14      1.839004    -.001547
        15      1.839461     0.000953
        16      1.839179    -.000591
        17      1.839353     0.000363
        18      1.839246    -.000226
        19      1.839312     0.000138
        20      1.839271    -.000087
        21      1.839296     0.000052
        22      1.839281    -.000034

    GEFUNDENE NULLSTELLE:   1.839281
```

4.2/36

```
        PROGRAM GAUSS (INPUT,OUTPUT)
        DIMENSION A(50,50),B(50),X(50)
        OPEN (1,FILE='ER')
        PRINT*,'GEBEN SIE DIE ANZAHL DER GLEICHUNGEN,GENAUIGKEIT '
        PRINT*,'IN % UND MAXIMALE ANZAHL DER DURCHLAEUFE EIN'
        READ*,N,GEN,KMAX
*   EINLESEN DER MATRIX UND RECHTE SEITE DER GLEICHUNG
        PRINT*,'GEBEN SIE DIE KOEFFIZIENTEN UND DIE RECHTE'
        PRINT*,'SEITE DER GLEICHUNGEN ZEILENWEISE EIN'
        WRITE (1,'(///20(''=''),A,20(''=''))')'EINGEGEBENE WERTE'
        DO 10 I=1,N
            READ*,(A(I,J),J=1,N),B(I)
            WRITE (1,200) (A(I,J),J=1,N),B(I)
 10     CONTINUE
        WRITE (1,'(///22(''=''),A,22(''=''))')'ERGEBNISSE'
        WRITE (1,'(///7X,9(A1,I1,10X))')('X',I,I=1,N)
        WRITE (1,'(3X,70(''=''))')
        DO 5 M=1,N
            X(M)=0
 5      CONTINUE
*   BERECHNUNG VON X1,X2,.......,XN
        DO 50 K=1,KMAX
        FMAX=0
        DO 40 I=1,N
            SUM=0.
            DO 30 J=1,N
                IF(I-J)20,30,20
 20             SUM = SUM + A(I,J) * X(J)
 30         CONTINUE
            XNEU=(B(I)-SUM)/A(I,I)
            DELTA=ABS((X(I)-XNEU)/XNEU*100.)
            X(I)=XNEU
            IF(DELTA.GT.FMAX)FMAX=DELTA
 40     CONTINUE
        WRITE (1,100) (X(L),L=1,N)
        IF(FMAX.LE.GEN)GOTO 60
 50     CONTINUE
 60     WRITE (1,300) K,GEN
        DO 70 M=1,N
            WRITE (1,90)M,X(M)
 70     CONTINUE
 90     FORMAT(/1X,'X',I2,'=',F10.6)
 100    FORMAT(1X,10(F10.6,2X))
 300    FORMAT(/1X,I3,1X,'DURCHLAEUFE'/1X,F10.6,1X,'%',
       +       ' GENAUIGKEIT'/)
 200    FORMAT(//1X,10(F10.6,2X),4X,F10.6)
        CLOSE (1)
        STOP
        END
```

```
=================ERGEBNISSE=====         3 DURCHLAEUFE
                                          .000100 % GENAUIGKEIT

       X1           X2           X3
====================================     X 1=  2.000000
  2.440000    -3.074286      .768170
  1.993630    -3.003333     1.000314     X 2= -3.000000
  1.999373    -2.999990     1.000029
  1.999999    -2.999997     1.000000     X 3=  1.000000
  2.000000    -3.000000     1.000000
```

4.2/37

```
          PROGRAM MAT(INPUT,OUTPUT)
          REAL A(20,20)
          OPEN(1,FILE='MATRIX')
10        PRINT*,'EINGABE DER MATRIX-ORDNUNG'
          READ*,N
          IF(N.LE.20)GOTO 15
          PRINT*,'BEI N>20 MUSS FELD IM PROGR. NEU DIMENSIONIERT WERDEN'
          GOTO 10
15        PRINT*,'ZEILENWEISE EINGABE DER MATRIX-ELEMENTE'
          DO 1 I=1,N
          DO 1 J=1,N
          READ*,A(I,J)
     1    CONTINUE
*         ZEILENWEISE AUSGABE DER MATRIX-ELEMENTE
          DO 2 I=1,N
          PRINT50,(A(I,J),J=1,N)
          WRITE(1,50)(A(I,J),J=1,N)
     50   FORMAT(10(F10.4))
     2    CONTINUE
*         BERECHNUNG DER DETERMINANTE DER MATRIX
          D=1
          P=1
          DO 3 I=2,N
          K=I-1
*         DIAGONALELEMENT AUF 0 PRUEFEN UND GGF. ENDE ODER ZEILENTAUSCH
          IF(A(K,K).NE.0)GOTO30
          DO 4 J=I,N
          IF(A(J,K).NE.0)GOTO20
     4    CONTINUE
*
*
          WRITE(1,'(/)')
          WRITE(1,'(A)')'D=1'
          GOTO40
20        DO 5 L=K,N
          P=-1
          B    =A(J,L)
          A(J,L)=A(K,L)
          A(K,L)=B
     5    CONTINUE
*         BERECHNUNG DER NEUEN ZEILEN
30        DO 3 JA=I,N
          IF(A(JA,K).NE.0)THEN
          U= -A(JA,K) /A(K,K)
          D=D*U
          DO 7 M=K,N
          A(JA,M)=A(JA,M)/U+A(K,M)
     7    CONTINUE
          ENDIF
     3    CONTINUE
```

```
*        MULTIPLIKATION DER ERRECHNETEN DIAGONALELEMENTE
         DO 6 I=1,N
         E=I
         D=D*A(I,E)
    6    CONTINUE
         D=D*P
         PRINT*
         PRINT*,'D=',D
         WRITE(1,'(/)')
         WRITE(1,'(A,F10.4)')'D=',D
   40    CLOSE (1)
         STOP
         END
```

```
          3.0000    -1.0000     2.0000     4.0000     0.0000
          2.0000     3.0000     1.0000    -2.0000     1.0000
          1.0000    -2.0000     2.0000    -1.0000     0.0000
          4.0000     3.0000    -2.0000     1.0000    -1.0000
         -1.0000     3.0000     2.0000    -1.0000     1.0000

     D=    267.0000
```

4.2/38

```
         PROGRAM P4238
*
         REAL M1,M2
         DIMENSION A(5,5),B(5),C(5)
         OPEN(11,FILE='A4238')
         PRINT*
         PRINT*,'EINGABE DER MATRIX (ZEILENWEISE):'
         PRINT*
         READ*,((A(I,J),J=1,5),I=1,5)
*
*        BERECHNUNG DER ZEILEN- UND SPALTENSUMMEN
*
         DO 1 I=1,5
            B(I)=0
            C(I)=0
            DO 1 K=1,5
               B(I)=B(I)+A(I,K)
               C(I)=C(I)+A(K,I)
    1    CONTINUE
*
*        BERECHNUNG DER GROESSTEN ZEILEN- BZW. SPALTENSUMME
*
         IZ=1
         IS=1
         SG=B(1)
         SK=C(1)
```

```
      DO 2 I=2,5
         IF(B(I).GT.SG) THEN
            SG=B(I)
            IZ=I
         END IF
         IF(C(I).GT.SK) THEN
            SK=C(I)
            IS=I
         END IF
    2 CONTINUE
*
*     BERECHNUNG DES KLEINSTEN ZEILEN-/SPALTENELEMENTES
*
      M1=A(IZ,1)
      M2=A(1,IS)
      DO 3 I=2,5
         IF(A(IZ,I).LT.M1) M1=A(IZ,I)
         IF(A(I,IS).LT.M2) M2=A(I,IS)
    3 CONTINUE
*
*     AUSDRUCK
*
      WRITE(11,4)
      PRINT 4
      DO 5 I=1,5
         WRITE(11,6) (A(I,J),J=1,5),B(I)
         PRINT 6,(A(I,J),J=1,5),B(I)
    5 CONTINUE
      WRITE(11,7) (C(I),I=1,5)
      PRINT 7,(C(I),I=1,5)
      WRITE(11,8) IZ,M1,IS,M2
      PRINT*
      PRINT 8,IZ,M1,IS,M2
      CLOSE(11)
      STOP
    4 FORMAT(//' VORGEGEBENE (5*5)-MATRIX UND SUMMEN:'/)
    6 FORMAT(1X,5F8.2,4X,'! ',F10.2)
    7 FORMAT(1X,55('-')/1X,5F8.2,4X,'! ')
    8 FORMAT(//' KLEINSTES ELEMENT DER',I2,'. ZEILE : ',F8.2
     1       //' KLEINSTES ELEMENT DER',I2,'. SPALTE: ',F8.2)
      END
```

```
 VORGEGEBENE (5*5)-MATRIX UND SUMMEN:

    23.00   -56.00   -41.00   -23.00    12.00    !    -85.00
    45.00    89.00   -58.00   -10.00   -26.00    !     40.00
   -23.00   -65.00    25.00    45.00     3.00    !    -15.00
    41.00   -35.00    89.00   -56.00    41.00    !     80.00
    25.00   -36.00    85.00    41.00    36.00    !    151.00
 -------------------------------------------------------------
   111.00  -103.00   100.00    -3.00    66.00    !

 KLEINSTES ELEMENT DER 5. ZEILE :  -36.00

 KLEINSTES ELEMENT DER 1. SPALTE:  -23.00
```

4.2/39

```
            PROGRAM P4239
     *
            INTEGER SG
            DIMENSION B(20)
            OPEN(11,FILE='A4239')
     *
            PRINT*,'EINGABE VON 20 ZAHLEN: '
            READ*,(B(I),I=1,20)
            PRINT 1,(B(I),I=1,20)
            WRITE(11,1) (B(I),I=1,20)
     *
     *      SORTIEREN UND AUSDRUCKEN
     *
            SG=0
            DO 2 K=1,19
               DO 2 N=K+1,20
                  IF(B(K).GT.B(N)) THEN
                     C=B(K)
                     B(K)=B(N)
                     B(N)=C
                     SG=SG+1
                  END IF
      2     CONTINUE
            PRINT*
            PRINT 3,SG
            WRITE(11,3) SG
            PRINT 4,(B(I),I=1,20)
            WRITE(11,4) (B(I),I=1,20)
            CLOSE(11)
            STOP
      1     FORMAT(/' UNSORTIERTE LISTE: '//(4F11.3))
      3     FORMAT(/' ANZAHL DER VERTAUSCHUNGEN =',I4)
      4     FORMAT(/' SORTIERTE LISTE: '//(4F11.3))
            END
```

```
UNSORTIERTE LISTE:

  -235.780     6466.460     6757.000        0.000
   789.000    -4466.460     3465.600     -646.000
 -5757.570      367.000     -673.570       -0.690
   -65.800      133.200     2424.000        0.350
   356.090       57.900       68.000     9786.990

ANZAHL DER VERTAUSCHUNGEN =  87

SORTIERTE LISTE:

 -5757.570    -4466.460     -673.570     -646.000
  -235.780      -65.800       -0.690        0.000
     0.350       57.900       68.000      133.200
   356.090      367.000      789.000     2424.000
  3465.600     6466.460     6757.000     9786.990
```

4.2/40

```
        PROGRAM SORT (INPUT,OUTPUT)
      C SORTIEREN EINER ZAHLENFOLGE
        DIMENSION I(20)
        OPEN (9,FILE='ROSK')
        WRITE (9,110)
    110 FORMAT ('1'//6X, 'EINGEGEBENE ZAHLENFOLGE '// )
        PRINT*, 'ZAHLEN EINGEBEN'
        PRINT*, 'ANZAHL N EINGEBEN'
        READ*,N
        DO 10 J=1,N
           READ*,I(J)
    100    FORMAT (6X,20I5)
     10 CONTINUE
        WRITE (9,100) (I(J),J=1,N)
        PRINT 100, (I(J),J=1,N)
        WRITE (9,120)
    120 FORMAT (// 6X,' SORTIERVORGANG'///)
        DO 30 L=1,N-1
           M=0
           DO 20 J=2,N
              IF (I(J).LT.I(J-1)) THEN
                 K1=I(J)
                 K2=I(J-1)
                 I(J-1)=K1
                 I(J)=K2
                 M=M+1
                 WRITE (9,100) (I(K),K=1,N)
                 PRINT 100,(I(K),K=1,N)
              END IF
     20    CONTINUE
           IF(M) 40,40,30
     30 CONTINUE
     40 WRITE (9,130)
    130 FORMAT (//6X, 'SORTIERTE ZAHLENFOLGE '//)
        PRINT 100,(I(J),J=1,N)
        WRITE (9,100) (I(J),J=1,N)
        CLOSE (9)
        STOP
        END
```

EINGEGEBENE ZAHLENFOLGE

```
    4    20    12     8    16     6    10    14     2    18
```

SORTIERVORGANG

```
    4    12    20     8    16     6    10    14     2    18
    4    12     8    20    16     6    10    14     2    18
    4    12     8    16    20     6    10    14     2    18
    4    12     8    16     6    20    10    14     2    18
    4    12     8    16     6    10    20    14     2    18
    4    12     8    16     6    10    14    20     2    18
    4    12     8    16     6    10    14     2    20    18
    ...
    -     -     -    10    12    14    16    18    20
    4     6     2     8    10    12    14    16    18    20
    4     2     6     8    10    12    14    16    18    20
    2     4     6     8    10    12    14    16    18    20
```

SORTIERTE ZAHLENFOLGE

```
    2     4     6     8    10    12    14    16    18    20
```

4.2/41

```
        PROGRAM P4241
*
        DIMENSION I(20)
        OPEN(11,FILE='A4241')
*
        PRINT*
        PRINT*,'ANZAHL DER WERTE: '
        READ*,N
        PRINT*
        PRINT*,'EINGABE DER ZAHLEN: '
        READ*,(I(J),J=1,N)
*
        WRITE(11,'('' EINGEGEBENE ZAHLENFOLGE: ''/)')
        WRITE(11,1) (I(J),J=1,N)
*
*       SORTIEREN UND AUSDRUCKEN
*
        WRITE(11,'(//'' SORTIERVORGANG: ''/)')
        DO 10 L=1,N-1
           MI=I(L)
           DO 20 J=L,N
              IF(I(J).LE.MI) THEN
                 MI=I(J)
                 KB=J
              END IF
20         CONTINUE
           KH=I(L)
           I(L)=I(KB)
           I(KB)=KH
           PRINT 1,(I(J),J=1,N)
           WRITE(11,1) (I(J),J=1,N)
10      CONTINUE
        WRITE(11,'(//'' SORTIERTE ZAHLENFOLGE: ''/)')
        WRITE(11,1) (I(J),J=1,N)
        CLOSE(11)
        STOP
      1 FORMAT(6X,20I4)
        END
```

EINGEGEBENE ZAHLENFOLGE:

```
      4   20   12    8   16    6   10   14    2   18
```

SORTIERVORGANG:

```
      2   20   12    8   16    6   10   14    4   18
      2    4   12    8   16    6   10   14   20   18
      2    4    ∟    ⌐   ··                                
                                          ·-   ⌐∪   ⊥⊕
      2    4    6    8   10   12   14   16   20   18
      2    4    6    8   10   12   14   16   18   20
```

SORTIERTE ZAHLENFOLGE:

```
      2    4    6    8   10   12   14   16   18   20
```

4.2/42

```
      PROGRAM QSORT (INPUT,OUTPUT)
************************************************************
      INTEGER GLIED(20),STEUER,ZEIG1(20),ZEIG2(20),POINT,J2STA,J1STA
      OPEN(2,FILE='ERGEB')
      REWIND(2)
C
C --- EINGABE DER WERTE ----------
C
    3 PRINT*,'WIEVIELE WERTE SOLLEN SORTIERT WERDEN?'
      READ*,N
      IF(N.GT.20) THEN
         PRINT*,'MAX. 20 WERTE ,BITTE NEUE EINGABE'
         GOTO 3
      ELSE
         DO 4 I=1,N
            PRINT*,'BITTE DEN WERT NR.: ',I
            READ*,GLIED(I)
    4    CONTINUE
      ENDIF
C
C --- PROGRAMMSTEUERUNG ----------
C
      PRINT*,'WUENSCHEN SIE DIE AUSGABE VON ZWISCHENWERTEN?'
      PRINT*,'BITTE GEBEN SIE EINE 2 WENN JA'
      PRINT*,'ODER GEBEN SIE EINE  1 WENN NEIN'
      READ*,STEUER
C
C --- AUSGABE DER UNSORTIERTEN FOLGE UND EINES KOPFES ----------
C
      WRITE(2,6)
    6 FORMAT(1X,'IHRE EINGEGEBENE FOLGE'/1X,22('='))
      WRITE(2,5)(GLIED(I),I=1,N)
    5 FORMAT(1X,20(I4,2X))
      WRITE(2,8)
    8 FORMAT(////)
      IF(STEUER.EQ.2)THEN
         WRITE(2,7)
      ENDIF
    7 FORMAT(1X,'SO WURDE SCHRITTWEISE SORTIERT'/1X,30('=')/)
C
C
C ------ ZEIGER LADEN --------------------
C
C ERKLAERUNG: POINT=POINTER; ER ZEIGT AUF DIE SPEICHERFELDER,IN DENEN
C                            DIE ZEIGER GESPEICHERT WERDEN.
C             J1 UND J2     ; SIND DIE AKTUELLEN ZEIGER
C             ZEIG1(N),ZEIG2(N); DIENEN ALS STACK FUER DIE ZEIGER.
C             J1STA,J2STA   ; ZEIGEN AUF ANFANG UND ENDE DES GERADE
C                            AKTUELLEN LISTENTEILS.
      POINT=0
      J1=1
      J2=N
      GOTO 102
```

```
    103 J1=ZEIG1(POINT)
        J2=ZEIG2(POINT)
        POINT=POINT-1
    102 J1STA=J1
        J2STA=J2
        IF(J2-J1.GE.1)GOTO 100
        IF(POINT.EQ.0)GOTO 1000
        GOTO 103
C
C-----------------------------------------------------------
C
C   VERSCHIEBEN DES ZEIGERS 2 IN RICHTUNG AUF ZEIGER 1, DER
C   FESTGEHALTEN WIRD.
C
    100 IF(GLIED(J2).GT.GLIED(J1))THEN
          J2=J2-1
          IF(J2.EQ.J1)GOTO 200
          GOTO 100
        ELSE
C
C ----- TAUSCH DER WERTE --------
C
          HILFTA=GLIED(J1)
          GLIED(J1)=GLIED(J2)
          GLIED(J2)=HILFTA
          IF(STEUER.EQ.2)THEN
            WRITE(2,5)(GLIED(I),I=1,N)
          ENDIF
        ENDIF
C ****************************************************
C *                                                  *
C * VERSCHIEBEN DES ZEIGERS 1 IN RICHTUNG AUF        *
C * ZEIGER 2, DER FESTGEHALTEN WIRD.                 *
C *                                                  *
C ****************************************************
    101 IF(GLIED(J1).LT.GLIED(J2))THEN
          J1=J1+1
          IF(J2.EQ.J1)GOTO 200
          GOTO 101
        ELSE
C
C ------- TAUSCH DER WERTE --------
C
          HILFTA=GLIED(J1)
          GLIED(J1)=GLIED(J2)
          GLIED(J2)=HILFTA
          IF(STEUER.EQ.2)THEN
            WRITE(2,5)(GLIED(I),I=1,N)
          ENDIF
        ENDIF
        GOTO 100
C
```

```
C - ZEIGER VERWALTUNG
C
  200 POINT=POINT+1
      ZEIG2(POINT)=J2STA
      ZEIG1(POINT)=J2+1
      POINT=POINT+1
      ZEIG2(POINT)=J1-1
      ZEIG1(POINT)=J1STA
      GOTO 103
C - ENDE DES PROGRAMMES,SCHLIESSEN DER DATEI UND AUSDRUCK
C
 1000 PRINT*,'IHRE TABELLE IST SORTIERT, SIE KOENNEN',
     +' DRUCKEN LASSEN'
      WRITE(2,1010)
 1010 FORMAT(///1X,'DIES IST IHRE SORTIERTE TABELLE'//1X,32('='))
      WRITE(2,1020)(GLIED(I),I=1,N)
 1020 FORMAT(//1X,20(I4,2X))
      CLOSE(2)
      STOP
      END
```

IHRE EINGEGEBENE FOLGE
========================
   4   20   12   8   16   6   10   14   2   18

SO WURDE SCHRITTWEISE SORTIERT
==============================
      2   20   12   8   16   6   10   14   4   18
      2   4   12   8   16   6   10   14   20   18
      2   4   10   8   16   6   12   14   20   18
      2   4   10   8   12   6   16   14   20   18
      2   4   10   8   6   12   16   14   20   18
      2   4   6   8   10   12   16   14   20   18
      2   4   6   8   10   12   14   16   20   18
      2   4   6   8   10   12   14   16   18   20

DIES IST IHRE SORTIERTE TABELLE

================================

      2   4   6   8   10   12   14   16   18   20

4.2/43

```
      PROGRAM P4243
*
      OPEN(11,FILE='A4243')
      PRINT*
      PRINT*,'EINGABE A UND B (ENDE FUER A=0) : '
      PRINT 1
      WRITE(11,1)
*
    5 PRINT*,'A= '
      READ*,A
      IF(A.EQ.0) GOTO 2
      PRINT*,'B= '
      READ*,B
      X=A
      Y=B
    3 IF(MOD(X,Y).NE.0) THEN
         ZW=Y
         Y=MOD(X,Y)
         X=ZW
         GOTO 3
      ELSE
         GGT=Y
      END IF
*
      PRINT 4,A,B,GGT
      WRITE(11,4) A,B,GGT
      GOTO 5
    2 CLOSE(11)
      STOP
    1 FORMAT(/8X,'A',9X,'B',11X,'GGT'/)
    4 FORMAT(F9.2,F10.2,F14.2)
      END
```

A	B	GGT
5.00	5.00	5.00
27.00	198.00	9.00
1271.00	527.00	31.00
5976.00	1224.00	72.00

4.2/44

```
      PROGRAM GILS    (INPUT,OUTPUT)
      DIMENSION E(100,4)
      DATA E/400*0/
      OPEN(1,FILE='VTAT')
    1 PRINT*,'KEINE NEGATIVEN ZEITEN  T < 0  EINGEBEN'
      PRINT*,' EINGABE DER KONSTANTEN TM, CV, CS '
      READ*,TM,CV,CS
      PRINT*,'EINGABE DES ZEITINTERVALLES TA ,TE ,DT'
      READ*,TA,TE,DT
      IF (TA.LT.0) GOTO 1
      IF((TE-TA)/DT+1.GT.200) THEN
          PRINT*,'SPEICHERBEREICH UEBERSCHRITTEN < INTERV. WAEHLEN'
          GO TO 1
      END IF
      Z=TM**3*(-1./3)+TM**3*2+CV
      X=TM**4*(-1./12)+TM**4*2+CV
      N=0
      I=0
      DO 300 T=TA, TE+DT ,DT
         I=I+1
         N=N+1
         IF(T.LE. 2*TM ) THEN
            E(I,2)=(T-TM)**2*(-1)+TM*TM
            E(I,3)=(T-TM)**3*(-1./3)+TM*TM*T+CV
            E(I,4)=(T-TM)**4*(-1./12)+0.5*TM**2*T**2+CV*T+CS
         ELSE
            E(I,2)=0
            E(I,3)=Z
            E(I,4)=X+Z*(T-2*TM)
         END IF
         E(I,1)=T
  300 CONTINUE
      WRITE (1,5) TM,CV,CS
    5 FORMAT('1'///4X,'KONSTANTEN ','TM=',F5.1,'  CV=',F5.1,
     +'  CS=',F5.1 //)
      WRITE(1,7) TA,TE,DT
    7 FORMAT(4X,'ZEITINTERVALL ',F6.1,' BIS',F6.1,' SCHRITT',F6.1 //)
      PRINT 9
      PRINT 11,((E(I,K),K=1,4),I=1,N)
      WRITE(1,9)
    9 FORMAT(7X,'T',9X,'A(T)',9X,'V(T)',10X,'S(T)' /2X,55('=') /)
      WRITE(1,11) ((E(I,K),K=1,4),I=1,N)
   11 FORMAT(3X,F6.2,4X,F10.6,4X,F10.6,4X,F10.6)
      CLOSE (1)
      END


   KONSTANTEN TM=  2.0  CV=  1.0  CS=  3.0


   ZEITINTERVALL    0.0 BIS   8.0 SCHRITT    .2
```

T	A(T)	V(T)	S(T)
0.00	0.000000	3.666667	1.666667
.20	.760000	3.744000	2.405200
.40	1.440000	3.965333	3.173867
.60	2.040000	4.314667	3.999867
.80	2.560000	4.776000	4.907200
1.00	3.000000	5.333333	5.916667
1.20	3.360000		
		14.333333	71.800000
7.00	0.000000	14.333333	74.666667
7.20	0.000000	14.333333	77.533333
7.40	0.000000	14.333333	80.400000
7.60	0.000000	14.333333	83.266667
7.80	0.000000	14.333333	86.133333
8.00	0.000000	14.333333	89.000000

4.2/45

```
      PROGRAM P537
*                       INVERTIEREN EINER MATRIX
      DIMENSION A(10,10),B(10,10),C(10,10),L(10),K(10),X(10)
*                       EINGABE
      OPEN(11,FILE='AU')
      PRINT*,'EINGABE N UND MATRIX ZEILENWEISE'
      PRINT*
      READ*,N
      READ*,((A(I,J),J=1,N),I=1,N)
*                       UMBENENNUNG DER EINGEGEBENEN MATRIX
      DO 80 I=1,N
        K(I)=0
        DO 80 J=1,N
          C(I,J)=A(I,J)
   80 CONTINUE
*                       BESTIMMUNG DES PIVOT-ELEMENTES
      M1=1
  100 PIV=A(M1,1)
      DO 4 J=1,N
        IF(K(J).NE.0) GOTO 4
        IF(ABS(A(M1,J)).LT.ABS(PIV)) GOTO 4
        N1=J
        PIV=A(M1,N1)
    4 CONTINUE
*                       PRUEFUNG AUF LIN. ABHAENGIGKEIT
      IF(PIV.EQ.0.) GOTO 200
*                       BERECHNUNG DER PIVOTSPALTE
      DO 5 I=1,N
        A(I,N1)=A(I,N1)/PIV
    5 CONTINUE
*                       BERECHNUNG DER PIVOTZEILE
      A(M1,N1)=1./PIV
```

```
      DO 6 J=1,N
        IF(J.EQ.N1) GOTO 6
        X(J)=-A(M1,J)/PIV
        A(M1,J)=X(J)
    6 CONTINUE
*                           BERECHNUNG DER RESTL. MATRIX
      DO 7 I=1,N
        DO 7 J=1,N
          IF(J.EQ.N1) GOTO 7        |Möglichkeit der Verknüpfung
          IF(I.EQ.M1) GOTO 7        |      vgl. Kap.5.2
          A(I,J)=A(I,J)+X(J)*A(I,N1)*PIV
    7 CONTINUE
      K(N1)=N1
      L(M1)=N1
      M1=M1+1
      IF(M1.LE.N) GOTO 100
*                           ORDNEN DER MATRIX
      DO 10 I=1,N
        DO 10 J=1,N
          DO 10 K1=1,N
            IF(L(K1).NE.J) GOTO 10
            L5=L(I)
            B(J,I)=A(K1,L5)
   10 CONTINUE
*                           AUSGABE
      WRITE(11,40)
      DO 50 I=1,N
        WRITE(11,41)(C(I,J),J=1,N)
   50 CONTINUE
      WRITE(11,42)
      DO 51 I=1,N
        WRITE(11,41)(B(I,J),J=1,N)
   51 CONTINUE
      GOTO 300
  200 PRINT*,' !! SYSTEM LINEAR ABHAENGIG !! '
  300 CLOSE(11)
      STOP
    1 FORMAT(8F6.2)
   40 FORMAT('         **** AUSGANGSMATRIX ****'/)
   41 FORMAT(10F10.4)
   42 FORMAT(//'         **** INVERSE MATRIX ****'/)
      END
```

**** AUSGANGSMATRIX ****

17.0000	21.0000	-18.0000	3.0000
0.0000	10.0000	3.0000	15.0000
38.0000	-14.0000	17.0000	0.0000
-14.0000	25.0000	21.0000	10.0000

**** INVERSE MATRIX ****

0.0155	-0.0020	0.0188	-0.0017
0.0257	-0.0229	-0.0017	0.0266
-0.0134	-0.0144	0.0155	0.0257
-0.0144	0.0848	-0.0020	-0.0229

4.2/46

```
        PROGRAM RJO(INPUT,OUTPUT)
        DIMENSION I(14), GELD(14)
        CHARACTER NAME*25,GELD*8
        REAL LOHN
        INTEGER G,B,A(14),D(14)
        INTEGER SUMME
        OPEN(1,FILE='GELD')
        DATA GELD/'0.01 DM: ','0.02 DM: ','0.05 DM: ',
       1     '0.10 DM: ','0.50 DM: ','   1 DM: ','   2 DM: ',
       2     '   5 DM: ','  10 DM: ','  20 DM: ','  50 DM: ',
       3     ' 100 DM: ',' 500 DM: ','1000 DM: '/
        DATA D/1,2,5,10,50,100,200,500,1000,2000,5000,
       1       10000,50000,100000/
        DATA A/14*0/
        PRINT*, 'ANZAHL DER LOHNEMPFAENGER: '
        READ*,N
        DO 1 G=1,N
          PRINT*, 'EINGABE:NAME,LOHN'
          READ*,NAME,LOHN
          WRITE(1,'(/6X,A,2X,F8.2/)')NAME,LOHN
C         BERECHNEN DER EINZELNEN GELDER
          ILOHN=IFIX((LOHN+1.E-5)*100.)
          DO 2 B=14,1,-1
            I(B)=ILOHN/D(B)
            ILOHN=ILOHN-I(B)*D(B)
   2      CONTINUE
C         AUSDRUCKEN DER GELDER EINES LOHNEMPFAENGERS
          DO 3 B=14,1,-1
            IF (I(B).NE.0.) THEN
              WRITE(1,'(6X,A,2X,I2)') GELD(B),I(B)
            END IF
   3      CONTINUE
C         AUFSUMMIEREN ZUR GESAMTSUMME DER EINZELNEN GELDER
          DO 4 B=1,14,1
            A(B)=A(B)+I(B)
   4      CONTINUE
   1    CONTINUE
        WRITE(1,'(/6X,A/)')'ANZAHL DER GESAMTGELDER:'
        DO 5 B=14,1,-1
          IF (A(B).NE.0.) THEN
            WRITE(1,'(6X,A,2X,I3)') GELD(B),A(B)
          END IF
   5    CONTINUE
C       BESTIMMUNG DES GESAMTBETRAGES
        SUMME=0
        DO 6 B=1,14
          SUMME=SUMME+D(B)*A(B)
   6    CONTINUE
        SUM= FLOAT(SUMME) *0.01
        WRITE(1,'(/6X,A,2X,F8.2)')'GESAMTBETRAG DM: ',SUM
        CLOSE(1)
        STOP
        END
```

MOZART, WOLFGANG   1923.18

    1000 DM: 1 | ANZAHL DER GESAMTGELDER:
     500 DM: 1 |
     100 DM: 4 | 1000 DM: 21
      20 DM: 1 | 500 DM: 6
       2 DM: 1 | 100 DM: 20
       1 DM: 1 | 50 DM: 1
    0.10 DM: 1 | 20 DM: 5
    0.05 DM: 1 | 10 DM: 3
    0.02 DM: 1 | 5 DM: 4
    0.01 DM: 1 | 2 DM: 8
                                         | 1 DM: 5
    WAGNER, RICHARD   4357.77 | 0.50 DM: 3
                                         | 0.10 DM: 17
    1000 DM: 4 | 0.05 DM: 3
     100 DM: 3 | 0.02 DM: 8
      50 DM: 1 | 0.01 DM: 4
       5 DM: 1 |
       2 DM: 1 | GESAMTBETRAG DM: 26224.55
    0.50 DM: 1
    0.10 DM: 2
    0 05 DM: 1
    0 ..

4.2/47

```
      PROGRAM P4247
*
      INTEGER R,W
      CHARACTER*7 A(12)
      DATA A/'SCHWARZ','BRAUN','ROT','ORANGE','GELB','GRUEN',
     1'BLAU','VIOLETT','GRAU','WEISS','GOLD','SILBER'/
*
      OPEN(11,FILE='A4247')
    1 PRINT*
      PRINT*,'EINGABEN: '
      PRINT*,'WIDERSTAND (GANZZAHLIG): '
      READ*,W
      IF(W.LE.0)GOTO 8
      PRINT*,'TOLERANZ: '
      READ*,T
      K=1
      I=1
      L=W+1
      IF(W.LT.10) GOTO 6
      L=1
      R=W
      IF(R.LE.99) GOTO 3
```

```
*
*       3. RING
*
      2 R=R/10
        K=K+1
        IF(R.GT.99) GOTO 2
      3 Z=R
*
*       1. RING
*
        R=R/10
      4 R=R-1
        I=I+1
        IF(R.GT.0) GOTO 4
*
*       2. RING
*
        Z=Z-(I-1)*10
      5 Z=Z-1
        IF(Z.LT.0) GOTO 6
        L=L+1
        IF(Z.GT.0) GOTO 5
*
*       TOLERANZ
*
      6 IF(T.EQ.0.5) N=1
        IF(T.EQ.1.0) N=2
        IF(T.EQ.2.0) N=3
        IF(T.EQ.30.) N=8
        IF(T.EQ.5.0) N=11
        IF(T.EQ.10.) N=12
*
*       AUSGABE
*
        WRITE(11,7) W,' OHM',T,' %',A(I),A(L),A(K),A(N)
      7 FORMAT(I11,A,F9.1,A,4X,A,1X,A,1X,A,1X,A)
        GOTO 1
      8 CLOSE(11)
        STOP
        END
```

2200	OHM	0.5	%	ROT	ROT	ROT	SCHWARZ
47000	OHM	10.0	%	GELB	VIOLETT	ORANGE	SILBER
1000000	OHM	30.0	%	BRAUN	SCHWARZ	GRUEN	VIOLETT
220	OHM	5.0	%	ROT	ROT	BRAUN	GOLD
4700	OHM	1.0	%	GELB	VIOLETT	ROT	BRAUN
68000	OHM	5.0	%	BLAU	GRAU	ORANGE	GOLD
330000	OHM	10.0	%	ORANGE	ORANGE	GELB	SILBER
10000	OHM	2.0	%	BRAUN	SCHWARZ	ORANGE	ROT

4.2/48

```
PROGRAM P4248
PARAMETER(P0=1.013,RHO=1.293,G=9.807,E=2.71828183)
FA=1
EXT=1
OPEN(11,FILE='A4248')
PRINT*,'ANFANGSWERT, ENDWERT,SCHRITTWEITE (KM): '
READ*,HA,HE,S
WRITE(11,5)
PRINT 5
DO 50 H=HA,HE+1E-4,S
   EXT=1
   FA=1
   A=-RHO*G*H/P0/100
*
   DO 30 I=1,20
      FA=FA*A/I
      EXT=EXT+FA
      IF(I.EQ.5) P5=P0*EXT
30 CONTINUE
   P20=P0*EXT
   PE=P0*E**A
*
   WRITE(11,40) H,P5,P20,PE
   PRINT 40,H,P5,P20,PE
50 CONTINUE
   CLOSE(11)
   STOP
 5 FORMAT(/' HOEHE',10X,'P(5)',14X,'P(20)',13X,'P(E)'
  1        /'  KM',12X,'BAR',16X,'BAR',14X,'BAR'
  2        /59('='))
40 FORMAT(F5.1,3X,F15.7,3X,F15.7,3X,F15.7)
   END
```

HOEHE KM	P(5) BAR	P(20) BAR	P(E) BAR
0.0	1.0130000	1.0130000	1.0130000
0.5	0.9515408	0.9515406	0.9515409
1.0	0.8938105	0.8938102	0.8938106
1.5	0.8395829	0.8395827	0.8395832
2.0	0.7886450	0.7886449	0.7886455
2.5	0.7407968	0.7407976	0.7407981
3.0	0.6958500		
...	...	...	0.0828579
...	-0.2132051	0.0778303	0.0778309
21.0	-0.2608882	0.0731080	0.0731089
21.5	-0.3133395	0.0686729	0.0686734
22.0	-0.3710260	0.0645063	0.0645070
22.5	-0.4344403	0.0605928	0.0605933
23.0	-0.5041033	0.0569159	0.0569171
23.5	-0.5805609	0.0534629	0.0534639
24.0	-0.6643929	0.0502194	0.0502203

Die Reihenwerte für wenige Summanden sind wesentlich günstiger, wenn man die Entwicklung auf e^x anwendet und dann $1/e^x$ bildet ($x>0$).

4.2/49

```fortran
      PROGRAM B512
*
      CHARACTER FOL*50,CD,HIL
      OPEN(11,FILE='AB512')
      PRINT*
      PRINT*,'CODIERUNG (C) ODER DECODIERUNG (D) ?'
      READ(1,'(A1)') CD
      PRINT*,'EINGABE DER ZEICHENKETTE (MAX.50 ZEICHEN): '
      READ(1,'(A50)') FOL
      PRINT*,FOL
      WRITE(11,'(/'' --TEXTEINGABE: ''//1X,A50)') FOL
*     LAENGE LZ DER ZEICHENKETTE:
      DO 10 LZ=50,1,-1
         IF(FOL(LZ:LZ).NE.' ') GOTO 50
   10 CONTINUE
*
   50 IF(CD.EQ.'D') GOTO 100
*     AUFEINANDERFOLGENDE ZEICHENPAARE UMDREHEN
  300 DO 20 I=1,LZ-1,2
         HIL=FOL(I+1:I+1)
         FOL(I+1:I+1)=FOL(I:I)
         FOL(I:I)=HIL
   20 CONTINUE
      IF(CD.EQ.'D') GOTO 400
      PRINT*,FOL
*     ERSTES ZEICHEN MIT LETZTEM VERTAUSCHEN
*     BESTIMMUNG: GERADE-UNGERADE
  200 IF(MOD(LZ,2).EQ.0)THEN
         HIL=FOL(LZ:LZ)
         FOL(LZ:LZ)=FOL(1:1)
         FOL(1:1)=HIL
      END IF
      PRINT*,FOL
      IF(CD.EQ.'D') GOTO 300
*     2./3., 4./5. USW. ZEICHEN VERTAUSCHEN
  100 DO 30 I=2,LZ-1,2
         HIL=FOL(I+1:I+1)
         FOL(I+1:I+1)=FOL(I:I)
         FOL(I:I)=HIL
   30 CONTINUE
      IF(CD.EQ.'D')THEN
         PRINT*,FOL
         GOTO 200
      END IF
      WRITE(1,1)
      WRITE(11,1)
      GOTO 500
  400 WRITE(1,2)
      WRITE(11,2)
  500 WRITE(11,'(/1X,A50)') FOL
      PRINT*,FOL
      CLOSE(11)
      STOP
    1 FORMAT(//'0--CODIERTER TEXT: ')
    2 FORMAT(//'0--DECODIERTER TEXT: ')
      END
```

Codierung:

--TEXTEINGABE:　　　　　　　--TEXTEINGABE:

ES GRUENT SO GRUEN　　　　DISKOTHEKENFETZER

--CODIERTER TEXT:　　　　　--CODIERTER TEXT:

EGEU NR EOTGSU NRS　　　　IKDTSEOEHFKTNEERZ

Decodierung:

--TEXTEINGABE:　　　　　　　--TEXTEINGABE:

EAKERITGSREA　　　　　　　　ILVEEF LR OEGTWRIIENH

--DECODIERTER TEXT:　　　　--DECODIERTER TEXT:

KARATESIEGER　　　　　　　　VIEL ERFOLG WEITERHIN

5.1/1

In nachstehender Fassung erfolgt die Ausgabe listengesteuert (ohne vorgegebenes Format) über Bildschirm. Obwohl eine komplexe Zahl - multipliziert mit ihrem konjugiert komplexen Wert - eine reelle Zahl ergibt, ist darauf zu achten, daß programmtechnisch das Ergebnis als allgemeines Produkt einer komplexen Zahl a mit einer komplexen Zahl b wieder eine komplexe Zahl ergibt, aus der - im behandelten Fall - der Realteil abzutrennen ist.

```
      PROGRAM COMPLEX(INPUT,OUTPUT)
      COMPLEX EX,ERG
      PRINT*
      E=2.71828
    5 READ*,X
      IF(X.EQ.0)GOTO 2
      EX=CMPLX (0.,X)
      ERG=(E**EX+E**(-EX))/2.
      CX=REAL(ERG)
      CY=AIMAG(ERG)
      BERG=(REAL(ERG*CONJG(ERG)))**.5
      PRINT*,X,ERG,CX,CY,BERG
      GOTO5
    2 STOP
      END
```

5.1/2

```
      PROGRAM SINX(INPUT,OUTPUT)
      COMPLEX EX,N
      DIMENSION X(15)
      OPEN(1,FILE='WS')
    1 PRINT*,'IN WIEVIEL SCHRITTEN SOLL GERECHNET WERDEN? (MAX 15)'
      READ*,K
      IF(K.GT.15) GOTO 1
*
*     EINGABE DER KONSTANTEN
*
      PI=3.14159265359
      E=2.7182818
      N=CMPLX(0.,2.)
*
*     TABELLENKOPF ERSTELLEN
*
      PRINT40
      WRITE(1,40)
   40 FORMAT (// 3X,' ALLE WERTE SIND IM BOGENMASS ANGEGEBEN !!')
```

```
      PRINT 20
      WRITE (1,20)
   20 FORMAT(// 10X,'X',19X,'SINUS X')
      PRINT 10
      WRITE(1,10)
   10 FORMAT(1X,44('='))
*
*     BERECHNUNG DER SCHRITTWEITE UND DER SINUSWERTE
*
      DO 100 A=-PI,PI,2*PI/(K-1)
      EX=CMPLX(0.,A)
      Y=(E**EX-E**(-EX))/N
*
*     AUSDRUCKEN DER WERTE
*
      PRINT 30,A,Y
      WRITE(1,30) A,Y
   30 FORMAT(/ 2X,F14.6,6X,':',2X,F14.6)
  100 CONTINUE
      CLOSE(1)
*
*     PROGRAMMENDE
*
      STOP
      END
```

ALLE WERTE SIND IM BOGENMASS ANGEGEBEN !!

X		SINUS X
==		
-3.141593	:	-.000000
-2.692794	:	-.433884
-2.243995	:	-.781831
-1.795196	:	-.974928
-1.346397	:	-.974928
-.897598	:	-.781831
-.448799	:	-.433884
-.000000	:	-.000000
.448799	:	.433884
.897598	:	.781831
1.346397	:	.974928
.		.
.		.

5.1/3

```
      PROGRAM WINKEL (INPUT,OUTPUT)
*
** BERECHNUNG MIT HILFE DER EULER'SCHEN FORMEL
*
      COMPLEX A,C
      REAL N
* DIMENSIONIERUNG DER FELDER FUER X , SIN X , COS X , TAN X
      DIMENSION X(1000),Y(1000),Z(1000),U(1000)
      OPEN (9,FILE='WINK')
      B=0.
      I=0
      PI=3.141592653
      E=2.7182818
* EINGABE DER STUETZSTELLENANZAHL
      PRINT*,'STUETZSTELLENANZAHL EINGEBEN,<1000 UND>2'
      READ*,N
* BERECHNUNG DER SCHRITTWEITE
      M=N-1
      P=2*PI/M
** AUSDRUCKEN DES TABELLENKOPFES
      WRITE (9,10)
   10 FORMAT(7X,'X-WERT',9X,'SIN X',9X,'COS X',9X,'TAN X'/60('='))
*
** BERECHNUNG DER TABELLENWERTE
*
      DO 100 Q= -PI , PI+.0001 ,P
         I=I+1
         PRINT*,'X-WERT-NR ',I,' WERT=',Q
         A=CMPLX(B,Q)
         C=E**A
* ABSPEICHERN DER ERGEBNISSE
         X(I)=Q
         Z(I)= REAL(C)
         Y(I)= AIMAG(C)
** ABFRAGE, OB COS X =0
         IF(Z(I).EQ.0) THEN
            U(I)=0.
         ELSE
            U(I)= Y(I) / Z(I)
         END IF
  100 CONTINUE
*
* AUSDRUCKEN DER ERGEBNISSE
*
      WRITE (9,60)
   60 FORMAT(15X,'ALLE ANGABEN IM BOGENMASS'/60('-'))
      PRINT*,'       ALLE ANGABEN IM BOGENMASS'
      PRINT*,'X-WERT          SIN X           COS X           TAN X'
```

```
      DO 200 I=1,N
      PRINT*,X(I),Y(I),Z(I),U(I)
      WRITE (9,30)X(I),Y(I),Z(I),U(I)
30    FORMAT(2X,4F14.9/60('-'))
200   CONTINUE
      CLOSE (9)
*** ENDE DER RECHNUNG ***
      STOP
      END
```

X-WERT	SIN X	COS X	TAN X
ALLE ANGABEN IM BOGENMASS			
-3.141592653	-.000000001	-1.000000000	.000000001
-2.722713633	-.406736644	-.913545457	.445228686
-2.303834612	-.743144826	-.669130606	1.110612516
-1.884955592	-.951056516	-.309016994	3.077683541
-1.466076571	-.994521895	.104528464	-9.514364429
-1.047197551	-.866025404	.500000000	-1.732050807
-.628318531	-.587785252	.809016994	-.726542528
-.209439510	-.207911691	.978147601	-.212556562
.209439510	.207911691	.978147601	.212556562
.628318531	.587785252	.809016994	.726542528
1.047197551	.866025404	.500000000	1.732050807
1.466076571	.994521895	.104528464	9.514364429
1.884955592	.951056516	-.309016994	-3.077683541
2.303834612	.743144826	-.669130606	-1.110612516
2.722713633	.406736644	-.913545457	-.445228686
3.141592653	.000000001	-1.000000000	-.000000001

5.1/4

```
      PROGRAM AG11(INPUT,OUTPUT)
      COMPLEX X1,X2,P1,P2
      OPEN(2,FILE='RAUS')
      READ*,A,B,C
      WRITE(2,'(3(6X,A,F8.4/))')'A =',A,'B =',B,'C =',C
      IF (A.EQ.0.) THEN
        IF (B.EQ.0.) THEN
          IF (C.EQ.0.) THEN
          WRITE (2,'(6X,A/)')'JEDE ZAHL IST LOESUNG'
          ELSE
          WRITE (2,'(6X,A/)')'ES GIBT KEINE LOESUNG'
          END IF
        ELSE
        X=-C/B
        WRITE (2,'(6X,A,F8.5/)')'X =',X
        END IF
      ELSE
      RE=-B/(2*A)
      DISKR=RE*RE- C/A
        IF (DISKR.LT.0.) THEN
*       ZWEI KONJUGIERT KOMPLEXE LOESUNGEN
        RIM=(-DISKR)**0.5
        WRITE (2,'(6X,A,F9.5,2X,A,F9.5)')'X1 =',RE,'+ J',RIM
        WRITE (2,'(6X,A,F9.5,2X,A,F9.5/)')'X2 =',RE,'- J',RIM
        X1=CMPLX(RE,RIM)
        X2=CONJG(X1)
        ELSE
*       REELLE LOESUNGEN
        XX1=RE+DISKR**0.5
        XX2=RE-DISKR**0.5
        WRITE (2,'(6X,A,F9.5)')'X1 =',XX1
        WRITE (2,'(6X,A,F9.5/)')'X2 =',XX2
        X1=CMPLX(XX1,0.)
        X2=CMPLX(XX2,0.)
        END IF
C     KONTROLLE NACH VIETA
      P1=X1+X2
      P2=X1*X2
      P11=-B/A
      P22=C/A
      WRITE(2,'(6X,A,2F9.5,4X,A,F9.5/)')'X1+X2=',P1,'-B/A=',P11
      WRITE(2,'(6X,A,2F9.5,4X,A,F9.5/)')'X1*X2=',P2,'C/A=',P22
      END IF
      CLOSE (2)
      STOP
      END           A =   3.0000
                    B =-30.0000
                    C = 87.0000

                    X1 =  5.00000   + J  2.00000
                    X2 =  5.00000   - J  2.00000

                    X1+X2= 10.00000  0.00000    -B/A= 10.00000

                    X1*X2= 29.00000  0.00000    C/A= 29.00000
```

5.1/5

```
      PROGRAM P515
      COMPLEX XV(20),XK(20),XB
      DIMENSION XR(20),XI(20),XKR(20),XKI(20)
      OPEN(11,FILE='A515')
      PRINT*,'ZAHL DER VEKTORKOMPONENTEN (<=20): '
      READ*,N
      PRINT*,'EINGABE DER KOMPONENTEN'
      PRINT*,'(PAARWEISE REAL-/IMAGINAERTEIL): '
      READ*,(XV(I),I=1,N)
*        BILDEN DES KONJ.KOMPL. VEKTORS XK
      DO 1 I=1,N
         XK(I)=CONJG(XV(I))
    1 CONTINUE
*        ABSPEICHERN DER REAL- UND IMAGINAERTEILE
*        IN EIGENE BEREICHE
      DO 2 I=1,N
         XR(I)=REAL(XV(I))
         XI(I)=AIMAG(XV(I))
         XKR(I)=REAL(XK(I))
         XKI(I)=AIMAG(XK(I))
    2 CONTINUE
*        BETRAG DES VEKTORS XV BILDEN
      XB=(0.,0.)
      DO 3 I=1,N
         XB=XB+XV(I)*XK(I)
    3 CONTINUE
      XBET=REAL(XB)**0.5
      PRINT 5
      WRITE(11,5)
*        AUSGABE
      DO 4 I=1,N
         IVZ=SIGN(1.,XI(I))
         IF(IVZ.EQ.1) THEN
            PRINT 6,XR(I),XI(I),XKR(I),ABS(XKI(I))
            WRITE(11,6) XR(I),XI(I),XKR(I),ABS(XKI(I))
         ELSE
            PRINT 7,XR(I),ABS(XI(I)),XKR(I),XKI(I)
            WRITE(11,7) XR(I),ABS(XI(I)),XKR(I),XKI(I)
         END IF
    4 CONTINUE
      PRINT 8,XBET
      WRITE(11,8) XBET
      CLOSE(11)
      STOP
    5 FORMAT(1H1/8X,'X',23X,'X*'/43('='))
    6 FORMAT(/F7.2,' + i',F6.2,F14.2,' - i',F6.2)
    7 FORMAT(/F7.2,' - i',F6.2,F14.2,' + i',F6.2)
    8 FORMAT(///' BETRAG DES VEKTORS =',F15.6)
      END
```

```
            X                        X*
   =========================================
    2.10 - i  1.20          2.10 + i  1.20

   -1.50 - i  3.10         -1.50 + i  3.10

   -1.70 + i  3.90         -1.70 - i  3.90

    2.30 + i  4.10          2.30 - i  4.10

    0.40 - i  1.00          0.40 + i  1.00



   BETRAG DES VEKTORS =        7.685696
```

5.1/6

```fortran
      PROGRAM COMMAT (INPUT,OUTPUT)
      COMPLEX A(5,5),AS(5,5),AST(5,5),HS(5,5),HA(5,5)
      DIMENSION B(5,5),C(5,5)
      OPEN (9,FILE='BEAR')
C     EINLESEN VON MATRIX A
      PRINT*,'EINGABE DER DIMENSION VON MATRIX A'
      READ*,N
      PRINT*,'EINGABE DER KOMPONENTEN DER MATRIX A'
      PRINT*,'IN FORM :  ( REAL-, IMAGINAERTEIL)'
      DO 10 J=1,N,1
         READ*,(A(J,K),K=1,N,1)
   10 CONTINUE
C     BILDEN DER KONJUGIERT KOMPLEXEN MATRIX AS
C     SPEICHERN DER REELLEN MATRIZEN B UND C
C     BILDEN DER TRANSPONIERTEN MATRIX AST
      DO 20 J=1,N,1
         DO 30 K=1,N,1
            AS(J,K)=CONJG(A(J,K))
            B(J,K)=REAL(A(J,K))
            C(J,K)=AIMAG(A(J,K))
            AST(K,J)=AS(J,K)
   30    CONTINUE
   20 CONTINUE
C     BERECHNEN VON HA UND HS
      DO 40 J=1,N,1
         DO 50 K=1,N,1
            HS(J,K)=(A(J,K)+AST(J,K))/(2.,0.)
            HA(J,K)=(A(J,K)-AST(J,K))/(2.,0.)
   50    CONTINUE
   40 CONTINUE
C     AUSGABE DER MATRIZEN
      PRINT 1
      WRITE (9,1)
    1 FORMAT(1H1,14X,'AUSGABE MATRIX A')
      PRINT 7
      WRITE (9,7)
      DO 60 J=1,N,1
         PRINT 8,(A(J,K),K=1,N,1)
         WRITE (9,8) (A(J,K),K=1,N,1)
   60 CONTINUE
      PRINT 2
      WRITE (9,2)
    2 FORMAT(// 3X,'AUSGABE DER REELLEN MATRIZEN B UND C' //
     *11X,'B' / 22('='))
      DO 70 J=1,N,1
         PRINT 4,(B(J,K),K=1,N,1)
         WRITE (9,4) (B(J,K),K=1,N,1)
   70 CONTINUE
      PRINT 3
      WRITE (9,3)
    3 FORMAT(// 11X,'C' / 22('='))
      DO 80 J=1,N,1
         PRINT 4,(C(J,K),K=1,N,1)
         WRITE (9,4) (C(J,K),K=1,N,1)
   80 CONTINUE
    4 FORMAT(/ 1X,5(2X,F7.2))
      PRINT 5
      WRITE (9,5)
    5 FORMAT(// 14X,'AUSGABE MATRIX HS')
      PRINT 7
      WRITE (9,7)
      DO 90 J=1,N,1
         PRINT 8,(HS(J,K),K=1,N,1)
         WRITE (9,8) (HS(J,K),K=1,N,1)
   90 CONTINUE
      PRINT 6
      WRITE (9,6)
    6 FORMAT (// 14X,'AUSGABE MATRIX HA')
```

```
      PRINT 7
      WRITE (9,7)
    7 FORMAT(1X,44('='))
      DO 100 J=1,N,1
         PRINT 8, (HA(J,K),K=1,N,1)
         WRITE (9,8) (HA(J,K),K=1,N,1)
  100 CONTINUE
    8 FORMAT(/ 1X,5(2X,F7.2,2X,F7.2,4X))
      CLOSE (9)
      STOP
      END
```

```
              AUSGABE MATRIX A
============================================
     7.20      3.10     -2.50      4.10
    -3.40     -1.70       .50     -2.30

     AUSGABE DER REELLEN MATRIZEN B UND C

             B
=========================
     7.20     -2.50
    -3.40       .50

             C
=========================
     3.10      4.10
    -1.70     -2.30

              AUSGABE MATRIX HS
============================================
     7.20      0.00     -2.95      2.90
    -2.95     -2.90       .50      0.00

              AUSGABE MATRIX HA
============================================
     0.00      3.10       .45      1.20
     -.45      1.20      0.00     -2.30
```

5.1/7

```
        PROGRAMM KGF32    (INPUT,OUTPUT)
**************************
        COMPLEX EX,SX,J
        REAL M,N
        PARAMETER(E=2.7182818,J=CMPLX(0.,1.))
*
        OPEN (1,FILE='THOMAS')
*
        PRINT*,'BITTE GEBEN SIE FOLGENDE WERTE EIN:'
        PRINT*
        PRINT*,'DIE ZEIT: T=...S'
        PRINT*
        READ*,T
        PRINT*
        PRINT*,'ANZAHL DER SCHWINGUNGEN: N='
        PRINT*
        READ*,N
        PRINT*
        PRINT*,'DIE DAEMPFUNGSKONSTANTE: B=...KG/S'
        PRINT*
        READ*,B
        PRINT*
        PRINT*,'DIE MASSE: M=...KG'
        PRINT*
        READ*,M
*
*       BERECHNUNG VON OMEGA UND X
*
        DELTA=B/(2*M)
        DX= 1/N * B**2/(2*M)
        GRENZE=B**2/(2*M)
        WRITE (*,70)T,N,B,M
        WRITE (1,70)T,N,B,M
  70    FORMAT ('ZEIT:              ',F10.4,' S' /
       +        'SCHWINGUNGEN:      ',F10.4 /
       +        'DAEMPFUNGSKONSTANTE:',F10.4,' KG/S' /
       +        'MASSE:             ',F10.4,' KG' //)
        WRITE (*,80)
        WRITE (1,80)
  80    FORMAT (65('-') / 6X,'D',11X,'RE(W)',7X,'IM(W)',
       +        7X,'RE(X)',7X,'IM(X)' / 65('-') //)
        DO 90 D=0,GRENZE,DX
            W= D/M -(B/(2*M))**2
            IF (W.LE.0) THEN
                WP=(ABS(W))**.5
                OMIM=WP+DELTA
                OMRE=0
            ELSE
                OMRE=W**.5
                OMIM=DELTA
            ENDIF
            EX=CMPLX(OMRE,OMIM)
            SX= E**(J*EX*T)
            XR=REAL(SX)
            XJ=AIMAG(SX)
```

```
            WRITE (1,100)D,OMRE,OMIM,XR,XJ
      100   FORMAT (5F12.5 /)
       90 CONTINUE
          CLOSE (1)
          STOP
          END
```

ZEIT: 5.0000 S
SCHWINGUNGEN: 20.0000
DAEMPFUNGSKONSTANTE: 4.0000 KG/S
MASSE: 3.0000 KG

D	RE(W)	IM(W)	RE(X)	IM(X)
0.00000	0.00000	1.33333	.00127	0.00000
.13333	0.00000	1.29912	.00151	0.00000
.26667	0.00000	1.26295	.00181	0.00000
.40000	0.00000	1.22444	.00219	0.00000
.53333	0.00000	1.18306	.00270	0.00000
.66667	0.00000	1.13807	.00338	0.00000
.80000	0.00000	1.08830	.00433	0.00000
.93333	0.00000	1.03182	.00575	0.00000
1.06667	0.00000	.96481	.00803	0.00000
1.20000	0.00000	.87749	.01243	0.00000
1.33333	0.00000	.66667	.03567	0.00000
1.46667	.21082	.66667	.01762	.03102
1.60000	.29814	.66667	.00285	.03556
1.73333	.36515	.66667	-.00900	.03452
1.86667	.42164	.66667	-.01826	.03065
2.00000	.47140	.66667	-.02525	.02520
2.13333	.51640	.66667	-.03023	.01884
2.26667	.55777	.66667		

5.1/8

```
              PROGRAM P518
              CHARACTER VI, VR
              REAL L, IR, II, I1
              COMPLEX U, I, Z
              PARAMETER(PI=3.141593)
      *
              OPEN(11,FILE='AF518')
              PRINT*
              PRINT*, 'EINGABEN: '
              PRINT*
              PRINT*, 'REALTEIL VON U [V] = '
              READ*, UR
              PRINT*, 'IMAGINAERTEIL VON U [V] = '
              READ*, UI
              PRINT*
              PRINT*, 'R [OHM] = '
              READ*, R
              PRINT*, 'L [HENRY] = '
              READ*, L
              PRINT*, 'C [FARAD] = '
              READ*, C
              PRINT*
              PRINT*, 'BEREICH DER FREQUENZ: '
              PRINT*, 'ANFANGSWERT   FA [HZ] = '
              READ*, FA
              PRINT*, 'ENDWERT       FE [HZ] = '
              READ*, FE
              PRINT*, 'SCHRITTWEITE DF [HZ] = '
              READ*, DF
              PRINT*
      *
              U=CMPLX(UR,UI)
              PRINT 1, U, R, L, C
              WRITE(11,1) U, R, L, C
              PRINT 2
              WRITE (11,2)
              PRINT 3
              WRITE(11,3)
              DO 10 F=FA, FE, DF
                XL=2*PI*F*L
                XC=1/(2*PI*F*C)
                X=XL-XC
                Z=CMPLX(R, X)
                ZB=REAL(Z*CONJG(Z))**0.5
                I=U/Z
                IR=REAL(I)*1000
                I1=AIMAG(I)*1000
                II=ABS(I1)
                IF(I1.LT.0) THEN
                  VI='-'
                  VR='+'
                ELSE
                  VI='+'
                  VR='-'
                END IF
```

```
      X=ABS(X)
      PRINT 4,F,IR,VI,II,R,VR,X,ZB
      WRITE(11,4) F,IR,VI,II,R,VR,X,ZB
10    CONTINUE
      STOP
1     FORMAT(//' U = ',2F6.2,' [V]'//' R = ',F12.2,' [OHM]'
     +       //' L = ',E12.2,' [H]'//' C = ',E12.2,' [F]')
2     FORMAT(//5X,'F',14X,'I',19X,'Z',14X,'/Z/')
3     FORMAT(/4X,'[HZ]',11X,'[MA]',15X,'[OHM]',11X,'[OHM]'
     +       /60('-'))
4     FORMAT(F8.1,F9.2,A2,' J',F7.2,F10.2,A2,' J',F7.2,F10.2)
      END
```

```
U =   12.00   0.00 [V]
R =         105.00 [OHM]
L =        0.10E-01 [H]
C =        0.20E-05 [F]
```

F	I	Z	/Z/
[HZ]	[MA]	[OHM]	[OHM]
200.0	7.90 + J 28.99	105.00 - J 385.32	399.37
400.0	30.56 + J 50.58	105.00 - J 173.81	203.06
600.0	62.88 + J 56.85	105.00 - J 94.93	141.55
800.0	93.71 + J 43.91	105.00 - J 49.21	115.96
1000.0	111.45 + J 17.77	105.00 - J 16.75	106.33
1200.0	113.44 - J 9.81	105.00 + J 9.08	105.39
1400.0	105.06 - J 31.14	105.00 + J 31.12	109.52
1600.0	92.61 - J 44.80	105.00 + J 50.80	116.64
1800.0	79.90 - J 52.42	105.00 + J 68.89	125.58
2000.0	68.48 - J 56.01	105.00 + J 85.87	135.64
2200.0	58.77 - J 57.12	105.00 + J 102.06	146.43
2400.0	50.68 - J 56.78	105.00 + J 117.64	157.68
2600.0	43.98 - J 55.61	105.00 + J 132.76	169.26
2800.0	38.43 - J 53.99	105.00 + J 147.51	181.06
3000.0	33.82 - J 52.17	105.00 + J 161.97	193.03

5.1/9

```
      PROGRAM COMPLX (INPUT,OUTPUT)
      COMPLEX JY1,JY2
      REAL R1,R2,X1,X2,L,X,Y1,Y2
      OPEN (9,FILE='DRUCK')
      PRINT*, 'RADIUS R1='
      READ*,R1
      PRINT*, 'RADIUS R2='
      READ*,R2
      PRINT*, 'STARTWERT X1='
      READ*,X1
      PRINT*, 'SCHRITTWEITE L ='
      READ*,L
      PRINT*, 'ENDWERT X2='
      READ*,X2
      WRITE (9,4)
      WRITE (9,5) R1,R2,X1,L,X2
      WRITE (9,1)
      WRITE (9,2)
      DO 20 X=X1,X2,L
        Y1= R1*R1-X*X
        IF(Y1.LT.0)THEN
          Y1=(-Y1)**.5
          JY1=CMPLX(0.,Y1)
        ELSE
          Y1=Y1**.5
          JY1=CMPLX(Y1,0.)
        ENDIF
        Y2= R2*R2-X*X
        IF(Y2.LT.0)THEN
          Y2=(-Y2)**.5
          JY2=CMPLX(0.,Y2)
        ELSE
          Y2=Y2**.5
          JY2=CMPLX(Y2,0.)
        ENDIF
        D=(REAL((JY1-JY2)*CONJG(JY1-JY2)))**.5
        WRITE(9,3) X,JY1,JY2,D
 20   CONTINUE
  1   FORMAT(T4,'X',T7,'I',T16,'Y1',T28,'I',T37,'Y2',T49,'I',T54,'D'
     +,T60,'I')
  2   FORMAT(63('-'))
  3   FORMAT(F5.2,1X,'I',1X,F7.3,1X,F7.3,1X,'J',2X,'I',1X,F7.3,1X
     +,F7.3,1X,'J',2X,'I',1X,F7.4,2X,'I')
  4   FORMAT(T10,'> > > > > > > T A B E L L E < < < < < < < '///)
  5   FORMAT( 'RADIUS R1=',F4.2 / 'RADIUS R2=',F4.2 / 'STARTWERT X1='
     +,F4.2 / 'SCHRITTWEITE L=',F4.2 / 'ENDWERT X2=',F4.2 /)
      CLOSE (9)
      STOP
      END
```

```
RADIUS R1=3.00
RADIUS R2=5.00
STARTWERT X1=0.00
SCHRITTWEITE L= .50
ENDWERT X2=7.00
```

X	I	Y1		I	Y2		I	D	I
0.00	I	3.000	0.000 J	I	5.000	0.000 J	I	2.0000	I
.50	I	2.958	0.000 J	I	4.975	0.000 J	I	2.0169	I
1.00	I	2.828	0.000 J	I	4.899	0.000 J	I	2.0706	I
1.50	I	2.598	0.000 J	I	4.770	0.000 J	I	2.1716	I
2.00	I	2.236	0.000 J	I	4.583	0.000 J	I	2.3465	I
2.50	I	1.658	0.000 J	I	4.330	0.000 J	I	2.6718	I
3.00	I	0.000	0.000 J	I	4.000	0.000 J	I	4.0000	I
3.50	I	0.000	1.803 J	I	3.571	0.000 J	I	4.0000	I
4.00	I	0.000	2.646 J	I	3.000	0.000 J	I	4.0000	I
4.50	I	0.000	3.354 J	I	2.179	0.000 J	I	4.0000	I
5.00	I	0.000	4.000 J	I	0.000	0.000 J	I	4.0000	I
5.50	I	0.000	4.610 J	I	0.000	2.291 J	I	2.3185	I
6.00	I	0.000	5.196 J	I	0.000	3.317 J	I	1.8795	I
6.50	I	0.000	5.766 J	I	0.000	4.153 J	I	1.6130	I
7.00	I	0.000	6.325 J	I	0.000	4.899 J	I	1.4256	I

5.1/10

```
PROGRAM REFLEX ( INPUT, OUTPUT, TAPE1= INPUT, TAPE3= OUTPUT )
REAL NM, N, N1, N2
COMPLEX NMK, VMK, AK, AK1, AK2
CHARACTER*2 VZ
OPEN ( 7, FILE= 'ERG' )
PRINT*,' EINGABE NM UND KAPPA  '
READ*, NM, X
C= 300000
NMK= CMPLX(NM,0.)*CMPLX(1.,-X)
VMK= C/NMK
VMB= REAL( VMK*CONJG(VMK))
VMB= REAL( VMB**0.5)
PRINT*, VMK, VMB
REWIND 7
WRITE (7,5) VMK, VMB
WRITE (7,10)
PRINT*,' EINGABE DES ANFANGS- UND ENDWERTS FUER N  '
READ*, N1, N2
N2= N2 + 0.01
DO 25 N = N1 , N2 , 0.01
      A1= NM-N
      A2= NM+N
      AJ= -NM*X
      AK1= CMPLX( A1,AJ)
      AK2= CMPLX( A2,AJ)
      AK= AK1/AK2
      RV= REAL((ABS (AK))**2)
      AIM=AIMAG(AK)
      ARE= REAL (AK)
```

Lösungen 5.1/10

```
              IF ( AIM .GE. 0 ) THEN
                   VZ= ' +'
              ELSE
                   VZ= ' -'
              END IF
              AIM = ABS (AIM)
              WRITE (7,15) N, ARE, VZ, AIM, RV
25         CONTINUE
           PRINT*
 5         FORMAT ( 5X / ' VM =   ', F18.9, SP, 1X, F18.9, '*J', SS  //
          +  5X, '(VM) = ', F18.9  //)
10         FORMAT (3X, ' N', 10X, ' RE(A) ', 8X, ' IM(A) ', 8X,
          + ' R' /54('=') /)
15         FORMAT (2X, F4.2, 3X, F15.8, 2X, A2, 'J', F10.8,2X,'I',2X,F10.8)
           CLOSE (7)
           STOP
           END
```

VM =   32419.464646574   +158855.376768211*J

(VM) =   162129.739456222

N	RE(A)	IM(A)		R
1.00	.46939010	-J .70218667	I	.71339319
1.01	.46303181	-J .70545168	I	.71206054
1.02	.45668471	-J .70865513	I	.71075301
1.03	.45034934	-J .71179761	I	.70947036
1.04	.44402623	-J .71487975	I	.70821235
1.05	.43771591	-J .71790215	I	.70697871
1.06	.43141889	-J .72086542	I	.70576922
1.07	.42513565	-J .72377018	I	.70458360
1.08	.41886668	-J .72661704	I	.70342162
1.09	.41261244	-J .72940660	I	.70228302
1.10	.40637339	-J .7321		
1.11				
			I	.67202546
--	.15702100	-J .80437943	I	.67168186
1.54	.15173158	-J .80518882	I	.67135150
1.55	.14646708	-J .80596624	I	.67103419
1.56	.14122754	-J .80671216	I	.67072973
1.57	.13601299	-J .80742703	I	.67043795
1.58	.13082348	-J .80811130	I	.67015865
1.59	.12565902	-J .80876541	I	.66989167
1.60	.12051964	-J .80938979	I	.66963692
1.61	.11540536	-J .80998489	I	.66939392
1.62	.11031618	-J .81055113	I	.66916280
1.63	.10525213	-J .81108895	I	.66894327
1.64	.10021320	-J .81159874	I	.66873521
1.65	.09519939	-J .81208095	I	.66853839

5.2/1   H = (A.OR.B).AND.C.AND.D.AND.E
        Die Hierarchie der logischen Operatoren (.AND. vor .OR.)
        macht es erforderlich, daß A.OR.B in Klammern gesetzt
        werden muß.

5.2/2   Logik-Funktion:
        $B = (S_1 \wedge S_2) \vee S_3 \vee S_4 \wedge ((S_5 \vee S_6) \wedge S_7)$
        FORTRAN-Anweisung:
        B = (S1.AND.S2.OR.S3.OR.S4).AND.(S5.OR.S6).AND.S7

5.2/3   Q = .NOT.(A.AND.B)   (1)
        Q = .NOT.A.OR..NOT.B   (2)

        Die Form Q = .NOT.A.AND.B ist für NAND falsch, da we-
        gen der Rangfolge zuerst .NOT.A gebildet und dies an-
        schließend erst mit B UND-verknüpft würde; dies ent-
        spräche also der Logik-Funktion $Q = \overline{A} \wedge B$.

5.2/4   Q = .NOT.(A.OR.B)   (1)
        Q = .NOT.A.AND..NOT.B   (2)

5.2/5   Q = (.NOT.A.AND..NOT.B).OR.(A.AND.B)
        oder einfacher
        Q = .NOT.A.AND..NOT.B.OR.A.AND.B

        (Überprüfen Sie dies nach den Regeln der Vorrangigkeit!)

5.2/6   Q = (.NOT.A.OR.B).AND.(A.OR..NOT.B)
        Würde man die Klammern weglassen, entspräche dies der
        Logik-Funktion $Q = \overline{A} \vee (B \wedge A) \vee \overline{B}$.

5.2/7 $Q = (A \wedge \overline{B}) \vee (\overline{A} \wedge B)$ bzw.
        $Q = \overline{A \vee \overline{B}} \vee \overline{\overline{A} \vee B}$

5.2/8   Es werden folgende Wertzuweisungen vorgenommen:
        A = 0.57   //   K = .FALSE.
        F = 0   //   ERGEB = .FALSE.
        POT = 0.   //

5.2/9   IF(X.GT.A.AND.X.LT.B) ---> (a)

oder

IF(X-A.LT.B-A) ---> (a)

Man beachte im ersten Fall die Vorrangigkeit der Vergleichs- vor den Verknüpfungsoperatoren, im zweiten Fall die Vorrangigkeit der arithmetischen Ausdrücke.

5.2/10   Aus dieser Abfrage ergibt sich, ob ein Punktepaar x,y innerhalb des angegebenen Rechtecks liegt.

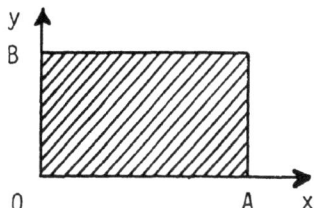

5.2/11

```
      PROGRAMM FKT(INPUT,OUTPUT)
*
*   DEKLARATIONEN
*
      DIMENSION WERT(20,2)
      OPEN(9,FILE='FL')
*
*   EINLESEN DER VARIABLEN
*
      PRINT*,'GEBEN SIE A UND B UND C EIN!'
      PRINT*,'C SOLL GROESSER ALS NULL SEIN !'
      PRINT*,'A=',
      READ*,A
      PRINT*,'B=',
      READ*,B
    2 PRINT*,'C=',
      READ*,C
      IF(C.LT.0)GOTO 2
    1 PRINT*,'GEBEN SIE DIE ANZAHL DER WERTEPAARE EIN !
   +      ANZAHL N KLEINER,GLEICH 20 '
      PRINT*,'N=',
      READ*,N
      IF(N.GT.20)GOTO 1
      PRINT*,'GEBEN SIE DIE WERTEPAARE EIN !'
      WRITE(9,100)
  100 FORMAT(1X,'FUNKTIONEN Y=A*X UND Y=B*X' /)
      WRITE(9,200)
  200 FORMAT(5X,'X',9X,'Y',11X,'GUELTIGKEIT' / 1X,40('=')/)
      DO 10 I=1,N
      READ*,(WERT(I,J),J=1,2)
   10 CONTINUE
*
```

```
*   AUF GUELTIGKEIT PRUEFEN
*
*   FUNKTIONEN Y=A*X UND Y=B*X
*
      DO 20 K=1,N
      IF(A.GT.0.AND.WERT(K,1).LT.0)ERG= -A*WERT(K,1)
      IF(A.LT.0.AND.WERT(K,1).LT.0)ERG=-A*WERT(K,1)
      IF(B.GT.0.AND.WERT(K,1).GT.0)ERG=B*WERT(K,1)
      IF(B.LT.0.AND.WERT(K,1).GT.0)ERG= -B*WERT(K,1)
      IF(WERT(K,1).EQ.0)ERG=0
      IF(WERT(K,2).GT.ERG)WRITE(9,300)WERT(K,1),WERT(K,2)
  300 FORMAT(2X,F8.3,4X,F8.3,6X,'AUSSERHALB')
      IF(WERT(K,2).LE.ERG)WRITE(9,400)WERT(K,1),WERT(K,2)
  400 FORMAT(2X,F8.3,4X,F8.3,6X,'INNERHALB')
   20 CONTINUE
*
*   FUNKTION Y=C/X
*
      WRITE(9,500)
  500 FORMAT(1X ///'FUNKTION Y=C/X' /)
      WRITE(9,200)
      DO 30 L=1,N
      IF(WERT(L,1).EQ.0)GOTO 35
      ERG2=C/WERT(L,1)
      IF(WERT(L,1).GT.0.AND.WERT(L,2).GT.ERG2)WRITE(9,300)
     +WERT(L,1),WERT(L,2)
      IF(WERT(L,1).LT.0.AND.WERT(L,2).LT.ERG2)WRITE(9,300)
     +WERT(L,1),WERT(L,2)
      IF(WERT(L,1).GT.0.AND.WERT(L,2).LE.ERG2.AND.WERT(L,2).GE.0)
     +WRITE(9,400)WERT(L,1),WERT(L,2)
      IF(WERT(L,1).GT.0.AND.WERT(L,2).LE.ERG2.AND.WERT(L,2).LT.0)
     +WRITE(9,300)WERT(L,1),WERT(L,2)
      IF(WERT(L,1).LT.0.AND.WERT(L,2).GE.ERG2.AND.WERT(L,2).LE.0)
     +WRITE(9,400)WERT(L,1),WERT(L,2)
      IF(WERT(L,1).LT.0.AND.WERT(L,2).GE.ERG2.AND.WERT(L,2).GT.0)
     +WRITE(9,300)WERT(L,1),WERT(L,2)
      GOTO 30
   35 WRITE(9,150)WERT(L,1),WERT(L,2)
  150 FORMAT(2X,F5.1,4X,F5.1,9X,'NICHT DEFINIERT')
   30 CONTINUE
      STOP
      END
```

FUNKTIONEN Y=A*X UND Y=B*X

X	Y	GUELTIGKEIT
-325.000	400.000	AUSSERHALB
1.000	-1.000	INNERHALB
2.000	-1.000	INNERHALB
...	2.000	AUSSERHALB

FUNKTION Y=C/X

X	Y	GUELTIGKEIT
-325.000	400.000	AUSSERHALB
1.000	-1.000	AUSSERHALB
2.000	-1.000	AUSSERHALB
.500	2.000	INNERHALB
17.500	8.000	AUSSERHALB
0.0	0.0	NICHT DEFINIERT

5.2/12

```
        PROGRAM P5212
        REAL A(20)
        INTEGER R
        OPEN(11,FILE='A5212')
        PRINT*,'LAENGE N DER LISTE (N<=20): '
        READ*,N
        PRINT*,'EINGABE DER AUFSTEIGEND GEORDNETEN LISTE'
        READ*,(A(I),I=1,N)
        WRITE(11,5)
        WRITE(11,6) (A(I),I=1,N)
      2 PRINT*,'EINGABE WERT X'
        READ*,X
*
*       SUCHALGORITHMUS
*
        L=1
        R=N
      3 K=(L+R)/2
        IF(K.EQ.L) THEN
           IF(A(K+1).EQ.X) K=K+1
           IF(A(K).EQ.X) THEN
              WRITE(11,8) X,K
           ELSE
              WRITE(11,7)
           END IF
           GOTO 4
        END IF
        IF(A(K).EQ.X) THEN
           WRITE(11,8) X,K
        ELSE
           IF(A(K).GT.X) R=K
           IF(A(K).LT.X) L=K
           GOTO 3
        END IF
      4 PRINT*,'NEUES X (1/0) ?'
        READ*,JN
        IF(JN.EQ.1) GOTO 2
        STOP
      5 FORMAT(/' EINGEGEBENE LISTE: '/)
      6 FORMAT(' ',5F8.2)
      7 FORMAT(/' **WERT NICHT IN LISTE'/)
      8 FORMAT(/' ELEMENT',F8.2,' HAT DIE POSITION',I4)
        END
```

```
         EINGEGEBENE LISTE:

           -27.50   -13.70   -11.30    -2.50     0.40
             9.70    17.30    28.20    35.10    43.90

         ELEMENT   -2.50 HAT DIE POSITION   4

         ELEMENT   28.20 HAT DIE POSITION   8

         **WERT NICHT IN LISTE
```

5.2/13

```
       PROGRAM EGMAT (INPUT,OUTPUT)
       DIMENSION X(10,10),Y(10,10),Z(10,10)
       OPEN (9,FILE='SEACAT')
C      EINLESEN DER MATRIZEN
       PRINT*,'EINGABE MATRIX X'
       PRINT 1
     1 FORMAT (1X,'EINGABE SPALTENANZAHL UND ZEILENANZAHL')
       READ*,M,N
       PRINT*,'EINGABE WERTE MATRIX X'
       DO 100 J=1,N,1
          READ*,(X(J,K),K=1,M,1)
   100 CONTINUE
   200 PRINT*,'EINGABE MATRIX Y'
       PRINT 1
       READ*,MY,NY
       IF (M .NE. MY .OR. N .NE. NY) THEN
          PRINT*,'BITTE GLEICHE MATRIZEN EINGEBEN'
          GOTO 200
       END IF
       PRINT*,'EINGABE WERTE MATRIX Y'
       DO 300 J=1,N,1
          READ*,(Y(J,K),K=1,M,1)
   300 CONTINUE
C      VERGLEICH DER MATRIZEN
       DO 400 J=1,N,1
          DO 500 K=1,M,1
             IF (X(J,K) .EQ. Y(J,K)) THEN
                Z(J,K)=0.
             ELSE
                Z(J,K)=1.
             END IF
   500    CONTINUE
   400 CONTINUE
C      AUSGABESCHLEIFEN DER MATRIZEN X,Y UND Z
       WRITE (9,2)
       PRINT 2
     2 FORMAT (1H1 /// 13X,'AUSGABE MATRIX X')
       WRITE (9,5)
       PRINT 5
       DO 600 J=1,N,1
          WRITE (9,6) (X(J,K),K=1,M,1)
          PRINT 6,(X(J,K),K=1,M,1)
   600 CONTINUE
       WRITE (9,3)
       PRINT 3
     3 FORMAT (/// 13X,'AUSGABE MATRIX Y')
       WRITE (9,5)
       PRINT 5
       DO 700 J=1,N,1
          WRITE (9,6) (Y(J,K),K=1,M,1)
          PRINT 6,(Y(J,K),K=1,M,1)
   700 CONTINUE
       WRITE (9,4)
       PRINT 4
     4 FORMAT (/// 8X,'AUSGABE VERGLEICHSMATRIX T')
       WRITE (9,5)
       PRINT 5
     5 FORMAT (1X,40('=') /)
       DO 800 J=1,N,1
          WRITE (9,6) (Z(J,K),K=1,M,1)
          PRINT 6,(Z(J,K),K=1,M,1)
   800 CONTINUE
     6 FORMAT (/ 1X,10(1X,F8.2))
       CLOSE (9)
       STOP
       END
```

```
     AUSGABE VERGLEICHSMATRIX T
     ========================================

         0.00     0.00     1.00     0.00

         1.00     0.00     0.00     0.00

         0.00     0.00     1.00     1.00

         0.00     1.00     0.00     0.00

         1.00     1.00     0.00     0.00
```

5.2/14

```
      PROGRAM VERG
      CHARACTER GU
      DIMENSION X(30), Y(30)
      OPEN (9,FILE='ADAT')
*     N = ANZAHL DER WERTEPAARE
      PRINT*,'ZAHL DER WERTEPAARE: '
      READ*, N
      PRINT*,'EINGABE ALLER WERTEPAARE: '
      DO 10 I=1,N
*     X UND Y PAARWEISE EINGEBEN
      READ*,X(I),Y(I)
   10 CONTINUE
      WRITE(9,60)
   60 FORMAT(15X,'WERTEPAAR',10X,'GUELTIGKEIT'//)
      B=(1+(1-2.5/3)**0.5)**0.5
      DO 100 I=1,N
      A=3*X(I)**4-6*X(I)**2+2.5
      GU='-'
      YDA=ABS(Y(I)-A)
      IF((-B.LE.X(I).AND.X(I).LE.B).AND.(0.LE.YDA.AND.YDA.LE.
     1ABS(A))) GU='+'
      WRITE(9,70)X(I),Y(I),GU
   70 FORMAT(11X,F5.1,3X,F5.1,15X,A1)
  100 CONTINUE
      CLOSE(9)
      STOP
      END
```

WERTEPAAR		GUELTIGKEIT
2.0	-1.0	-
1.0	-0.5	+
-0.2	1.5	+
0.0	0.0	+
-1.0	-0.4	+
0.0	1.9	+
3.0	-2.0	-
1.2	2.5	-
-0.3	0.4	+
-1.1	-0.1	+

5.2/15

```
            PROGRAM P5215
            IMPLICIT INTEGER(A-Z)
            OPEN(11,FILE='A5215')
          1 PRINT*,'JAHR=?'
            READ*,JJ
            IF(JJ.EQ.0) GOTO 3
            K=JJ/100
            H=(13+8*K)/25
            L=K/4
            A=MOD(15-H+K-L,30)
            B=MOD(4+K-L,7)
            C=MOD(JJ,19)
            D=MOD(JJ,4)
            E=MOD(JJ,7)
            F=MOD(19*C+A,30)
            G=MOD(2*D+4*E+6*F+B,7)
            IF(F+G.LE.9) THEN
               TT=F+G+22
               MM=3
            ELSE IF(F.EQ.29.AND.G.EQ.6) THEN
                    TT=19
                    MM=4
            ELSE IF(F.EQ.28.AND.G.EQ.6.AND.C.GT.10) THEN
                    TT=18
                    MM=4
            ELSE
               TT=F+G-9
               MM=4
            END IF
            PRINT 2,JJ,TT,MM
            WRITE(11,2)JJ,TT,MM
          2 FORMAT(6X,'OSTERN',3X,I4,7X,I2.2,'.',I2.2,'.')
            GOTO 1
          3 CLOSE(11)
            STOP
            END
```

```
          OSTERN    1985        07.04.
          OSTERN    1986        30.03.
          OSTERN    1987        19.04.
          OSTERN    1988        03.04.
          OSTERN    1989        26.03.
          OSTERN    1990        15.04.
          OSTERN    1991        31.03.
          OSTERN    1992        19.04.
          OSTERN    1993        11.04.
          OSTERN    1994        03.04.
          OSTERN    1995        16.04.
```

(vgl.Aufg.6.2/4)

5.2/16

```
      PROGRAM TAB (INPUT, OUTPUT)
      INTEGER ALTER, STUD, GRUPPE
      INTEGER R1, R2, R3, R4, R5, R6, R7, R8, R9
      OPEN(9, FILE='WAGN')
      PRINT*,
    1 PRINT*, 'FAHRPREIS-ERMITTLUNG'
      READ*, ALTER, STUD, GRUPPE
*
*     UEBERPRUEFUNG DER EINGABEN
*
      IF (ALTER.LE.0)  GOTO 5
      IF (STUD.LT.0.OR.STUD.GT.1) GOTO 1
      IF (GRUPPE.LT.0.OR.GRUPPE.GT.1) GOTO 1
*
*     BERECHNUNG DES FAHRPREISES UND KODES
*
      IF (ALTER.LT.6) THEN
              PREIS = 0.00
              KODE  = 1
          ELSE IF (ALTER.GE.6.AND.ALTER.LE.13) THEN

              IF (GRUPPE.EQ.1) THEN
                 PREIS = 6.00
                 KODE  = 2
              ELSE
                 PREIS = 9.00
                 KODE  = 3
              ENDIF
          ELSE IF(ALTER.GT.14.AND.ALTER.LE.60) THEN
              IF (STUD.EQ.1) THEN
                 IF (GRUPPE.EQ.1) THEN
                    PREIS = 6.00
                    KODE  = 4
                 ELSE
                    PREIS = 9.00
                    KODE  = 5
                 ENDIF
              ELSE IF (GRUPPE.EQ.1) THEN
                    PREIS = 12.00
                    KODE  = 6
              ELSE
                    PREIS = 18.00
                    KODE  = 7
              ENDIF
          ELSE IF (GRUPPE.EQ.1) THEN
              PREIS = 6.00
              KODE  = 8
          ELSE
```

```
                    PREIS = 9.00
                    KODE  = 9
       ENDIF
*
*      AUSGABE
*
       PRINT*
       WRITE(9,3) ALTER,STUD,GRUPPE
     3 FORMAT(2X,'ALTER',I3,2X,'SCHUELER',I2,2X,'GRUPPE',I2)
       WRITE(9,4) PREIS,KODE
     4 FORMAT(2X,'FAHRPREIS DM ',F5.2,2X,'TARIF :R',I2 / )
       PRINT*,'ALTER: ',ALTER,'JAHRE'
       PRINT*,'SCHUELER/STUDENT (1=JA,0=NEIN)',STUD
       PRINT*,'GRUPPE>15 (1=JA,0=NEIN): ',GRUPPE
       PRINT*
       PRINT*,'FAHRPREIS BETRAEGT: ',PREIS,'DM'
       PRINT*
       PRINT*,'TARIFGRUPPE:R ',KODE
       PRINT*
       PRINT*
       GOTO 1
     5 CLOSE(9)
       STOP
       END
                         ALTER  5  SCHUELER 0  GRUPPE 0
                         FAHRPREIS DM  0.00    TARIF :R 1

                         ALTER  8  SCHUELER 0  GRUPPE 0
                         FAHRPREIS DM  9.00    TARIF :R 3

                         ALTER 10  SCHUELER 0  GRUPPE 1
                         FAHRPREIS DM  6.00    TARIF :R 2

                         ALTER 35  SCHUELER 1  GRUPPE 1
                         FAHRPREIS DM  6.00    TARIF :R 4

                         ALTER 38  SCHUELER 1  GRUPPE 0
                         FAHRPREIS DM  9.00    TARIF :R 5

                         ALTER 44  SCHUELER 0  GRUPPE 0
                         FAHRPREIS DM 18.00    TARIF :R 7

                         ALTER 99  SCHUELER 0  GRUPPE 1
                         FAHRPREIS DM  6.00    TARIF :R 8
```

5.2/17 Y = (.NOT.X1.AND..NOT.X2).OR.(X1.AND..NOT.X2).OR.
            (X1.AND.X2)   (die Klammern können entfallen)

   oder: X1N = .NOT.X1
           X2N = .NOT.X2
           Y = X1N.AND.X2N.OR.X1.AND.X2N.OR.X1.AND.X2

5.2/18 R = .NOT.A.AND.B.OR.A.AND..NOT.B
        U = A.AND.B

5.2/19

```
      PROGRAM P5219
*
      LOGICAL X1,X2,X3,X4,X5,X6,YA,YB
*
      OPEN(11,FILE='A5219')
      WRITE(11,1)
      X3=.TRUE.
      DO 8 I=1,8
         X3=.NOT.X3
         IF(I-4)3,3,4
 3       X1=.FALSE.
         IF(I-2)5,5,6
 4       X1=.TRUE.
         IF(I-6)5,5,6
 5       X2=.FALSE.
         GOTO 10
 6       X2=.TRUE.
 10      X4=.NOT.X1
         X5=.NOT.X2
         X6=.NOT.X3
         YA=X4.AND.X5.AND.X6.OR.X1.AND.X5.AND.X6.OR.X4.AND.
     +      X5.AND.X3
         YB=(X1.OR.X5.OR.X3).AND.(X4.OR.X5.OR.X3).AND.(X4
     +      .OR.X2.OR.X6).AND.(X1.OR.X5.OR.X6).AND.(X4.OR.
     +      X5.OR.X6)
         WRITE(11,7)X1,X2,X3,YA,YB
 8    CONTINUE
      CLOSE(11)
      STOP
 1    FORMAT(' X1',T6,'X2',T10,'X3',T18,'Y',T23,'Y'//
     +T17,'DNF',T22,'KNF'//)
 7    FORMAT(2X,L1,T7,L1,T11,L1,T18,L1,T23,L1)
      END
```

X1	X2	X3	Y DNF	Y KNF
F	F	F	T	T
F	F	T	T	T
F	T	F	F	F
F	T	T	F	F
T	F	F	T	T
T	F	T	F	F
T	T	F	F	F
T	T	T	F	F

5.2/20

```
      PROGRAM DECB2    (INPUT,OUTPUT)
************************************************************************
      LOGICAL X(4),H,B,A(0:9)
      INTEGER AUS(0:9),XE(4)
      OPEN (1,FILE='BCD')
      WRITE (1,10)
      WRITE (1,20)
      WRITE (1,30)
      WRITE (1,40)
10    FORMAT (//22X,'UMWANDLUNGSTABELLE',/)
20    FORMAT (12X,'DUALZAHLEN            DEZIMALZAHLEN')
30    FORMAT (10X,'I X4 X3 X2 X1 I 0  1  2  3  4  5  6  7  8  9 I')
40    FORMAT (10X,'I',13('-'),'I',30('-'),'I')
50    FORMAT (10X,'I',I3,3I3,1X,'I',I2,9I3,1X,'I'/10X,'I',13('-'),'I',
     +        30('-'),'I')
      DO 1 I=1,4
          X(I)=.FALSE.
1     CONTINUE
      DO 2 I=0,9
          A(0)=.NOT.X(1).AND..NOT.X(2).AND..NOT.X(3).AND..NOT.X(4)
          A(1)=.NOT.X(4).AND..NOT.X(3).AND..NOT.X(2).AND.X(1)
          A(2)=.NOT.X(3).AND.X(2).AND..NOT.X(1)
          A(3)=.NOT.X(3).AND.X(2).AND.X(1)
          A(4)=X(3).AND..NOT.X(2).AND..NOT.X(1)
          A(5)=X(3).AND..NOT.X(2).AND.X(1)
          A(6)=X(3).AND.X(2).AND..NOT.X(1)
          A(7)=X(3).AND.X(2).AND.X(1)
          A(8)=X(4).AND..NOT.X(1)
          A(9)=X(4).AND.X(1)
          DO 3 N=0,9
              AUS(N)=0
              IF (A(N)) AUS(N)=1
              DO 5 L=1,4
                  XE(L)=0
                  IF(X(L)) XE(L)=1
5             CONTINUE
3         CONTINUE
          WRITE (1,50) (XE(L),L=4,1,-1),(AUS(N),N=0,9)
          H=.TRUE.
          DO 4 J=1,4
              B=X(J).NEQV.H
              H=X(J).AND.H
              X(J)=B
4         CONTINUE
2     CONTINUE
      CLOSE (1)
      STOP
      END
```

```
                      UMWANDLUNGSTABELLE

          DUALZAHLEN            DEZIMALZAHLEN
          I X4 X3 X2 X1 I 0  1  2  3  4  5  6  7  8  9 I
          I-------------I------------------------------I
          I  0  0  0  0 I 1  0  0  0  0  0  0  0  0  0 I
          I-------------I------------------------------I
          I  0  0  0  1 I 0  1  0  0  0  0  0  0  0  0 I
          I-------------I------------------------------I
          I  0  0  1  0 I 0  0  1  0  0  0  0  0  0  0 I
          I-------------I------------------------------I
          I  0  0  1  1 I 0  0  0  1  0  0  0  0  0  0 I
          I-------------I------------------------------I
          I  0  1  0
```

5.2/21

```
      PROGRAM KOM     (INPUT, OUTPUT, TAPE5=OUTPUT)
      COMPLEX Z(20)
      CHARACTER*16  LAGE
      OPEN(6,FILE='KOMOUT')
    1 FORMAT(// 2X, 'REALTEIL',4X,'IMAGINAERTEIL',7X,'LAGE',
     +13X,'BETRAG' / 60('*')/)
    2 FORMAT(SP,2(F11.2,4X),A,3X,SS,F11.3 /)
    3 FORMAT(// 22('='),'ENDE DER TABELLE',22('='))
      READ*,N
      DO 10 I=1,N
           PRINT*, 'REALTEIL(',I,')      = ',
           READ*, ZREAL
           PRINT*, 'IMAGINAERTEIL(',I,') = ',
           READ*, ZIMAG
           PRINT*
           Z(I)=CMPLX(ZREAL,ZIMAG)
   10 CONTINUE
      WRITE (5,1)
      WRITE (6,1)
      DO 20 I=1,N
           ZREAL=REAL(Z(I))
           ZIMAG=AIMAG(Z(I))
           C=(Z(I)*CONJG(Z(I)))**0.5
           IF (ZREAL.EQ.0 .AND. ZIMAG.EQ.0) THEN
                LAGE='NULLPUNKT'
           ELSE IF (ZREAL.GT.0 .AND. ZIMAG.EQ.0) THEN
                LAGE='POS. REELLE ACHSE'
           ELSE IF (ZREAL.LT.0 .AND. ZIMAG.EQ.0) THEN
                LAGE='NEG. REELLE ACHSE'
           ELSE IF (ZREAL.EQ.0 .AND. ZIMAG.GT.0) THEN
                LAGE='POS. IMAG.  ACHSE  '
           ELSE IF (ZREAL.EQ.0 .AND. ZIMAG.LT.0) THEN
                LAGE='NEG. IMAG.  ACHSE'
           ELSE IF (ZREAL.GT.0 .AND. ZIMAG.GT.0) THEN
                LAGE='1. QUADRANT'
           ELSE IF (ZREAL.LT.0 .AND. ZIMAG.GT.0) THEN
                LAGE='2. QUADRANT'
           ELSE IF (ZREAL.LT.0 .AND. ZIMAG.LT.0) THEN
                LAGE='3. QUADRANT'
           ELSE IF (ZREAL.GT.0 .AND. ZIMAG.LT.0) THEN
                LAGE='4. QUADRANT'
           END IF
           WRITE (5,2) ZREAL,ZIMAG,LAGE,C
           WRITE (6,2) ZREAL,ZIMAG,LAGE,C
   20 CONTINUE
      WRITE (5,3)
      STOP
      END
```

REALTEIL	IMAGINAERTEIL	LAGE	BETRAG
+6735753.14	+3888888.89	1. QUADRANT	7777777.778
-10.73	+122.65	2. QUADRANT	123.118
-1.03	-.38	3. QUADRANT	1.098
+2.80	-1.43	4. QUADRANT	3.144
+0.00	+444.00	POS. IMAG. ACHSE	444.000
+0.00	+0.00	NULLPUNKT	0.000
+3.14	+0.00	POS. REELLE ACHSE	3.140
-123.00	+0.00	NEG. REELLE ACHSE	123.000
+0.00	-456.00	NEG. IMAG. ACHSE	456.000
+277617.30	+1202492.63	1. QUADRANT	1234123.126

5.2/22

```
       PROGRAM P5222
       LOGICAL A(2),B(2),C(2),D,E,F
       DATA (A(I),B(I),C(I),I=1,2)/3*.TRUE.,3*.FALSE /
       OPEN(11,FILE='A5221')
       DO 1 I=1,2
          DO 1 J=1,2
             DO 1 K=1,2
                D=A(I).EQV..NOT.B(J)
                E=B(J).EQV..NOT.C(K)
                F=C(K).EQV.(.NOT.B(J).AND..NOT.A(I))
                IF(D.AND.E.AND.F) GOTO 2
     1 CONTINUE
     2 IF(A(I)) WRITE(11,'(A)') ' ALEX SAGT DIE WAHRHEIT'
       IF(B(J)) WRITE(11,'(A)') ' BJOERN SAGT DIE WAHRHEIT'
       IF(C(K)) WRITE(11,'(A)') ' CHRIS SAGT DIE WAHRHEIT'
       WRITE(11,'(/1X,A)') 'DER REST LUEGT !'
       CLOSE(11)
       STOP
       END
```

Unter Verwendung der Beziehungen $a \leftrightarrow \bar{b} = a \not\leftrightarrow b$ sowie $\overline{a \wedge b} = \overline{a} \vee \overline{b}$ (de Morgan) könnte man D,E,F auch folgendermaßen verknüpfen:

```
D=A(I).NEQV.B(J)
E=B(J).NEQV.C(K)
F=C(K).NEQV.(B(J).OR.A(I))
```

BJOERN SAGT DIE WAHRHEIT

DER REST LUEGT !

Lösungen 6.1/1 – 6.1/5

6.1/1   generisch und REAL: SQRT(X)
        D.P.:   DSQRT(X);   COMPLEX: CSQRT(C)

6.1/2   F(V) = A*V**2*EXP(-V*V/B)

        generisch und REAL: EXP(X)
        D.P.:   DEXP(X);   COMPLEX: CEXP(C)

6.1/3   arctan x: generisch und REAL: ATAN(X)
                    D.P.:   DATAN(X)

        cos x: generisch und REAL: COS(X)
                    D.P.:   DCOS(X)
                    COMPLEX: CCOS(C)

        sin x: generisch und REAL: SIN(X)
                    D.P.:   DSIN(X)
                    COMPLEX: CSIN(C)

6.1/4   generisch: ABS(C),   speziell: CABS(C)

        weiter speziell: INTEGER: IABS(K)
                           REAL: ABS(X)
                           D.P.:   DABS(X)

6.1/5

```
        PROGRAM FT615
*
        COMPLEX U, V, Y1, Y2, Y3, EPS1, EPS2, Z
        G=1./3.
        PRINT*,' EINGABE DER KOEFFIZIENTEN VON P UND Q:'
        READ*, P, Q
*
        D=Q*Q+P*P*P
        R=SQRT(ABS(D))
*
```

```
      OPEN(11,FILE='ZA')
      IF(D.LT.O) THEN
         U=-Q+CMPLX(O.,R)
         V=-Q+CMPLX(O.,-R)
         U=U**G
         V=V**G
      ELSE
         T=-Q+R
         S=-Q-R
         U=SIGN(ABS(T)**G,T)
         V=SIGN(ABS(S)**G,S)
      END IF
*
      EPS1=CMPLX(-0.5,SQRT(3.)/2)
      EPS2=CONJG(EPS1)
      Y1=U+V
      Y2=EPS1*U+EPS2*V
      Y3=EPS2*U+EPS1*V
*
      PRINT 10,P,Q
      WRITE(11,10) P,Q
      PRINT 100,1,Y1,2,Y2,3,Y3
      WRITE(11,100) 1,Y1,2,Y2,3,Y3
*
      Z=Y1+Y2+Y3
      A2=Y1*Y2*Y3
      A4=-2*Q
      IF(ABS(Z).GT.1E-4.OR.ABS(A2-A4).GT.1E-4) THEN
         PRINT*,'LOESUNG NICHT KORREKT'
         WRITE(11,'(/''LOESUNG NICHT KORREKT'')')
      END IF
      CLOSE(11)
      STOP
   10 FORMAT(///' LOESUNG DER REDUZIERTEN KUBISCHEN GLEI',
     +'CHUNG Y**3+3PY+2Q=0'/' MIT     P= ',F9.5,',',5X,
     +'Q= ',F9.5,' :')
  100 FORMAT(/' LOESUNGEN:'/3(/' Y',I1,' =',F11.4,
     +'  +  i',F11.4))
*
      END
```

```
LOESUNG DER REDUZIERTEN KUBISCHEN GLEICHUNG Y**3+3PY+2Q=0
MIT     P=  -3.33333,    Q=  -3.50000 :

LOESUNGEN:

Y1 =      3.4669   +   i    -0.0000
Y2 =     -2.7262   +   i     0.0000
Y3 =     -0.7406   +   i    -0.0000
```



```
LOESUNG DER REDUZIERTEN KUBISCHEN GLEICHUNG Y**3+3PY+2Q=0
MIT     P=  -2.66667,    Q=   7.00000 :

LOESUNGEN:

Y1 =     -3.4692   +   i     0.0000
Y2 =      1.7346   +   i     1.0132
Y3 =      1.7346   +   i    -1.0132
```

Der vorliegende Lösungsvorschlag wurde für den Nachdruck
neu aufgenommen.

6.2/1

```
      PROGRAM P621
*
      Y(X)=X*X-SQRT(X)-2
      W(X)=2*X-0.5*X**(-0.5)
      U(X)=2+0.25*X**(-1.5)
*
      OPEN(11,FILE='A621')
      PRINT*
      PRINT*,'MIT (1) ODER OHNE (0) FUNKTIONSTABELLE: '
      READ*,IA
      IF(IA.LE.0) GOTO 1
      PRINT*,'ANFANGSWERT, ENDWERT, SCHRITTWEITE: '
      READ*,XA,XE,DX
*
      PRINT*,'FUNKTIONSTABELLE: '
      WRITE(11,'(//'' FUNKTIONSTABELLE: '')')
      WRITE(11,'(/13X,''X'',13X,''Y''/)')
      I=1
      DO 2 X=XA,XE+1E-4,DX
         PRINT*,I,X,Y(X)
         WRITE(11,'(I3,2F14.6)') I,X,Y(X)
         I=I+1
    2 CONTINUE
      PRINT*
      PRINT*,'ENDE DER FUNKTIONSTABELLE; '
      PRINT*,'NULLSTELLEN-SCHAETZUNG ENTNEHMEN! '
      PRINT*
    1 PRINT*,'E I N G A B E DES SCHAETZWERTES: '
      PRINT*
      READ*,X
      PRINT*,'GENAUIGKEIT: EINGABE M (EXPONENT < 0): '
      READ*,M
      G=10.**M
      PRINT*
*
*     BERECHNUNG UND AUSDRUCK
*
      PRINT*,'NAEHERUNGSFOLGE: '
      WRITE(11,'(//'' NAEHERUNGSFOLGE: ''/)')
      X1=X
      DO 3 K=1,10000
         Y1=Y(X1)
         PRINT*,K-1,X1,Y1
         WRITE(11,'(I3,2F14.6)') K-1,X1,Y1
         IF(ABS(Y1).LT.G) GOTO 4
         X1=X1-Y(X1)/W(X1)*(1+Y(X1)*U(X1)/(2*W(X1)**2))
    3 CONTINUE
*
```

```
4 PRINT*
  PRINT 5,G,X1
  WRITE(11,5)G,X1
  CLOSE(11)
  STOP
5 FORMAT(/' NULLSTELLE FUER'/' FUNKTIONSGENAUIGKEIT',
 1        E12.2,':'///' X =',F11.6)
  END
```

FUNKTIONSTABELLE:

	X	Y
1	1.000000	-2.000000
2	1.100000	-1.838809
3	1.200000	-1.655446
4	1.300000	-1.450176
5	1.400000	-1.223217
6	1.500000	-0.974746
7	1.599999	-0.704913
8	1.699999	-0.413843
9	1.799999	-0.101644
10	1.899999	0.231592
11	1.999999	0.585783

NAEHERUNGSFOLGE:

0	1.800000	-0.101641
1	1.831171	-0.000022
2	1.831177	0.000000

NULLSTELLE FUER
FUNKTIONSGENAUIGKEIT   0.10E-05:

X =   1.831177

6.2/2

```
        INTRINSIC SIN,COS              FUNCTION TRIG(X,Y,Z,A,B)
            :                          TRIG=X(A+B)/Y(A)/Z(B)
                                       RETURN
        ALP=...                        END
        BET=...
        F1P=   TRIG(SIN,COS,COS,ALP,BET)
        F1M=   TRIG(SIN,COS,COS,ALP,-BET)
        F2P=   TRIG(SIN,SIN,SIN,ALP,BET)
        F2M=   TRIG(SIN,SIN,SIN,ALP,-BET)
        F3 =  -TRIG(COS,COS,SIN,ALP,-BET)
        F4 =   TRIG(COS,SIN,COS,ALP,BET)
            :
```

6.2/3

```
      PROGRAM RG1 (INPUT,OUTPUT)
      EXTERNAL FKT
      OPEN (9,FILE='RO')
      WRITE (9,5)
    5 FORMAT (5X,'ERGEBNISTABELLEN DER INTEGRATIONSNAEHERUNGEN'/
     +5X,44('=')/// 33X,'N',10X,'INTEGRAL'/33X,19('-')))
*
*     AUSWAHL DES BERECHNUNGSVERFAHRENS
*
   10 PRINT*, 'WELCHES VERFAHREN WIRD GEWAEHLT?'
      PRINT*, 'GEBEN SIE DIE KENNZIFFER EIN'
*
      PRINT*, 'KEZ= ',
      READ*, J
*
*     AUSGABE DER TABELLEN
*
      GOTO (1,2,3,4),J
    1 WRITE (9,20)
   20 FORMAT (//5X, 'SEHNENTRAPEZREGEL'/ 5X,17('*'))
      GOTO 60
    2 WRITE (9,30)
   30 FORMAT (//5X, 'TANGENTENTRAPEZREGEL'/ 5X,20('*'))
      GOTO 60
    3 WRITE (9,40)
   40 FORMAT (//5X, 'SIMPSONFORMEL'/ 5X,13('*'))
      GOTO 60
    4 WRITE (9,50)
   50 FORMAT (//5X, 'ROMBERG-VERFAHREN'/ 5X,17('*'))
*
*     EINLESEN DER INTEGRATIONSGRENZEN
*
   60 PRINT*, 'GEBEN SIE DIE UNTERE GRENZE A EIN'
      PRINT*, 'A= ',
      READ*, A
      PRINT*, 'GEBEN SIE DIE OBERE GRENZE B EIN'
      PRINT*, 'B= ',
      READ*, B
*
*     EINLESEN DER BERECHNUNGSDURCHLAEUFE
*
   70 PRINT*, 'ANZAHL DER BERECHNUNGSDURCHLAEUFE?'
```

Lösungen 6.2/3

```
       READ*, N
       IF(J.EQ.4) GOTO 90
       PRINT 80, N, INTEG1(A,B,N,FKT,J)
       WRITE (9,80) N, INTEG1(A,B,N,FKT,J)
    80 FORMAT (30X,I4,7X,F10.6/)
       GOTO 110
    90 PRINT 100, N, INTEG2(A,B,N,J)
       WRITE (9,100)N, INTEG2(A,B,N,J)
   100 FORMAT (30X,I4,7X,F10.6/)
*
   110 PRINT*, 'FOLGEN NOCH WEITERE BERECHNUNGEN? JA=1, NEIN=0'
       READ*, M
       IF(M.EQ.0) GOTO 120
*
       PRINT*, 'BLEIBEN DIE GRENZEN UND DAS BERECHNUNGSVERFAHREN
      +GLEICH? JA=1, NEIN=0'
       READ*, MM
       IF(MM.EQ.1) GOTO 70
       GOTO 10
   120 CLOSE (9)
       STOP
       END
*
*
*      FUNKTIONSUNTERPROGRAMME
*
   100 REAL FUNCTION INTEG1 (A,B,N,F,J)
       H=(B-A)/N
       GOTO (130,150,130)J
*
*      SEHNENTRAPEZREGEL
*
*
   130 RN=(F(A)+F(B))/2
       DO 140  I=1,N-1
          RN=RN+F(A+I*H)
   140 CONTINUE
       RN=RN*H
       IF(J.EQ.3) GOTO 150
       INTEG1=RN
       RETURN
*
*      TANGENTENTRAPEZREGEL
*
   150 TN=0
       DO 160  I=1,N/2
          TN=TN+F(A+(2*I-1)*H)
   160 CONTINUE
       TN=TN*2*H
       IF(J.EQ.3) GOTO 170
       INTEG1=TN
       RETURN
*
*      SIMPSONFORMEL
*
*
   170 SN=(TN+2*RN)/3
       INTEG1=SN
       RETURN
       END
```

```
      REAL FUNCTION INTEG2 (A,B,N,J)
      DIMENSION S(0:10,0:10)
      EXTERNAL FKT
      REAL INTEG1
*
*     ROMBERG-VERFAHREN
*
      K=0
      L=N
      DO 180  M=0,L
         N=2**M
         S(M,K)=INTEG1 (A,B,N,FKT,1)
  180 CONTINUE
*
      NN=1
      DO 190  K=1,L
         DO 200  N=NN,L
            D=S(N,K-1)
            E=S(N-1,K-1)
            F=4**K-1
            G=(4**K*D-E)/F
            S(N,K)=G
  200    CONTINUE
         NN=NN+1
  190 CONTINUE
      N=N-1
      INTEG2=S(N,N)
      RETURN
      END
*
*
*     ZU BERECHNENDE FUNKTION
*
*
      FUNCTION FKT(X)
      FKT=SQRT(1-X**2)
      END
```

ERGEBNISTABELLEN DER INTEGRATIONSNAEHERUNGEN
==

N	INTEGRAL					
	(1)	(2)	(3)			(4)
					2	.772691
4	.748927	.814842	.770899			
					3	.781055
8	.772455	.795982	.780297			
					4	.783877
16	.780813	.789172	.783599			
					5	.784862
32	.783776	.786738	.784763			
					6	.785209
100	.785104	.785641	.785283			
					7	.785331

6.2/4
```
FUNCTION DIV(Z,N)
INTEGER X,Y,Z,N,DIV
X=Z/N
Y=X*N
DIV=Z-Y
RETURN
END
```

Hauptprogramm:
```
IMPLICIT INTEGER (A-Z)
 :
P=15-H+K-L
Q=4+K-L
N1=30
N2=7
N3=19
N4=4
A=DIV(P,N1)
B=DIV(Q,N2)
C=DIV(J,N3)
D=DIV(J,N4)   usw.
```

6.2/5   Aktuelle Parameter sind solche, die beim Aufruf eines Unterprogrammes vom Hauptprogramm an dieses zum aktuellen Rechnen übergeben werden. Dabei kann es sich um Konstanten, Variable (auch indiziert), Feldnamen, Ausdrücke und Funktionsnamen (im Zusammenhang mit INTRINSIC und EXTERNAL) handeln.
Formale Parameter sind solche, die im Unterprogramm für dieses definiert sind und ihre Zuordnung zu den aktuellen Parametern in der vorgegebenen Reihenfolge finden. Sie dürfen nur gültige (nicht indizierte) Variablennamen sein und sollen dem Typ der zuzuordnenden aktuellen Parameter entsprechen.
Beisp. Aufg. 6.2/4 (Lösung):
Das FUNCTION-UP DIV besitzt die formalen Parameter Z und N. Die aktuellen Parameter, mit denen dieses UP jeweils zu rechnen ist, werden im HP in der gleichen Reihenfolge in der Parameterliste angegeben:
z.B. A = DIV(P,N1):
aktuelle Parameter: P, N1, Zuordnung zu den formalen Parametern Z,N des UP, das demnach mit Z = P und N = N1 gerechnet wird. Beim FUNCTION-UP wird das Ergebnis (im Gegensatz zum SUBROUTINE-UP, s. Abschn. 6.3) dem UP-Namen (hier: DIV) zugewiesen.

(Anmerkung: Zur Verallgemeinerung könnte man hier "Hauptprogramm" durch "übergeordnetes Programm" ersetzen.)

6.2/6

a)
```
      PROGRAM QUAWU
*
      XN(XA)=(3*A+XA*XA)*XA/(3*XA*XA+A)
*
      OPEN(11,FILE='AB622')
      PRINT*,'EINGABE:   A>0: '
      READ*,A
      IF(A.LE.0.) GOTO 1
      XO=A/2
      PRINT*,'EINGABE:   RELATIVE GENAUIGKEIT UND MAXIMALE'
      PRINT*,'ITERATIONSZAHL: '
      READ*,RG,MI
      WRITE(11,2)A,RG,MI
*
      WRITE(11,'('' 0'',F15.7)') XO
      XA=XO
      DO 3 I=1,MI
         XA=XN(XA)
         WRITE(11,4)I,XA
         IF(ABS(XA*XA-A)/A.LT.RG) GOTO 5
    3 CONTINUE
    5 WRITE(11,6)I,XA
    1 CLOSE(11)
      STOP
    2 FORMAT(' A= ',F10.4//' RELATIVE GENAUIGKEIT= ',E12.4/
     1' MAXIMALE ITERATIONSZAHL= ',I4//' ITERATIONEN:'/)
    4 FORMAT(I4,F15.7)
    6 FORMAT(/' *** ERGEBNIS:   X(',I3,') = ',F10.6)
      END
```

b) Änderungen:

```
      PROGRAM QUAWU
*
      OPEN(11,FILE='AB622')
      PRINT*,'EINGABE:   A>0: '
      READ*,A
      IF(A.LE.0.) GOTO 1
      XO=A/2
      PRINT*,'EINGABE:   RELATIVE GENAUIGKEIT'
      PRINT*,'ITERATIONSZAHL: '
      READ*,RG,MI
      ...
                                           ...=II= ',E12.4/
                                        ',/'  ITERATIONEN:'/)

            ... ERGEBNIS:   X(',I3,') = ',F10.6)
      END
*
*
      FUNCTION XN(ZAHL,ITWERT)
      REAL ITWERT
      XN=(3*ZAHL+ITWERT*ITWERT)*ITWERT/(3*ITWERT*ITWERT+ZAHL)
      RETURN
      END
```

```
A=    193.0000

RELATIVE GENAUIGKEIT=    0.1000E-04
MAXIMALE ITERATIONSZAHL=    20

ITERATIONEN:

    0      96.5000000
    1      33.9322433
    2      16.0990295
    3      13.9035110
    4      13.8924427

*** ERGEBNIS:   X( 4) =   13.892443


A=    5555.0000

RELATIVE GENAUIGKEIT=    0.1000E-04
MAXIMALE ITERATIONSZAHL=    20

ITERATIONEN:

    0     2777.5000000
    1      927.6105957
    2      314.5151978
    3      120.2495728
    4       76.4845581
    5       74.5321808

*** ERGEBNIS:   X( 5) =   74.532181
```

6.2/7

a) Änderungen gegenüber Lösung 6.2/6:

```
        PROGRAM QUAWU
*
        XN(XA)=(XA+A/XA)/2
*
        OPEN(11,FILE='AB622')
        PRINT*,'EINGABE:   A>0:'
        READ*,A
        IF(A.LE.0.) GOTO 1
        X0=(1+A)/2
        PRINT*,'EINGABE·
        PRINT·
```

b) Änderungen:

```
        PROGRAM QUAWU
*
        OPEN(11,FILE='AB622')
        PRINT*,'EINGABE:  A>0: '
        READ*,A
        IF(A.LE.0.) GOTO ...
        X0=(1+...
```

(teilweise unleserlich, enthält u.a. `...= ',E12.4/` und `ITERATIONEN:'/)` sowie `ERGEBNIS: X(',I3,') = ',F10.6)`)

```
*
        FUNCTION XN(ZAHL,ITWERT)
        REAL ITWERT
        XN=(ITWERT+ZAHL/ITWERT)/2
        RETURN
        END
```

```
     A=   193.0000

     RELATIVE GENAUIGKEIT=   0.1000E-04
     MAXIMALE ITERATIONSZAHL=    20

     ITERATIONEN:

         0       97.0000000
         1       49.4948425
         2       26.6971169
         3       16.9631805
         4       14.1703815
         5       13.8951683
         6       13.8924427

    *** ERGEBNIS:  X(  6) =   13.892443


     A=   5555.0000

     RELATIVE GENAUIGKEIT=   0.1000E-04
     MAXIMALE ITERATIONSZAHL=    20

     ITERATIONEN:

         0     2778.0000000
         1     1389.9997559
         2      696.9980469
         3      352.4839478
         4      184.1217651
         5      107.1459961
         6       79.4955597
         7       74.6868286
         8       74.5320282

    *** ERGEBNIS:  X(  8) =   74.532028
```

6.3/1

```
SUBROUTINE NUMIN(A,B,N,F,J,INTEG1)
REAL INTEG1
 :
 :
RETURN
END
```

Aufruf im Hauptprogramm:

Hinter   IF(J.EQ.4) GOTO 90   müßte es heißen:

```
CALL NUMIN(A,B,N,FKT,J,ZW)
PRINT 80, N, ZW
WRITE (9,80) N, ZW
 :
```

und analog beim Aufruf durch das Romberg-Verfahren:

```
 :
N = 2**M
CALL NUMIN(A,B,N,FKT,1,S(M,K))
..CONTINUE
 :
```

6.3/2

```
       PROGRAM A21 (INPUT,OUTPUT)
       REAL A(1:10,1:10)
       OPEN(1,FILE='MAT')
10     PRINT*,'ANZAHL DER ZEILEN/SPALTEN'
       READ*,N
       IF(N.GT.10) THEN
       PRINT*,'NEUE EINGABE NMAX=10'
       GOTO 10
       ENDIF
*      ZEILENWEISE EINGABE DER MATRIX UND BESTIMMUNG
*      DER INDIZES DES BETRAGSKLEINSTEN/GROESSTEN WERTES
       PRINT*,'ZEILENWEISE EINGABE DER MATRIX: '
       K=1
       L=1
       M=1
       NN=1
       DO 20 I=1,N
       DO 20 J=1,N
       READ*,A(I,J)
       IF(ABS(A(I,J)).GT.ABS(A(K,L))) THEN
       K=I
       L=J
       ENDIF
       IF(ABS(A(I,J)).LT.ABS(A(M,NN))) THEN
       M=I
       NN=J
       ENDIF
20     CONTINUE
       WRITE(1,'(/5X,A/)')'MATRIX: '
       DO 30 I=1,N
       WRITE(1,'(5X,10F10.4)')(A(I,J),J=1,N)
       PRINT*,(A(I,J),'        ',J=1,N)
30     CONTINUE
```

```
            WRITE(1,40)'BETRAGSKLEINSTES ELEMENT: ',A(M,NN)
            PRINT*,'BKE= ',A(M,NN)
40          FORMAT(/5X,A,2X,F10.4/)
            KA = M
            KB = NN
            CALL TEST (KA,KB,N,A)
            WRITE(1,50)'BETRAGSGROESSTES ELEMENT: ',A(K,L)
            PRINT*,'BGE= ',A(K,L)
50          FORMAT(/5X,A,2X,F10.4/)
            KA = K
            KB = L
            CALL TEST (KA,KB,N,A)
            CLOSE (1)
            STOP
            END

            SUBROUTINE TEST (KA,KB,N,A)
            DIMENSION A(10,10)
            WRITE(1,10)'IN ZEILE: ',KA,'UND SPALTE: ',KB
            PRINT*,'IN ZEILE ',KA,'   UND SPALTE ',KB
10          FORMAT(5X,A,I5,5X,A,I5)
            DO 30 I=1,N
            DO 30 J=1,N
            IF( A(I,J).EQ.A(KA,KB) .AND. (KA.NE.I.OR.KB.NE.J))THEN
            WRITE(1,20)'UND: ','IN ZEILE: ',I,'UND SPALTE: ',J
            PRINT*,'UND IN: ',I,'UND: ',J
20          FORMAT(2X,A/5X,A,1X,I5,5X,A,I5)
            ENDIF
30          CONTINUE
            RETURN
            END
```

```
BETRAGSKLEINSTES ELEMENT:       .9000

IN ZEILE:          1      UND SPALTE:       4

BETRAGSGROESSTES ELEMENT:     -31.5000

IN ZEILE:          4      UND SPALTE:       2
```

6.3/3   M,N,A,B,C ergeben sich aus der Aufgabenstellung.

```
      SUBROUTINE MULTIP (A,B,C,N,M)
      DIMENSION A(10,10),B(10,10),C(10,10)
      DO 100 K = 1,N
         DO 100 V = 1,N
            C(V,K)=0
            DO 100 L = 1,M
               C(V,K)=C(V,K)+B(V,L)*A(L,K)
100   CONTINUE
      RETURN
      END
```

```
      SUBROUTINE MULTIP
      COMMON/DAT/A(10,10),B(10,10),C(10,10),N,M
      DO 100 K = 1,N
         DO 100 V = 1,N
            C(V,K)=0
            DO 100 L = 1,M
               C(V,K)=C(V,K)+B(V,L)*A(L,K)
100   CONTINUE
      RETURN
      END
```

6.3/4

```
      PROGRAM HP1(INPUT,OUTPUT)
      COMPLEX Z,WR,W
      PRINT 5
      OPEN(1,FILE='RUEBE')
      OPEN(2,FILE='RUEBE2')
    5 FORMAT(1H1,'DIESES PROGRAMM BERECHNET DIE IDENTISCHEN PKT. U,JV'/
     +'IN DER KOMPLEXEN EBENE W=X+JY FUER DEN COSINUS EINER KOMPLEXEN '/
     +'ZAHL Z=X+JY.'//)
      PI=3.141592654
      DO 20 X=0.,PI+PI/16.,PI/8.
      WRITE(1,101)
  101 FORMAT(1H1 /// 4X,'X',8X,'JY',13X,'W',17X,'WREIHE'/1X,55('='))
      DO 10 Y=-1.2,1.2,0.1
      Z=CMPLX(X,Y)
      CALL UP1 (Z,U,V,W,WR)
      WRITE(1,200)X,Y,W,WR
  200 FORMAT(F9.6,3X,F4.1,3X,2F9.6,3X,2F9.6/)
      PRINT 200,X,Y,W,WR
   10 CONTINUE
   20 CONTINUE
      DO 40 Y=-1.2,1.2,0.4
      PRINT 100
      WRITE(2,101)
      DO 30 X=0.,PI+PI/64.,PI/32.
      Z=CMPLX(X,Y)
      CALL UP1 (Z,U,V,W,WR)
      WRITE(2,200)X,Y,W,WR
      PRINT 200,X,Y,W,WR
   30 CONTINUE
   40 CONTINUE
      CLOSE (1)
      CLOSE (2)
      STOP
      END
      SUBROUTINE UP1 (Z,U,V,W,WR)
      COMPLEX Z,W,WR
      W=CCOS(Z)
      WR=(1.,0.)
      DO 50 K=2,20,2
      AFAK=1.
      DO 45 I=1,K
      AFAK=AFAK*I
   45 CONTINUE
      WR=WR+((-1)**(K/2)*Z**K/AFAK)
   50 CONTINUE
      U=REAL(WR)
      V=AIMAG(WR)
      RETURN
      END
```

X	JY	W	WREIHE
3.141593	-1.2	-1.810656 -.000000	-1.810656 -.000000
3.141593	-1.1	-1.668519 -.000000	-1.668519 -.000000

Das Tabellenwerk wird recht umfangreich.

6.3/5

```
      PROGRAM HP1(INPUT,OUTPUT)
      INTEGER X(4),Y(4)
      LOGICAL LX(4),LY(4)
 10   CONTINUE
      DATA X /4*0/
      PRINT 15
 15   FORMAT( 'MIT DIESEM PROGRAMM KOENNEN SIE DEN GRAY-CODE IN'/
     +'GRAY-STIBITZ-CODE UMWANDELN. SIE HABEN DIE MOEGLICHKEIT AUSZU-'/
     +'WAEHLEN ZWISCHEN DEM AUSDRUCKEN DER 16 MOEGLICHEN BITMUSTER'/
     +'                                              EINGABE= 1'/
     +'ODER DEM AUSDRUCKEN EINER BESTIMMTEN BITKOMBINATION.'/
     +'                                              EINGABE= 2'/////)
 20   READ 25,IENT
 25   FORMAT(I1)
      GO TO (100,200),IENT
      PRINT*, 'FALSCHE EINGABE. BITTE NOCH EINMAL EINGEBEN.'
      GO TO 20
 100  OPEN (1,FILE='CODETAB')
      PRINT 130
 130  FORMAT(1H1,'    X4    X3    X2    X1   --->   Y4    Y3    Y2    Y1'//)
      WRITE(1,130)
      DO 120 I4=2,3
      DO 115 I3=2,3
      DO 110 I2=2,3
      DO 105 I1=2,3
      CALL UPRO(X,Y)
      PRINT 135,X(4),X(3),X(2),X(1),Y(4),Y(3),Y(2),Y(1)
 135  FORMAT(4X,I1,4X,I1,4X,I1,4X,I1,'    --->   ',I1,4X,I1,4X,I1,4X,I1/)
      WRITE(1,135)(X(I),I=4,1,-1),(Y(K),K=4,1,-1)
      X(1)=X(1)+(-1)**I1
 105  CONTINUE
      X(2)=X(2)+(-1)**I2
 110  CONTINUE
      X(3)=X(3)+(-1)**I3
 115  CONTINUE
      X(4)=X(4)+(-1)**I4
 120  CONTINUE
      PRINT*, '              PROGRAMM BEENDEN EINGABE= 0 '
      PRINT*, '              PROGRAMM VON NEUEM    "   = 1 '
      READ 25,IENT
      IF (IENT.EQ.1) GOTO 10
      CLOSE (1)
      STOP
 200  OPEN(2,FILE='BIMU')
      PRINT*, 'EINGABE DES BITMUSTERS IN DER REIHENFOLGE :'
      PRINT*, '    X4    X3    X2    X1    MIT: 1 ODER 0.'
      DO 210 I=4,1,-1
 205  READ 25,X(I)
      IF(X(I).EQ.0) GOTO 210
      IF(X(I).EQ.1) GOTO 210
      PRINT*, 'FALSCHE EINGABE. BITTE NOCH EINMAL!'
      GOTO 205
 210  CONTINUE
      CALL UPRO(X,Y)
      PRINT 130
      PRINT 135,(X(I),I=4,1,-1),(Y(I),I=4,1,-1)
      WRITE(2,130)
      WRITE(2,135)(X(I),I=4,1,-1),(Y(I),I=4,1,-1)
      READ 25,IENT
      IF(IENT.EQ.1) GOTO 10
      CLOSE (2)
      STOP
      END


      SUBROUTINE UPRO(X,Y)
      LOGICAL LX(4),LY(4)
      INTEGER X(4),Y(4)
      LX(1)=.FALSE.
      LX(2)=.FALSE.
      LX(3)=.FALSE.
```

Lösungen 6.3/5

```
      LX(4)=.FALSE.
      DO 10 K=1,4
      IF(X(K).EQ.0) GOTO 10
      LX(K)=.TRUE.
  10  CONTINUE
      LY(1)= LX(2).AND..NOT.LX(3) .OR. .NOT.LX(2).AND.LX(3).AND.
     +.NOT.LX(4)
      LY(2)= LX(1).AND..NOT.LX(3) .OR.LX(4).OR. .NOT.LX(1).AND.
     +.NOT.LX(2)
      LY(3)= LX(3).AND..NOT.LX(4) .OR. .NOT.LX(1).AND.LX(3) .OR.
     + LX(1).AND..NOT.LX(3) .OR.LX(2)
      LY(4)= LX(1).AND.LX(3) .OR. .NOT.LX(2).AND.LX(3)
      DO 20 K=1,4
      IF(LY(K)) THEN
      Y(K)=1
      ELSE
      Y(K)=0
      END IF
  20  CONTINUE
      RETURN
      END
```

X4	X3	X2	X1	--->	Y4	Y3	Y2	Y1
0	0	0	0	--->	0	0	1	0
0	0	0	1	--->	0	1	1	0
0	0	1	0	--->	0	1	0	1
0	0	1	1	--->	0	1	1	1
0	1	0	0	--->	1	1	1	1
0	1	0	1	--->	1	1	0	1
0	1	1	0	--->	0	1	0	0
0	1	1	1	--->	1	1	0	0
1	0	0	0	--->	0	0	1	0
1	0	0	1	--->	0	1	1	0
1	0	1	0	--->	0	1	1	1
1	0	1	1	--->	0	1	1	1
1	1	0	0	--->	1	1	1	0
1	1	0	1	--->	1	0	1	0
1	1	1	0	--->	0	1	1	0
1	1	1	1	--->	1	1	1	0

Stellt man die logischen Konstanten .TRUE. und .FALSE. durch die INTEGERs 1 und 0 dar, so kann man beispielsweise folgende FUNCTION-Anweisungen schreiben:

für .NOT.:   LNOT(L) = 1 - L   // L,L1,L2 sind hierin
für .AND.:   LAND(L1,L2) = L1*L2   // "logische INTEGERs"

So könnte man für $L1 \wedge \overline{L2}$ schreiben:

$$LAND(L1,LNOT(L2)) \; .$$

6.3/6

```
      PROGRAMM BUCH(INPUT,OUTPUT)
*     ***********************
*     *  BUECHERRECHNUNGEN   *
*     ***********************
*
*  DEKLARATIONEN
*
      INTEGER BNR(200),B
      REAL PREIS(144),ERMES(144)
      DATA BNR,PREIS,ERMES/200*0,144*19.50,144*1./
*
  100 FORMAT(5X,I4,8X,'BUCH',I4,8X,F5.2,' DM')
  200 FORMAT(///1X,50('*')/
     +1X,'*',9X,'BUCHHANDLUNG BUECHERWURM',15X,'*'/
     +1X,50('*')//
     +5X,'BUCH-NR.      TITEL',11X,'PREIS'/4X,38('-'))
  300 FORMAT(30X,11('-')/17X,'GESAMTPREIS',F10.2,' DM'/)
*
*  PREISLISTE
*
      DO 10 I=1,144
           PREIS(I)=19.50+ 0.5*I
   10 CONTINUE
*
*  ERMAESSIGUNGEN
*
      ERMES(9)=0.75
      ERMES(13)=0.75
      ERMES(14)=0.5
      ERMES(15)=0.75
      ERMES(22)=0.75
      ERMES(34)=0.75
      ERMES(41)=0.5
      ERMES(42)=0.5
      ERMES(46)=0.75
      ERMES(51)=0.75
      ERMES(56)=0.5
      ERMES(64)=0.5
      ERMES(67)=0.75
      ERMES(69)=0.75
      ERMES(76)=0.5
      ERMES(87)=0.75
      ERMES(90)=0.5
      ERMES(91)=0.5
      ERMES(96)=0.75
      ERMES(100)=0.5
      ERMES(104)=0.5
      ERMES(106)=0.75
      ERMES(114)=0.75
      ERMES(118)=0.75
      ERMES(122)=0.5
      ERMES(125)=0.75
      ERMES(128)=0.5
      ERMES(139)=0.75
```

```
*   BESTELLUNG EINLESEN
*
      OPEN(9,FILE='ADD')
      PRINT*,'WIEVIEL BUECHER WERDEN BESTELLT?'
      PRINT*,'ANZAHL DER BUECHER N=',
      READ*,N
      PRINT*,'GEBEN SIE DIE BESTELLNUMMERN EIN'
      DO 20 NR=1,N
    1         PRINT*,'NR',NR,'=',
              READ*,B
              IF(B.LT.5301.OR.B.GT.5587)THEN
                  PRINT*,'UNZULAESSIGE EINGABE'
                  GOTO 1
              ELSE IF(FLOAT(B)/2.EQ.B/2)THEN
                  PRINT*,'UNZULAESSIGE EINGABE'
                  GOTO 1
              ELSE
              ENDIF
              BNR(NR)=(B-5299)/2
   20 CONTINUE
*
*   RECHNUNG OHNE ERMAESSIGUNG
*
      CALL SORT(BNR,N)
      WRITE(9,200)
      GPR=0.
      DO 30 NR=1,N
              J=BNR(NR)
              NUMMER=5299+2*J
              WRITE(9,100)NUMMER,J,PREIS(J)
              GPR=GPR+PREIS(J)
   30 CONTINUE
      WRITE(9,300)GPR
*
*   RECHNUNG MIT ERMAESSIGUNG
*
      WRITE(9,200)
      GPR=0.
      DO 40 NR=1,N
              J=BNR(NR)
              NUMMER=5299+2*J
              WRITE(9,100)NUMMER,J,PREIS(J)*ERMES(J)
              GPR=GPR+PREIS(J)*ERMES(J)
   40 CONTINUE
      WRITE(9,300)GPR
      CLOSE(9)
      STOP
      END
```

```
*       UNTERPROGRAMM
*
        SUBROUTINE SORT(X,M)
        INTEGER X(200)
        DO 1 I=1,M-1
        DO 1 J=I,1,-1
            IF(X(J).LT.X(J+1))GOTO 1
            XH=X(J)
            X(J)=X(J+1)
            X(J+1)=XH
      1 CONTINUE
        RETURN
        END
```

```
***********************************************************
*         BUCHHANDLUNG BUECHERWURM                         *
***********************************************************

   BUCH-NR.      TITEL              PREIS
   ----------------------------------------------

    5319         BUCH  10           24.50 DM
    5327         BUCH  14           26.50 DM
    5411         BUCH  56           47.50 DM
    5433         BUCH  67           53.00 DM
    5435         BUCH  68           53.50 DM
    5473         BUCH  87           63.00 DM
    5501         BUCH 101           70.00 DM
    5543         BUCH 122           80.50 DM
                                   ----------
                 GESAMTPREIS       418.50 DM
```

```
***********************************************************
*         BUCHHANDLUNG BUECHERWURM                         *
***********************************************************

   BUCH-NR.      TITEL              PREIS
   ----------------------------------------------

    5319         BUCH  10           24.50 DM
    5327         BUCH  14           13.25 DM
    5411         BUCH  56           23.75 DM
    5433         BUCH  67           39.75 DM
    5435         BUCH  68           53.50 DM
    5473         BUCH  87           47.25 DM
    5501         BUCH 101           70.00 DM
    5543         BUCH 122           40.25 DM
                                   ----------
                 GESAMTPREIS       312.25 DM
```

6.3/7

```
      PROGRAMM KALEND(INPUT,OUTPUT)
*
*     DEKLARATIONEN
*
      IMPLICIT INTEGER(A-Z)
      I=1983
      TAG=6
*
*     EINLESEN DER JAHRESZAHL
*
    1 PRINT*,'GEBEN SIE EINE JAHRESZAHL,AB 1583 EIN!'
      PRINT*,'J=',
      READ*,J
      IF(J.LT.1583)GOTO 1
      OPEN(9,FILE='JAHR')
      WRITE(9,5) J
    5 FORMAT(1H1//'Y    * *    KALENDER VON ',I4,' * *'/)
*
*     BERECHNUNG DER SCHALTJAHRE
*
      IF(J.GE.I)L=1
      IF(I.GT.J)L=-1
      JH=J/100
      SCH=0
      NSJ=0
      DO 10 K=1983,J,L
           X1=K/4
           Y1=K- 4*X1
           IF(Y1.EQ.0)SCH=SCH+1
           X2=K/100
           Y2=K- 100*X2
           X3=(K/100)/4
           Y3= K/100 - 4*X3
           IF(Y2.EQ.0.AND.Y3.NE.0)NSJ=NSJ+1
*
   10 CONTINUE
*
      DIFF=ABS(J-I)+SCH-NSJ
*
      Z1=J/4
      Z2=J- 4*Z1
      Z3=JH/4
      Z4=JH- 4*Z3
      Z5=J- JH*100
*
      IF(Z5.EQ.0.AND.Z4.EQ.0)THEN
          S=1
      ELSE IF(Z2.EQ.0.AND.Z5.NE.0)THEN
          S=1
      ELSE
          S=0
      ENDIF
```

```
      IF(S.EQ.1.AND.J.GT.I)DIFF=DIFF-1
      REST=DIFF/7
      DIFF=DIFF- REST*7
      IF(DIFF.LT.7.AND.J.GE.I)THEN
            WT=TAG+DIFF
      ELSE IF(DIFF.LT.7.AND.J.LT.I)THEN
           WT=TAG-DIFF
      ELSE
      ENDIF
      IF(WT.EQ.0)WT=1
*
      IF(WT.GT.7)THEN
         R=WT/7
         WT=WT- R*7
      ELSE
      ENDIF
      PRINT*,WT
      CALL AUSG(WT,S)
      CLOSE(9)
*
      STOP
      END


      SUBROUTINE AUSG(Y,SCHALT)
      INTEGER MON(3,4),SCHALT,X,Y
      CHARACTER DA(3,4,6,7)*2,MONA(3,4)*10
      DATA MONA/'JANUAR','FEBRUAR','MAERZ','APRIL','MAI','JUNI',
     +'JULI','AUGUST','SEPTEMBER','OKTOBER','NOVEMBER','DEZEMBER'/
      DATA DA,MON/ 504*'  ' ,31,28,31,30,31,30,31,31,30,31,30,31/
      IF(SCHALT.EQ.1) MON(2,1)=29
      DO 10 L=1,4
      DO 10 I=1,3
      X=1
      DO 10 J=1,MON(I,L)
      WRITE(DA(I,L,X,Y),FMT='(I2)') J
      Y=Y+1
      IF(Y.LE.7) GOTO 10
      Y=1
      X=X+1
   10 CONTINUE
      DO 20 L=1,4
      WRITE(9,FMT='(/5X,3A18)') (MONA(I,L),I=1,3)
   20 WRITE(9,1000) (((DA(I,L,J,K),J=1,6),I=1,3),K=1,7)
 1000 FORMAT(5X,'MO',18A3/5X,'DI',18A3/5X,'MI',18A3/
     +5X,'DO',18A3/5X,'FR',18A3/5X,'SA',18A3/5X,'SO',18A3)
      RETURN
      END
```

* * KALENDER VON 1984 * *

```
            JANUAR              FEBRUAR              MAERZ
MO       2  9 16 23 30         6 13 20 27         5 12 19 26
DI       3 10 17 24 31         7 14 21 28         6 13 20 27
MI       4 11 18 25        1   8 15 22 29         7 14 21 28
DO       5 12 19 26        2   9 16 23        1   8 15 22 29
FR       6 13 20 27        3  10 17 24        2   9 16 23 30
SA       7 14 21 28        4  11 18 25        3  10 17 24 31
SO    1  8 15 22 29        5  12 19 26        4  11 18 25
  .
  .
  .
            OKTOBER             NOVEMBER            DEZEMBER
MO    1  8 15 22 29            5 12 19 26         3 10 17 24 31
DI    2  9 16 23 30            6 13 20 27         4 11 18 25
MI    3 10 17 24 31            7 14 21 28         5 12 19 26
DO    4 11 18 25           1   8 15 22 29         6 13 20 27
FR    5 12 19 26           2   9 16 23 30         7 14 21 28
SA    6 13 20 27           3  10 17 24        1   8 15 22 29
SO    7 14 21 28           4  11 18 25        2   9 16 23 30
```

6.3/8

```
            :
   HP:      CALL GRAF1 (IB1,XM1,XPG,X,KURV)
            WRITE (1,'(1X,3F6.2,3X,A)') T,X,XPG,KURV
            :


       SUBROUTINE GRAF1 (IB,XS,XPG,X,KURV)
       CHARACTER KURV*100,HILF*50
*      ****** PRUEFEN,OB IB UNGERADE ******
       IF (IB/2.-INT(IB/2.).EQ.0) IB=IB-1
       DO 1 I=1,50
          HILF(I:I)='*'
  1    CONTINUE
       DO 2 I=1,100
          KURV(I:I)=' '
  2    CONTINUE
       IH=(IB-1)/2+1
       FA=IH/XS
       IXP1= IFIX(XPG*FA)+IH
       IXP2=IH-IFIX(XPG*FA)
       IX=IFIX(X*FA)+IH
       KURV(IXP1:IXP1)='.'
       KURV(IXP2:IXP2)='.'
       IF (X.GT.0) THEN
          KURV(IH:IX)=HILF
       ELSE
          KURV(IX:IH)=HILF
       END IF
       RETURN
       END
```

T   X(T)   XQ(T)   GRAFIK

```
0.00   3.92   5.00    .                     ********************   .
 .10   4.75   4.76    .                     **********************
 .20   3.89   4.52    .                     ******************     .
 .30   1.80   4.30       .                  ********               .
 .40  -.70    4.09              .           ****                   .
 .50  -2.72   3.89         .         *************                 .
 .60  -3.64   3.70       .       *****************                 .
 .70  -3.23   3.52        .       ****************                 .
 .80  -1.77   3.35            .           ********                 .
 .90   .14    3.19                  .      *                       .
1.00   1.83   3.03                  .      *********               .
1.10   2.74   2.88                  .      **************          .
1.20   2.63   2.74                  .      *************.          .
1.30   1.65   2.61                  .      ********                .
1.40   .20    2.48                   .     *                       .
1.50  -1.18   2.36                .        ******                  .
1.60  -2.03   2.25              .*********                         .
1.70  -2.11   2.14              **********                         .
1.80  -1.47   2.03               . *******                         .
1.90  -.40    1.93                   .**                           .
2.00   .71    1.84                    .    ****                    .
2.10   1.47   1.75                    .    *******.                .
2.20   1.66   1.66                    .    ********                .
2.30   1.27   1.58                     .   ******.                 .
2.40   .49    1.51                      .  ***    .                .
2.50  -.38    1.43                       . **     .                .
2.60  -1.05   1.36                     .*****     .                .
2.70  -1.29   1.30                     ******     .                .
2.80  -1.08   1.23                      .*****    .                .
2.90  -.52    1.17                       . ***    .                .
3.00   .16    1.12                        . *     .                .
3.10   .72    1.06                          ****.                  .
3.20   .99    1.01                          *****                  .
3.30   .89    .96                           ****.                  .
3.40   .50    .91                           *** .                  .
3.50  -.02    .87                           *   .                  .
3.60  -.48    .83                         .***  .                  .
3.70  -.74    .79                         **** .                   .
3.80  -.72    .75                         **** .                   .
3.90  -.46    .71                          .*** .                  .
4.00  -.07    .68                            . * .                 .
4.10   .31    .64                            . **.                 .
4.20   .55    .61                            . ***                 .
4.30   .58    .58                            . ***                 .
4.40   .41    .55                            . **.                 .
4.50   .12    .53                            . * .                 .
4.60  -.18    .50                            . * .                 .
4.70  -.39    .48                           . ** .                 .
4.80  -.45    .45                           **.                    .
4.90  -.35    .43                           **.                    .
5.00  -.14    .41                           .*.                    .
5.10   .10    .39                           .*.                    .
5.20   .28    .37                           .**                    .
5.30   .35    .35                           .**                    .
5.40   .30    .34                           .**                    .
```

Lösungen 6.3/8 247

```
 T     X(T)  XQ(T)     GRAFIK

0.00   0.00   3.00    .                     *                       .
 .03   2.24   2.99    .                     ******************      .
 .06   2.92   2.95    .                     ************************
 .09   1.62   2.88    .                     ************            .
 .12   -.69   2.79    .              ******                         .
 .15  -2.38   2.67    .  ******************                         .
 .18  -2.36   2.53    . ******************                          .
 .21   -.80   2.37    .              ******                         .
 .24   1.05   2.19    .                     ********                .
 .27   1.94   1.98    .                     ***************         .
 .30   1.43   1.76    .                     ***********             .
 .33    .14   1.53    .                     **                      .
 .36   -.87   1.28    .             *******                         .
 .39  -1.02   1.02    .            ********                         .
 .42   -.48    .75    .                 ****                        .
 .45    .07    .47    .                     *                       .
 .48    .16    .19    .                     **                      .
 .51   -.09   -.09    .                    *                        .
 .54   -.16   -.38    .                   **                        .
 .57    .26   -.65    .                     **                      .
 .60    .88   -.93    .                     *******                 .
 .63   1.03  -1.19    .                     ********                .
 .66    .27  -1.45    .                     **                      .
 .69  -1.03  -1.69    .             ********                        .
 .72  -1.91  -1.91    .   **************                            .
 .75  -1.50  -2.12    .      ***********                            .
 .78    .15  -2.31    .                     **                      .
 .81   1.96  -2.48    .                     ***************         .
 .84   2.58  -2.63    .                     ********************    .
 .87   1.40  -2.75    .                     ***********             .


  X     Y(X)  YQ       GRAFIK

-5.00  -1.37   1.57    . ******************                         .
-4.50  -1.35   1.57    . ******************                         .
-4.00  -1.33   1.57    . ******************                         .
-3.50  -1.29   1.57    . ******************                         .
-3.00  -1.25   1.57    . *****************                          .
-2.50  -1.19   1.57    . *****************                          .
-2.00  -1.11   1.57    . ****************                           .
-1.50   -.98   1.57    .     *************                          .
-1.00   -.79   1.57    .        **********                          .
 -.50   -.46   1.57    .             ******                         .
 0.00   0.00   1.57    .                    *                       .
  .50    .46   1.57    .                    ******                  .
 1.00    .79   1.57    .                    **********              .
 1.50    .98   1.57    .                    *************           .
 2.00   1.11   1.57    .                    ****************        .
 2.50   1.19   1.57    .                    *****************       .
 3.00   1.25   1.57    .                    *****************       .
 3.50   1.29   1.57    .                    ******************      .
 4.00   1.33   1.57    .                    ******************      .
 4.50   1.35   1.57    .                    ******************      .
 5.00   1.37   1.57    .                    ******************      .
```

6.3/9   (vgl. Lösung 6.3/8)

```
                     :
            HP:      CALL GRAF2 (IKZ,KB,YLM,YRM,Y,KURZ)
                    WRITE(1,90)X,Y,KURZ
                 90 FORMAT(2(1X,F6.2),2X,49A1)
                     :


      SUBROUTINE GRAF2 (IKZ,IB,YLM,YRM,Y,KURZ)
      INTEGER IKZ,IB,DW,NP,AN,EN,A
      REAL Y,YLM,YRM
      CHARACTER*1,KURZ(1:49)
*     KURZ ZURUECKSETZEN ********************************
      DO 10 A=1,49
         KURZ(A)=' '
   10 CONTINUE
*     LINKE UND RECHTE BEGRENZUNG DER KURVE **************
      KURZ(1)='I'
      KURZ(IB)='I'
      GOTO (100,200,300)IKZ
*     KURVE OHNE NULLINIE *******************************
  100 DW=(Y-YLM)*(IB-3)/(YRM-YLM)+2.5
      KURZ(DW)='*'
      GOTO 999
*     KURVE MIT NULLINIE ********************************
  200 DW=(Y-YLM)*(IB-3)/(YRM-YLM)+2.5
      NP=(-YLM)*(IB-3)/(YRM-YLM)+2.5
      IF (DW.EQ.NP) THEN
         KURZ(DW)='*'
      ELSE
         KURZ(DW)='*'
         KURZ(NP)=' '
      END IF
      GOTO 999
*     KURVE MIT STERNCHENSAEULE *************************
  300 DW=(Y-YLM)*(IB-3)/(YRM-YLM)+2.5
      NP=(-YLM)*(IB-3)/(YRM-YLM)+2.5
      IF ((NP.GE.2).AND.(NP.LE.(IB-1))) THEN
         IF (DW.GT.NP) THEN
            AN=NP
            EN=DW
         ELSE
            AN=DW
            EN=NP
         END IF
      ELSE IF (NP.LT.(IB-1)) THEN
            AN=2
            EN=DW
         ELSE
            AN=DW
            EN=IB-1
      END IF
      DO 20 DW=AN,EN,1
         KURZ(DW)='*'
   20 CONTINUE
  999 RETURN
      END
```

Lösungen 6.3/9

```
   X       Y              GRAFIK
----------------------------------------------------------------
  0.00    0.00    I              *                              I
   .10   -.02     I              *                              I
   .20   -.07     I              *                              I
   .30   -.15     I             *                               I
   .40   -.26     I            *                                I
   .50   -.38     I           *                                 I
   .60   -.50     I          *                                  I
   .70   -.64     I         *                                   I
   .80   -.77     I        *                                    I
   .90   -.89     I       *                                     I
  1.00  -1.00     I      *                                      I
  1.10  -1.09     I *                                           I
  1.20  -1.15     I*                                            I
  1.30  -1.18     I*                                            I
  1.40  -1.18     I*                                            I
  1.50  -1.13     I *                                           I
  1.60  -1.02     I   *                                         I
  1.70   -.87     I     *                                       I
  1.80   -.65     I       *                                     I
  1.90   -.36     I          *                                  I
  2.00    .00     I              *                              I
  2.10    .44     I                   *                         I
  2.20    .97     I                         *                   I
  2.30   1.59     I                              *              I
  2.40   2.30     I                                    *        I
  2.50   3.12     I                                           * I
----------------------------------------------------------------
  0.00    0.00    I              *                              I
   .10   -.02     I              *                              I
   .20   -.07     I              *                              I
   .30   -.15     I             *.                              I
   .40   -.26     I            * .                              I
   .50   -.38     I           *  .                              I
   .60   -.50     I          *   .                              I
   .70   -.64     I         *    .                              I
   .80   -.77     I        *     .                              I
   .90   -.89     I       *      .                              I
  1.00  -1.00     I     *        .                              I
  1.10  -1.09     I  *           .                              I
  1.20  -1.15     I*             .                              I
  1.30  -1.18     I*             .                              I
  1.40  -1.18     I*             .                              I
  1.50  -1.13     I *            .                              I
  1.60  -1.02     I    *         .                              I
  1.70   -.87     I      *       .                              I
  1.80   -.65     I         *    .                              I
  1.90   -.36     I            * .                              I
  2.00    .00     I              *                              I
  2.10    .44     I              .    *                         I
  2.20    .97     I              .          *                   I
  2.30   1.59     I              .               *              I
  2.40   2.30     I              .                     *        I
  2.50   3.12     I              .                            * I
```

```
     X        Y              GRAFIK
---------------------------------------------------------------
   0.00     0.00    I            *                             I
    .10    -.02     I            *                             I
    .20    -.07     I            *                             I
    .30    -.15     I           **                             I
    .40    -.26     I           ***                            I
    .50    -.38     I          ****                            I
    .60    -.50     I          *****                           I
    .70    -.64     I          ******                          I
    .80    -.77     I         *******                          I
    .90    -.89     I         ********                         I
   1.00   -1.00     I        *********                         I
   1.10   -1.09     I       **********                         I
   1.20   -1.15     I***********                               I
   1.30   -1.18     I***********                               I
   1.40   -1.18     I***********                               I
   1.50   -1.13     I  **********                              I
   1.60   -1.02     I   *********                              I
   1.70    -.87     I    ********                              I
   1.80    -.65     I      ******                              I
   1.90    -.36     I         ****                             I
   2.00     .00     I            *                             I
   2.10     .44     I            *****                         I
   2.20     .97     I            **********                    I
   2.30    1.59     I            ***************               I
   2.40    2.30     I            *********************         I
   2.50    3.12     I            ******************************  I
```

6.3/10

```
      PROGRAM HUHN(INPUT,OUTPUT,TAPE6=OUTPUT)
      INTEGER MENGE,RANG,NUM,SUMH,SUMHH,J,K,X,Y
      OPEN(9,FILE='HAHN')
      WRITE(6,40)
      WRITE(9,40)
   40 FORMAT(10X,'H U E H N E R H O F H A C K O R D N U N G'/)
      PRINT*,'BITTE ZAHL <10000 EINGEBEN'
      READ*,Z
      PRINT*,'ANZAHL DER HUEHNER?'
      READ*,MENGE
      PRINT*
      WRITE(6,45)MENGE
      WRITE(9,45)MENGE
   45 FORMAT(1X,'ANZAHL DER HUEHNER AUF DEM HOF: ',I4/)
      J=1
      K=MENGE+1
      SUMH=0
      SUMHH=0
```

```
*
*      BESTIMMUNG DES GEGNERS
*
       CALL RANSET(Z)
    10 NUM=INT(RANF()*MENGE)+1
*
*      ENTSCHEIDUNG DUELL/HACKEREI
*
       CALL DUELL(J,K,NUM,SUMH,SUMHH,X)
       IF(X.EQ.1) GOTO10
       WRITE(6,50)SUMH,NUM
       WRITE(9,50)SUMH,NUM
    50 FORMAT(1X,'HACKEREIEN: ',I4,3X,'NUMMER DES GEGNERS: ',I4/)
*
*      ENTSCHEIDUNG UEBER AUSGANG DES KAMPFES
*
       CALL KAMPF(Y)
       IF(Y.EQ.1) THEN
          WRITE(6,55)
          WRITE(9,55)
    55    FORMAT(1X,'...VERLOREN...'/)
          J=NUM+1
       ELSE IF(Y.EQ.0) THEN
          K=NUM
          WRITE(6,60)
          WRITE(9,60)
    60    FORMAT(1X,'...GEWONNEN...'/)
       ENDIF
*
*      ENDGUELTIGER RANG ERREICHT?
*
       IF(J.EQ.K) THEN
          RANG=K
          WRITE(6,65)SUMHH
          WRITE(6,70)RANG
          WRITE(9,65)SUMHH
    65    FORMAT(1X,'GESAMTZAHL DER HACKEREIEN: ',I4/)
          WRITE(9,70)RANG
    70    FORMAT(1X,'ERREICHTER RANG: ',I4///)
          GOTO20
       ENDIF
       SUMH=0
       GOTO 10
    20 CLOSE(9)
       STOP
       END
*
```

```
      SUBROUTINE DUELL(J,K,NUM,SUMH,SUMHH,X)
      INTEGER J,K,NUM,SUMH,SUMHH,X
      IF(J.GT.NUM.OR.K.LE.NUM) THEN
         SUMH=SUMH+1
         SUMHH=SUMHH+1
         X=1
      ELSE
         X=0
      ENDIF
      RETURN
      END
*
      SUBROUTINE KAMPF(Y)
      INTEGER Y
      IF(RANF().GE.0.5) THEN
         Y=1
      ELSE
         Y=0
      ENDIF
      RETURN
      END
```

```
              H U E H N E R H O F H A C K O R D N U N G

ANZAHL DER HUEHNER AUF DEM HOF:  20

HACKEREIEN:    0    NUMMER DES GEGNERS:   11

...VERLOREN...

HACKEREIEN:    2    NUMMER DES GEGNERS:   19

...GEWONNEN...

HACKEREIEN:    6    NUMMER DES GEGNERS:   14

...GEWONNEN...

HACKEREIEN:   10    NUMMER DES GEGNERS:   12

...VERLOREN...

HACKEREIEN:    7    NUMMER DES GEGNERS:   13

...VERLOREN...

GESAMTZAHL DER HACKEREIEN:  25

ERREICHTER RANG:   14
```

6.3/11

```
      PROGRAM P6311
      IMPLICIT INTEGER (A-Z)
      DIMENSION A(0:10,0:3),B(0:10,0:3),C(0:10,0:3)
      PRINT*
      PRINT*,'ANZAHL DER SCHEIBEN (<=10) ?'
      READ*,N
      PRINT*,'ZAHL DER UMSCHICHTUNGEN: ',2**N-1
      OPEN(11,FILE='A6311')
      A(1,0)=N
      A(1,1)=1
      A(1,2)=2
      A(1,3)=3
      B(0,1)=N
      DO 1 I=1,N
          B(I,1)=N+1-I
    1 CONTINUE
      ZU=0
      I=1
    2 I=I+1
      A(I,0)=A(I-1,0)-1
      A(I,1)=A(I-1,1)
      A(I,2)=A(I-1,3)
      A(I,3)=A(I-1,2)
      ZWI=A(I,0)
      C(ZWI,1)=A(I,2)
      C(ZWI,2)=A(I,3)
      C(ZWI,3)=A(I,1)
      IF(A(I,0).GT.1) GOTO 2
    4 DO 3 L=1,2
          IF(I.EQ.0) GOTO 5
          ZU=ZU+1
          CALL DISK(10,I,N,A,B,ZU)
          I=I-1
    3 CONTINUE
      I=I+1
      ZWI=A(I,0)-1
      A(I,0)=ZWI
      A(I,1)=C(ZWI,1)
      A(I,2)=C(ZWI,2)
      A(I,3)=C(ZWI,3)
      IF(A(I,0).EQ.1) GOTO 4
      GOTO 2
    5 CLOSE(11)
      STOP
      END
*
*     TURMBAU- UND AUSSCHREIB-UP
*
      SUBROUTINE DISK(ZZ,M,N,F,G,ZAE)
      IMPLICIT INTEGER(A-Z)
      DIMENSION F(0:ZZ,0:3),G(0:ZZ,0:3)
      A1=F(M,1)
      A2=F(M,2)
```

```
      IF(G(N,1).EQ.1) THEN
        PRINT 1,ZAE-1,0,0
        WRITE(11,1) ZAE-1,0,0
    1   FORMAT(//I4,'. UMSCHICHTUNG: (',I1,')->(',I1,')'
     +  /28('=')/8X,'(1)',2X,'(2)',2X,'(3)'/)
    2   FORMAT(5X,3I5)
        PRINT 2,((G(I,J),J=1,3),I=N,1,-1)
        WRITE(11,2) ((G(I,J),J=1,3),I=N,1,-1)
      END IF
      G(O,A2)=G(O,A2)+1
      G(G(O,A2),A2)=G(G(O,A1),A1)
      G(G(O,A1),A1)=0
      G(O,A1)=G(O,A1)-1
***********--------WARTESCHLEIFE (FUER PRINT-AUSGABE)
      DO 3 WS=1,500000
    3 CONTINUE
*****************----------------------------------
      PRINT 1,ZAE,A1,A2
      WRITE(11,1) ZAE,A1,A2
      PRINT 2,((G(I,J),J=1,3),I=N,1,-1)
      WRITE(11,2) ((G(I,J),J=1,3),I=N,1,-1)
      RETURN
      END
```

Das Programm gibt gleichzeitig ein Beispiel für die halbdynamische Programmierung (variable Dimensionierungsmöglichkeit im UP), obwohl es in diesem Fall einfacher wäre, unter Einsparung der zugehörigen Parameter-Übergabe im UP direkt die bekannten festen Grenzen einzusetzen. Vorteil bei allgemeinen Unterprogrammen: die UP-Dimensionierung läßt sich der jedes beliebigen aufrufenden Programms anpassen (und es braucht sich nicht das aufrufende Programm nach der Dimensionierung des UP zu richten). Vorsicht bei Matrizen: wegen der spaltenweisen Speicherplatzzuordnung der HP-Matrix-Elemente würde im obigen Fall eine falsche Zuordnung getroffen, wenn man eine Grenze $\neq 10$ ins UP übergeben würde!

Der Algorithmus arbeitet derart, daß zunächst der Turm aufgebaut wird; N ist dabei die größte, 1 die kleinste Scheibe. Durch Umschichten werden zunächst die oberen N-1 Scheiben auf den Pfeiler (3) gebracht, wodurch es ermöglicht wird, die größte Scheibe N auf den ihr zukommenden Platz (unterste Lage) beim Pfeiler (2) umzusetzen. Sodann werden die oberen N-2 Scheiben vom Pfeiler (3) nach (1) umgeschichtet, wodurch beim Pfeiler (2) die zweitgrößte Scheibe auf die größte gesetzt werden kann...usw. Der Algorithmus läuft also rekursiv in gleicher Art mit immer weniger Scheiben ab. – Durch die Warteschleife im UP wird die Darstellung der jeweiligen Umschichtung auf dem Bildschirm einen Moment festgehalten, was ein besseres Mitverfolgen erlaubt. Sie kann nach Bedarf verlängert, verkürzt oder entfernt werden.

Lösungen 6.3/11

```
 0. UMSCHICHTUNG: (0)->(0)
===============================
     (1)   (2)   (3)
      1     0     0
      2     0     0
      3     0     0
      4     0     0

 1. UMSCHICHTUNG: (1)->(3)
===============================
     (1)   (2)   (3)
      0     0     0
      2     0     0
      3     0     0
      4     0     1

 2. UMSCHICHTUNG: (1)->(2)
===============================
     (1)   (2)   (3)
      0     0     0
      0     0     0
      3     0     0
      4     2     1

 3. UMSCHICHTUNG: (3)->(2)
===============================
     (1)   (2)   (3)
      0     0     0
      0     0     0
      3     1     0
      4     2     0

 4. UMSCHICHTUNG: (1)->(3)
===============================
     (1)   (2)   (3)
      0     0     0
      0     0     0
      0     1     0
      4     2     3

 5. UMSCHICHTUNG: (2)->(1)
===============================
     (1)   (2)   (3)
      0     0     0
      0     0     0
      1     0     0
      4     2     3

 6. UMSCHICHTUNG: (2)->(3)
===============================
     (1)   (2)   (3)
      0     0     0
      0     0     0
      1     0     2
      4     0     3

 7. UMSCHICHTUNG: (1)->(3)
===============================
     (1)   (2)   (3)
      0     0     0
      0     0     1
      0     0     2
      4     0     3

 8. UMSCHICHTUNG: (1)->(2)
===============================
     (1)   (2)   (3)
      0     0     0
      0     0     1
      0     0     2
      0     4     3

 9. UMSCHICHTUNG: (3)->(2)
===============================
     (1)   (2)   (3)
      0     0     0
      0     0     0
      0     1     2
      0     4     3

10. UMSCHICHTUNG: (3)->(1)
===============================
     (1)   (2)   (3)
      0     0     0
      0     0     0
      0     1     0
      2     4     3

11. UMSCHICHTUNG: (2)->(1)
===============================
     (1)   (2)   (3)
      0     0     0
      0     0     0
      1     0     0
      2     4     3

12. UMSCHICHTUNG: (3)->(2)
===============================
     (1)   (2)   (3)
      0     0     0
      0     0     0
      1     3     0
      2     4     0

13. UMSCHICHTUNG: (1)->(3)
===============================
     (1)   (2)   (3)
      0     0     0
      0     0     0
      0     3     0
      2     4     1

14. UMSCHICHTUNG: (1)->(2)
===============================
     (1)   (2)   (3)
      0     0     0
      0     2     0
      0     3     0
      0     4     1

15. UMSCHICHTUNG: (3)->(2)
===============================
     (1)   (2)   (3)
      0     1     0
      0     2     0
      0     3     0
      0     4     0
```

6.3/12

```
      PROGRAM RESIH (INPUT,OUTPUT,TAPE8=INPUT)
      INTEGER ANT,M(3),DZ(2)
      OPEN(1,FILE='NULL')

100   PRINT*,'WAEHLEN SIE AUS UND GEBEN SIE DIE POS.-NR'
      PRINT*
      PRINT*,'GEFOLGT VON <RETURN> EIN !'
      PRINT*
      PRINT*,'DUAL-ADDITION         POS. 1'
      PRINT*
      PRINT*,'RESIDUEN-ADDITION     POS. 2'
      PRINT*
      PRINT*,'KEINE BERECHNUNG      POS. 3'
      PRINT*
      PRINT*,'                   ',
      READ(8,'(I2)')ANT
      IF(ANT.NE.1.AND.ANT.NE.2) GOTO 200

      PRINT*,'GEBEN SIE DIE GEFORDERTEN DEZIMALZAHLEN EIN !'
      PRINT*
      PRINT*,'(NUR GANZE,POS. ZAHLEN !)'
      IF(ANT.EQ.1)THEN
           PRINT*
           PRINT*,'ERSTE DEZIMALZAHL : ',
           READ*,DZ(1)
           PRINT*
           PRINT*,'ZWEITE DEZIMALZAHL: ',
           READ*,DZ(2)
           CALL DADD (DZ)
           PAUSE'WEITER BERECHNUNG ------>   <RETURN> '
           GOTO 100
      ELSE IF(ANT.EQ.2)THEN
           PRINT*
           PRINT*,'ERSTE DEZIMALZAHL : ',
           READ*,DZ(1)
           PRINT*
           PRINT*,'ZWEITE DEZIMALZAHL: ',
           READ*,DZ(2)
           PRINT*
           PRINT*,'DREI PRIMZAHLEN (DURCH '',''  GETRENNT !)',
           READ*,M(1),M(2),M(3)
           CALL RADD (DZ,M)
           PAUSE'WEITERE BERECHNUNG ------>   <RETURN> '
           GOTO 100
      END IF
200   CLOSE(1)
      STOP
      END
      SUBROUTINE DADD (DZ)
      DIMENSION DU(2)
      INTEGER DZ(2),SUM
      CHARACTER DU*16,DUE*16,UE
```

Lösungen 6.3/12

```
*      LADEN DER DU MIT '. '
       DO 10 I=1,16
            DO 20 J=1,2
                 DU(J)(I:I)='. '
  20        CONTINUE
            DUE(I:I)='. '
  10   CONTINUE
*      UMWANDLUNG DEZ--->DUAL
       DO 30 I=1,2
            J=16
            K=0
            L=DZ(I)
 100        K=MOD(L,2)
            L=L/2
            IF(K.GT..5)THEN
                 DU(I)(J:J)='*'
            END IF
            IF(L.GT.0)THEN
                 J=J-1
                 IF(J.LT.1) GOTO 200
                 GOTO 100
            END IF
  30   CONTINUE
*      ADDITION DER DUALZAHLEN
       UE='. '
       DO 40 I=16,1,-1
            IF(DU(1)(I:I).NE.DU(2)(I:I))THEN
                 IF(UE.EQ.'*')THEN
                      UE='*'
                      GOTO 300
                 END IF
                 DUE(I:I)='*'
                 GOTO 300
            END IF
            IF(DU(1)(I:I).EQ.'*')THEN
                 IF(UE.EQ.'*')THEN
                      DUE(I:I)='*'
                 END IF
                 UE='*'
                 GOTO 300
            END IF
            IF(UE.EQ.'*')THEN
                 DUE(I:I)='*'
                 UE='. '
            END IF
 300        CONTINUE
  40   CONTINUE
       IF (UE.EQ.'*') THEN
            GOTO 200
       END IF
*      UMWANDLUNG DUAL--->DEZI
       J=0
       SUM=0
       DO 50 I=16,1,-1
            IF (DUE(I:I).EQ.'*')THEN
                 SUM=SUM+2**J
            END IF
            J=J+1
  50   CONTINUE
```

```
*     AUSGABE DER WERTE
    1 FORMAT(//1X,'IHRE EINGABE : ',5X,I6,3X,'UND',3X,I6,)
    2 FORMAT(///'1',65('#'),//,1X,'AUSFUEHRUNG DER DUAL-ADDITION : ')
    3 FORMAT(//3X,I6,2X,'--->',7X,A16)
    4 FORMAT(1X,45('-'))
    5 FORMAT(/1X,'DUALE SUMME : ',8X,A16)
    6 FORMAT(/// 1X,'DIESE ERGEBNISKETTE ENTSPRICHT DER ')
    7 FORMAT(/ 5X,'DEZIMALZAHL :     ',I8 ///1X)
      PRINT 2
      WRITE(1,2)
      PRINT 1,DZ(1),DZ(2)
      WRITE(1,1)DZ(1),DZ(2)
      PRINT 3,DZ(1),DU(1)
      WRITE(1,3)DZ(1),DU(1)
      PRINT 3,DZ(2),DU(2)
      WRITE(1,3)DZ(2),DU(2)
      PRINT 4
      WRITE(1,4)
      PRINT 5,DUE
      WRITE(1,5)DUE
      PRINT 6
      WRITE(1,6)
      PRINT 7,SUM
      WRITE(1,7)SUM
      GOTO 400
  200 PRINT*,'DIE 16-BIT-WORTGRENZE WURDE UEBERSCHRITTEN !'
  400 RETURN
      END
      SUBROUTINE RADD (DZ,M)
      INTEGER R(3,3),DZ(2),M(3),P(3),RR(3),RHO(3),X1,X,IM
*     BERECHNUNG VON 'KLEIN'- R(I)
      DO 10 I=1,3
          DO 20 J=1,2
              R(I,J)=MOD(DZ(J),M(I))
   20     CONTINUE
          R(I,3)=MOD((R(I,1)+R(I,2)),M(I))
   10 CONTINUE
*     BERECHNUNG VON P(I)-----------------
      DO 40 I=1,3
          P(I)=1
          DO 50 J=1,3
              P(I)=P(I)*M(J)
   50     CONTINUE
          P(I)=P(I)/M(I)
   40 CONTINUE
*     BERECHNUNG VON RHO (I)
      DO 60 I=1,3
          RHO(I)=MOD(P(I),M(I))
   60 CONTINUE
*     BERECHNUNG VON 'GROSS' R(I) (RR(I))
      IM=1
      DO 70 I=1,3
          N=RHO(I)**(M(I)-2)
          RR(I)=MOD(N,M(I))
          IM=IM*M(I)
   70 CONTINUE
```

Lösungen 6.3/12

```
*       BERECHNUNG VON X
        X1=0
        DO 80 I=1,3
            X1=X1+P(I)*MOD(R(I,3)*RR(I),M(I))
    80  CONTINUE
        X=MOD(X1,IM)
*       AUSGABE
     1  FORMAT(//1X,'IHRE EINGABE : ',5X,I6,3X,'UND',3X,I6 //20X,
       +        'M1= ',I3,10X,'M2= ',I3,10X,'M3= ',I3 /1X,65('-'))
     2  FORMAT(/1X,65('-') /3X,'MODULO-SUMME : ',5X,I3,14X,I3,14X,I3//)
     3  FORMAT(/5X,'P(',I1,')= ',I4,3X,'RHO(',I1,')= ',I4,3X,
       +        'MULTI.-INVERSE (',I1,')= ',I3)
     4  FORMAT(//5X,'X = MOD (',I6,' , ',I6,' ) = ',I6)
     5  FORMAT(//1X,'ERGEBNIS DER RESIDUEN-ADDITION : ',5X,I6 //)
     6  FORMAT(///'1',65('#') /// 1X,'AUSFUEHRUNG DER RESIDUEN-ADDITION :')
     7  FORMAT(/5X,I6,4X,'--->',4X,I3,14X,I3,14X,I3)
        PRINT 6
        WRITE(1,6)
        PRINT 1,DZ(1),DZ(2),M(1),M(2),M(3)
        WRITE(1,1)DZ(1),DZ(2),M(1),M(2),M(3)
        PRINT 7,DZ(1),R(1,1),R(2,1),R(3,1)
        WRITE(1,7)DZ(1),R(1,1),R(2,1),R(3,1)
        PRINT 7,DZ(2),R(1,2),R(2,2),R(3,2)
        WRITE(1,7)DZ(2),R(1,2),R(2,2),R(3,2)
        PRINT 2,R(1,3),R(2,3),R(3,3)
        WRITE(1,2)R(1,3),R(2,3),R(3,3)
        DO 90 I=1,3
            PRINT 3,I,P(I),I,RHO(I),I,RR(I)
            WRITE(1,3)I,P(I),I,RHO(I),I,RR(I)
    90  CONTINUE
        PRINT 4,X1,IM,X
        WRITE(1,4)X1,IM,X
        PRINT 5,X
        WRITE(1,5)X
        RETURN
        END
```

##

AUSFUEHRUNG DER DUAL-ADDITION :

IHRE EINGABE :   385   UND   2039

    385   --->   ....**......*

    2039 --->   .....*******.***

DUALE SUMME :   ....*..*.****...

DIESE ERGEBNISKETTE ENTSPRICHT DER

    DEZIMALZAHL :   2424

##

AUSFUEHRUNG DER RESIDUEN-ADDITION :

IHRE EINGABE :   37   UND   54

                    M1= 3   M2= 5   M3= 7
----
      37   --->   1   2   2
      54   --->   0   4   5

   MODULO-SUMME :   1   1   0

    P(1)= 35   RHO(1)= 2   MULTI.-INVERSE (1)= 2

    P(2)= 21   RHO(2)= 1   MULTI.-INVERSE (2)= 1

    P(3)= 15   RHO(3)= 1   MULTI.-INVERSE (3)= 1

    X = MOD (91 ,   105) =   91

ERGEBNIS DER RESIDUEN-ADDITION :   91

Lösungen 6.3/12

###

AUSFUEHRUNG DER DUAL-ADDITION :

IHRE EINGABE :   16327   UND   4112

    16327   --->   ..********...***

     4112   --->   ...*.......*....

DUALE SUMME :   .*..******.*.***

DIESE ERGEBNISKETTE ENTSPRICHT DER

    DEZIMALZAHL :   20439

###

AUSFUEHRUNG DER RESIDUEN-ADDITION :

IHRE EINGABE :   153   UND   227

                    M1=   5   M2=   7   M3= 11
----

      153   --->   3   6   10
      227   --->   2   3   7

   MODULO-SUMME :   0   2   6

      P(1)= 77   RHO(1)= 2   MULTI.-INVERSE (1)= 3
      P(2)= 55   RHO(2)= 6   MULTI.-INVERSE (2)= 6
      P(3)= 35   RHO(3)= 2   MULTI.-INVERSE (3)= 6

      X = MOD (380 ,   385) =   380

ERGEBNIS DER RESIDUEN-ADDITION :   380

6.3/13

```
              PROGRAM ENT
              PRINT*, 'EINGABE A, B, C: '
              READ*, A1, A2, A3
              CALL QUGL(A1, A2, A3, X, Y)
              PRINT*, X, Y
              PRINT*, 'EINGABE P, Q: '
              READ*, P, Q
              CALL QGNORM(P, Q, X, Y)
              PRINT*, X, Y
              STOP
              END
*
              SUBROUTINE QUGL(A, B, C, X1, X2)
*             UEBERFUEHRUNG ALLG. FORM IN PQ-FORM
              B=B/A
              C=C/A
*
*             NORMALFORM (PQ-FORM)
*
              ENTRY QGNORM(B, C, X1, X2)
              ZW=B/2
              R=ZW*ZW-C
              IF(R.LT.O.) THEN
                  PRINT*, 'LOESUNG KOMPLEX'
              ELSE
                  WU=SQRT(R)
                  X1=-ZW+WU
                  X2=-ZW-WU
              END IF
              RETURN
              END
```

6.3/14

```
        PROGRAM RET
        PRINT*,'EINGABE A, B, C: '
     30 READ*,A1,A2,A3
        CALL QUGL(A1,A2,A3,X,Y,*10,*20)
     20 PRINT*,X,Y
        PRINT*,'EINGABE P, Q: '
     50 READ*,P,Q
        CALL QGNORM(P,Q,X,Y,*40)
        PRINT*,X,Y
        STOP
     10 PRINT*,'LOESUNG KOMPLEX: NEUE EINGABE A,B,C: '
        GOTO 30
     40 PRINT*,'LOESUNG KOMPLEX: NEUE EINGABE P,Q: '
        GOTO 50
        END
*
        SUBROUTINE QUGL(A,B,C,X1,X2,*,*)
*       UEBERFUEHRUNG ALLG. FORM IN PQ-FORM
        B=B/A
        C=C/A
*
*       NORMALFORM (PQ-FORM)
*
        ENTRY QGNORM(B,C,X1,X2,*)
        ZW=B/2
        R=ZW*ZW-C
        IF(R.LT.0.) RETURN 1
        WU=SQRT(R)
        X1=-ZW+WU
        X2=-ZW-WU
        RETURN 2
        END
```

Ein Rücksprung-Statement des HP wird als aktueller Parameter an das UP übergeben durch einen vorangesetzten Stern * (z.B. *10), der zugehörige formale Parameter im UP ist nur ein *. Welches Rücksprung-Statement gerade zu nehmen ist, erfolgt im UP durch Abzählen entsprechend der bei RETURNn angegebenen INTEGER n. Wird bei RETURN kein n angegeben oder ist n größer als die zur Verfügung stehende Statement-Zahl, erfolgt der Rücksprung wie üblich in die hinter dem Aufruf (HP) stehende Anweisung. - Auch dieser Fall ist in dem obigen kleinen Beispiel enthalten.

7.1/1

```
00100 PROGRAM TEXT (INPUT,OUTPUT)
00110 CHARACTER *1 Z,BL,B,ZG*3,U*975,T*975
00120 OPEN (1,FILE='AUSGABE')
00130 PRINT*,'    TEXTANALYSE'
00140 WRITE (1,'(A11)')'TEXTANALYSE'
00150 PRINT*,'==========='
00160 WRITE (1,'(A11///)')'==========='
00170 PRINT*,'    ANZAHL DER ZEILEN: '
00180 PRINT*,'--------------------'
00190 READ*,M
00200 PRINT*,'    EINGABE DES TEXTES: '
00210 PRINT*,'--------------------'
00220 DO 5 I=0,M-1
00230 READ*,T(I*65+1:(I+1)*65)
00240 5 CONTINUE
00250 PRINT*,'    EINGABE DER ZEICHENGRUPPE (1-3 ZEICHEN): '
00260 WRITE (1,'(A14)')'ZEICHENGRUPPE: '
00270 PRINT*,'---------------------------------------'
00280 WRITE (1,'(A14/)')'--------------'
00290 READ*,ZG
00300 WRITE (1,'(A3///)') ZG
00310 BL=' '
00320 N=3
00330 IF (ZG(3:3).NE.BL) GOTO 10
00340 N=2
00350 IF (ZG(2:2).NE.BL) GOTO 10
00360 N=1
00370 10 PRINT*,'    EINGABE DES ZEICHENS: '
00380 WRITE (1,'(A8)')'ZEICHEN: '
00390 PRINT*,'--------------------'
00400 WRITE (1,'(A8/)')'--------'
00410 READ*,Z
00420 WRITE (1,'(A1///)') Z
00430 PRINT*,'    EINGABE DES BUCHSTABENS: '
00440 WRITE (1,'(A10)')'BUCHSTABE: '
00450 PRINT*,'------------------------'
00460 WRITE (1,'(A10/)')'----------'
00470 READ*,B
00480 WRITE (1,'(A1///)') B
00490 CALL TEXT1 (N,T,U,ZG,M)
00500 PRINT*,'    UNTERPROGRAMM TEXT 1: '
00510 WRITE (1,'(A21)')'UNTERPROGRAMM TEXT 1: '
00520 PRINT*,'====================='
00530 WRITE (1,'(A21/)')'====================='
00540 DO 20 I=0,M-1
00550 PRINT*,T(I*65+1:(I+1)*65)
00560 WRITE (1,'(A65)') T(I*65+1:(I+1)*65)
00570 PRINT*,U(I*65+1:(I+1)*65)
00580 WRITE (1,'(A65/)') U(I*65+1:(I+1)*65)
00590 PRINT*
00600 20 CONTINUE
00610 CALL TEXT2 (T,BL,NZ,M)
00620 PRINT*,'    ANZAHL DER ZEICHEN: ',NZ
00630 WRITE (1,'(//A19,I4//)')'ANZAHL DER ZEICHEN: ',NZ
```

Lösungen 7.1/1

```
00640 CALL TEXT3 (T,NZI,M)
00650 PRINT*,'    ANZAHL DER ZIFFERN: ',NZI
00660 WRITE (1,'(A19,I3//)')'ANZAHL DER ZIFFERN: ',NZI
00670 CALL TEXT4 (T,Z,NZE,M)
00680 PRINT*,'    VORKOMMEN DES VORGEGEBENEN ZEICHENS: ',NZE
00690 WRITE (1,'(A22,I3//)')'VORGEGEBENES ZEICHEN : ',NZE
00700 CALL TEXT 5 (T,B,NW,M)
00710 PRINT*,'    ANZAHL DER WOERTER: ',NW
00720 WRITE (1,'(A19,I3//)')'ANZAHL DER WOERTER: ',NW
00730 STOP
00740 END
00750 SUBROUTINE TEXT1 (N,T,U,ZG,M)
00760 CHARACTER *975 T,U,ZG*3,ZGB*2,ZGA*1
00770 I=1
00780 IF (N.EQ.2) GOTO 60
00790 IF (N.EQ.1) GOTO 90
00800 30 IF (T(I:I+2).EQ.ZG) GOTO 40
00810 U(I:I+2)='...'
00820 I=I+1
00830 GOTO 50
00840 40 U(I:I+2)=ZG
00850 I=I+3
00860 50 IF (I.LE.M*65-2) GOTO 30
00870 GOTO 120
00880 60 ZGB=ZG(1:2)
00890 IF (T(I:I+1).EQ.ZGB) GOTO 70
00900 U(I:I+1)='..'
00910 I=I+1
00920 GOTO 80
00930 70 U(I:I+1)=ZGB
00940 I=I+2
00950 80 IF (I.LE.M*65-1) GOTO 60
00960 GOTO 120
00970 90 ZGA=ZG(1:1)
00980 IF (T(I:I).EQ.ZGA) GOTO 100
00990 U(I:I)='.'
01000 I=I+1
01010 GOTO 110
01020 100 U(I:I)=ZGA
01030 I=I+1
01040 110 IF (I.LE.M*65) GOTO 90
01050 120 RETURN
01060 END
01070 SUBROUTINE TEXT2 (T,BL,NZ,M)
01080 CHARACTER T*975,BL*1
01090 NZ=0
01100 DO 130 I=1,M*65
01110 IF(T(I:I).EQ.BL) GOTO 130
01120 NZ=NZ+1
01130 130 CONTINUE
01140 RETURN
01150 END
01160 SUBROUTINE TEXT3 (T,NZI,M)
01170 CHARACTER T*975
01180 NZI=0
01190 DO 140 I=1,M*65
01200 IF(T(I:I).LT.'0'.OR.T(I:I).GT.'9') GOTO 140
01210 NZI=NZI+1
01220 140 CONTINUE
01230 RETURN
01240 END
```

```
01250 SUBROUTINE TEXT4 (T,Z,NZE,M)
01260 CHARACTER T*975,Z*1
01270 NZE=0
01280 DO 150 I=1,M*65
01290 IF(T(I:I).NE.Z) GOTO 150
01300 NZE=NZE+1
01310 150 CONTINUE
01320 RETURN
01330 END
01340 SUBROUTINE TEXT5 (T,B,NW,M)
01350 CHARACTER T*975,B*1,BU*2
01360 BU(1:1)=' '
01370 BU(2:2)=B
01380 NW=0
01390 DO 160 I=1,M*65-1
01400 IF (T(I:I+1).NE.BU) GOTO 160
01410 NW=NW+1
01420 160 CONTINUE
01430 RETURN
01440 END
```

BEIM HANTELTRAINING IST ES ETWAS SCHWIERIG, DIE TRAININGSKRAFT
.................................ER................................

ZU DOSIEREN, DA DIE KRAFT DES GLEICHEN MUSKELS IN ABHAENGIGKEIT
.......ER...

VON SEINER LAENGE - Z.B. EXTREME BEUGE- UND STRECKSTELLUNG EINER
........ER...ER.

GLIEDMASSE - EIN VERHAELTNIS VON 1 ZU 3 BIS 1 ZU 4 AUFWEIST.
.................ER................................

SO ENTSPRICHT Z.B. DIE KRAFT DER OBERSCHENKELBEUGEMUSKULATUR
...........................ER...ER.................................

IN EINER 60-GRAD-BEUGESTELLUNG DES OBERSCHENKELS GEGEN DEN
......ER.....................ER.....................................

RUMPF EINEM DREHMOMENT VON CA. 40 NM, IN 20-GRAD-STRECKSTELLUNG
....

DES OBERSCHENKELS DAGEGEN 160 NM.
.......ER...........................

ANZAHL DER ZEICHEN: 402

ANZAHL DER ZIFFERN: 13

VORGEGEBENES ZEICHEN : 19

ANZAHL DER WOERTER: 12

```
      PROGRAM SORT (INPUT,OUTPUT)
      INTEGER IA(20),IB(20),IC(40)
      REAL A(20),B(20),C(40),BK(20),RK(20),IK(20)
      CHARACTER*10, BA(20),BA3(20),BA4(20),BB2(20),BB(40),BC(40)
      COMPLEX KX(11)
      OPEN(4,FILE='PL')
      OPEN(11,FILE='JUE03',ACCESS='SEQUENTIAL')
      OPEN(12,FILE='JUE04',ACCESS='SEQUENTIAL')
      REWIND(11)
      REWIND(12)
 3000 PRINT*,'NEUE DATEI? 1 EINGEBEN, SONST 2'
      READ*,I
      GOTO(1000,2000),I
*     EINLESEN IN DATEI
 1000 PRINT*,' ANZAHL DER WORTE DATEI1 EINGEBEN'
      READ*,N1
      IF(N1.GT.20)GOTO 1000
      WRITE(11,'(I2)')N1
      DO 10 I=1,N1
         PRINT*,' SATZ ',I,' EINGEBEN'
         READ 100,BA(I)
         WRITE(11,100)BA(I)
         PRINT100,BA(I)
   10    CONTINUE
*
 5000 PRINT*,' ANZAHL DER WORTE DATEI 2 EINGEBEN'
      READ*,N2
      IF(N2.GT.20)GOTO 5000
      WRITE(12,'(I2)')N2
      DO 20 I=1,N2
         PRINT*,' SATZ ',I,' EINGEBEN'
         READ 100,BB(I)
         WRITE(12,100)BB(I)
         PRINT100,BB(I)
   20    CONTINUE
      REWIND(11)
      REWIND(12)
      GOTO 3000
*     EINLESEN DER WERTE
*
 2000 READ(11,'(I2)')N1
      READ(12,'(I2)')N2
      DO 30 I=1,N1
   30    READ(11,100)BA(I)
      DO 40 I=1,N2
         READ(12,100)BB(I)
   40    BB2(I)=BB(I)
      CLOSE(12)
 4000 PRINT*,' EINGEBEN DER ZAHLEN, ANZAHL EINGEBEN <21 '
      READ*,N
      IF(N.GT.20)GOTO 4000
      PRINT*,' EINGEBEN DER WERTE '
      DO 70 I=1,N
         PRINT*,' A(',I,')='
         READ*,A(I)
   70    CONTINUE
      PRINT*,' EINGEBEN DER KOMPLEXEN ZAHLEN, <(RE,IM)>'
```

```
              DO 80 I=1,N
                PRINT*,'   KX(',I,')='
                READ*,KX(I)
       80     CONTINUE
*
              DO 90 I=1,N1
                READ(BA(I)(1:4),'(I4)')IA(I)
       90     CONTINUE
              DO 95 I=1,N2
                READ(BB(I)(1:4),'(I4)')IB(I)
       95     CONTINUE
*       SORTIER PGM'S
*
*       SORTIEREN VON INTEGERZAHLEN
        WRITE(4,540)
        WRITE(4,500)
        WRITE(4,140)(IA(I),I=1,N1)
*
        CALL SONNI (N1,IA)
        WRITE(4,510)
        WRITE(4,140)(IA(I),I=1,N1)
*
*
*       SORTIEREN VON REELLEN ZAHLEN
*
        WRITE(4,550)
        WRITE(4,500)
        WRITE(4,150)(A(I),I=1,N)
*
        CALL SORZ (N,A)
        WRITE(4,510)
        WRITE(4,150)(A(I),I=1,N)
*
*       SORTIEREN VON KOMPLEXEN ZAHLEN
        WRITE(4,560)
        WRITE(4,500)
        CALL KINR(N,KX,BK,RK,IK)
        WRITE(4,160)(RK(I),IK(I),BK(I),I=1,N)
        CALL SOKOM (N,KX)
        CALL KINR (N,KX,BK,RK,IK)
        WRITE(4,510)
        WRITE(4,160)(RK(I),IK(I),BK(I),I=1,N)
*
*       SORTIEREN VON CHARACTERGROESSEN
        WRITE(4,570)
        WRITE(4,500)
        WRITE(4,170)(BA(I)(6:10),I=1,N1)
        IU=6
        IO=10
        CALL SONAM (IU,IO,N1,BA)
        WRITE(4,510)
        WRITE(4,170)(BA(I)(IU:IO),I=1,N1)
```

```
*         MISCHEN VON INTEGERS
*
          WRITE(4,580)
          CALL SONNI(N1,IA)
          CALL SONNI(N2,IB)
          WRITE(4,590)
          WRITE(4,500)
          WRITE(4,140)(IA(I),I=1,N1)
          WRITE(4,140)(IB(J),J=1,N2)
          CALL MINNI (N1,N2,IA,IB,IC)
          WRITE(4,510)
          WRITE(4,140)(IC(I),I=1, N1+N2 )
*
*         MISCHEN VON REAL-ZAHLEN
*
          CALL SORZ (N,A)
          CALL KINR (N,KX,BK,RK,IK)
          CALL SORZ (N,RK)
          WRITE(4,600)
          WRITE(4,500)
          WRITE(4,150)(A(I),I=1,N)
          WRITE(4,150)(RK(I),I=1,N)
          CALL MIRZ (N,N,A,RK,C)
          WRITE(4,510)
          WRITE(4,150)(C(I),I=1, 2*N )
*
*         MISCHEN VON NAMEN
          IU=6
          IO=10
          CALL SONAM (IU,IO,N1,BA)
          CALL SONAM (IU,IO,N2,BB)
          WRITE(4,610)
          WRITE(4,500)
          WRITE(4,170)(BA(I)(IU:IO),I=1,N1)
          WRITE(4,170)(BB(I)(IU:IO),I=1,N2)
          CALL MINAM (IU,IO,N1,N2,BA,BB,BC)
          WRITE(4,510)
          WRITE(4,170)(BC(I)(IU:IO),I=1, N1+N2 )
          CLOSE(4)
*
*
*         ANWENDUNGSBEISPIEL
*         ------------------------------------
*         A1,A2
*
          OPEN (5,FILE='PL2')
          REWIND(11)
          READ(11,'(I2)')N1
          DO 50 I=1,N1
             READ(11,100)BA(I)
             BA3(I)=BA(I)
             BA4(I)=BA(I)
    50    CONTINUE
          IU=1
          IO=10
```

```
      WRITE(5,620)
      CALL SONAM (IU,IO,N1,BA3)
      IU=6
      CALL SONAM (IU,IO,N1,BA4)
      WRITE(5,180)(BA(I),BA3(I),BA4(I),I=1,N1)
*
*     A3
*
      IU=1
      DO 55 I=1,N2
   55    BB(I)=BB2(I)
      CALL SONAM (IU,IO,N2,BB)
      WRITE(5,630)
      WRITE(5,190)(BB2(I),(BB(I)),I=1,N2)
*
*      A4,A5
*
      CALL MINAM (IU,IO,N1,N2,BA3,BB,BC)
      DO 60 I=1, N1+N2
   60    BB(I)=BC(I)
      IU=6
      L=N1+N2
      CALL SONAM (IU,IO,L,BC)
      WRITE(5,640)
      WRITE(5,190)(BB(I),BC(I),I=1, N1+N2 )
      CLOSE (5)
      CLOSE (11)
      STOP
  100 FORMAT(A10)
  140 FORMAT(/ 4X,8I5)
  150 FORMAT(/ 4X,5F12.3)
  160 FORMAT(/4X,'(',F10.4,'  J ',F10.4,')    ABS=',F10.4)
  170 FORMAT(//(4X,4(A5,4X)/))
  180 FORMAT(/(4X,3(A10,3X)))
  190 FORMAT(/(4X,2(A10,3X)))
  500 FORMAT(/ 4X,'UNSORTIERTE LISTE')
  510 FORMAT(/ 4X,'SORTIERTE LISTE')
  540 FORMAT(//4X,'SORTIEREN VON NICHTNEGAT. INTEGERZAHLEN'//)
  550 FORMAT(////4X,'SORTIEREN VON REELLEN ZAHLEN'//)
  560 FORMAT(//4X,'SORTIEREN VON KOMPLEXEN ZAHLEN'//)
  570 FORMAT(//4X,'SORTIEREN VON NAMEN'//)
  580 FORMAT(/4X,'M I S C H  P R O G R A M M E '//)
  590 FORMAT(/4X,'MISCHEN VON INTEGERZAHLEN'//)
  600 FORMAT(///4X,'MISCHEN VON REELLEN ZAHLEN')
  610 FORMAT(//4X,'MISCHEN VON NAMEN')
  620 FORMAT(//4X,'D A T E I  N R . 1'///)
  630 FORMAT(///4X,'D A T E I  N R . 2'///)
  640 FORMAT(//4X,'DATEI NR. 1 MIT DATEI NR. 2 GEMISCHT'//)
      END
*
*     HAUPTPGM ENDE
*     *****************************************************************
*
*     UNTERPGM'S
*
*
*     UP SORTIEREN REELLE ZAHLEN
*
```

Lösungen 7.2/1

```
      SUBROUTINE SORZ(N,A)
      DIMENSION A(20)
      DO 110 J=1,N-1
         DO 100 K=1,N-J
            IF(A(K).GE.A(K+1))THEN
               H=A(K)
               A(K)=A(K+1)
               A(K+1)=H
            ENDIF
100      CONTINUE
110   CONTINUE
      RETURN
      END
*
*     SORTIEREN INTEGERS
*
      SUBROUTINE SONNI (N,M)
      DIMENSION A(20),M(20)
      DO 100 I=1,N
         A(I)=FLOAT(M(I))
100   CONTINUE
      CALL SORZ(N,A)
      DO 110 I=1,N
         M(I)=IFIX(A(I))
110   CONTINUE
      RETURN
      END
*
*     UP SORTIEREN VON KOMPLEXEN ZAHLEN
*
      SUBROUTINE SOKOM (N,KX)
      COMPLEX KX(20),H
      DO 110 J=1,N-1
         DO 100 K=1,N-J
            IF( ABS(KX(K)) .GE. ABS(KX(K+1))) THEN
               H=KX(K)
               KX(K)=KX(K+1)
               KX(K+1)=H
            ENDIF
100      CONTINUE
110   CONTINUE
      RETURN
      END
*
*     UP SORTIEREN VON NAMEN
*
      SUBROUTINE SONAM (IU,IO,N,B)
      CHARACTER* 10,B(40),B1
      DO 110 J=1,N-1
         DO100 K=1,N-J
            IF(B(K)(IU:IO).GT.B(K+1)(IU:IO))THEN
               B1=B(K)
               B(K)=B(K+1)
               B(K+1)=B1
            ENDIF
100      CONTINUE
110   CONTINUE
      RETURN
      END
*
```

```
*       UP AUSGABE VON KOMPLEXEN ZAHELN
*
        SUBROUTINE KINR (N,KX,BKX,RKX,IKX)
        COMPLEX KX(20)
        REAL BKX(20),RKX(20),IKX(20)
        DO 100 I=1,N
           BKX(I)=ABS(KX(I))
           RKX(I)=REAL(KX(I))
           IKX(I)=AIMAG(KX(I))
100     CONTINUE
        RETURN
        END
*
*        UP MISCHEN UND SORT. VON REELLEN ZAHLEN
*
        SUBROUTINE MIRZ (N1,N2,A,B,C)
        REAL A(20),B(20),C(40)
        K=1
        L=1
        DO 100 M=1, N1+N2
           IF(K.GT.N1)THEN
              C(M)=B(L)
              L=L+1
           ELSE IF(L.GT.N2)THEN
              C(M)=A(K)
              K=K+1
           ELSE IF(A(K).LT.B(L))THEN
              C(M)=A(K)
              K=K+1
           ELSE
              C(M)=B(L)
              L=L+1
           ENDIF
100     CONTINUE
        RETURN
        END
*
*       UP MISCHEN UND SORT. VON INTEGER ZAHLEN
*
        SUBROUTINE MINNI (N1,N2,IA,IB,IC)
        INTEGER IA(20),IB(20),IC(40)
        REAL A(20),B(20),C(40)
        DO100 K=1,N1
100     A(K)=FLOAT(IA(K))
        DO 110 K=1,N2
110     B(K)=FLOAT(IB(K))
        CALL MIRZ (N1,N2,A,B,C)
        DO 120 K=1, N1+N2
120     IC(K)=IFIX(C(K))
        RETURN
        END
*
*       UP MISCHEN UND SORT. VON NAMEN
*
```

```
      SUBROUTINE MINAM (IU,IO,N1,N2,A,B,C)
      CHARACTER* 10 A(20),B(20),C(40)
      K=1
      L=1
      DO 100 M=1, N1+N2
         IF(K.GT.N1)THEN
            C(M)=B(L)
            L=L+1
         ELSE IF(L.GT.N2)THEN
            C(M)=A(K)
            K=K+1
         ELSE IF(A(K)(IU:IO).LT.B(L)(IU:IO))THEN
            C(M)=A(K)
            K=K+1
         ELSE
            C(M)=B(L)
            L=L+1
         ENDIF
100   CONTINUE
      RETURN
      END
```

D A T E I   N R . 1

3351 EIMEN	2300 KIEL	6626 BOUS
4041 NORF	2849 ERLTE	3351 EIMEN
2300 KIEL	2951 HESEL	2849 ERLTE
6401 JOSSA	2983 JUIST	8541 HAAG
8830 HAAG	3101 OLDAU	8830 HAAG
5657 HAAN	3351 EIMEN	5657 HAAN
5444 POLCH	3453 POLLE	8752 HAIN
7141 MURR	4041 NORF	2951 HESEL
5000 KOELN	4174 ISSUM	4174 ISSUM
3453 POLLE	5000 KOELN	6401 JOSSA
8752 HAIN	5444 POLCH	6491 JOSSA
2951 HESEL	5657 HAAN	2983 JUIST
6626 BOUS	6401 JOSSA	2300 KIEL
8541 HAAG	6491 JOSSA	5000 KOELN
2849 ERLTE	6626 BOUS	7141 MURR
4174 ISSUM	7141 MURR	4041 NORF
3101 OLDAU	7631 SULZ	3101 OLDAU
2983 JUIST	8541 HAAG	5444 POLCH
7631 SULZ	8752 HAIN	3453 POLLE
6491 JOSSA	8830 HAAG	7631 SULZ

DATEI NR. 2

```
6719 STAUF     2176 OSTEN
4571 VEHS      3382 OKER
8504 STEIN     3559 HAINA
5500 TRIER     4571 VEHS
7261 SULZ      5201 KERN
3382 OKER      5500 TRIER
6570 KIRN      6570 KIRN
3559 HAINA     6719 STAUF
2176 OSTEN     7261 SULZ
5201 KERN      8504 STEIN
```

DATEI NR. 1 MIT DATEI NR. 2 GEMISCHT

```
2176 OSTEN     6626 BOUS
2300 KIEL      3351 EIMEN
2849 ERLTE     2849 ERLTE
2951 HESEL     8541 HAAG
2983 JUIST     8830 HAAG
3101 OLDAU     5657 HAAN
3351 EIMEN     8752 HAIN
3382 OKER      3559 HAINA
3453 POLLE     2951 HESEL
3559 HAINA     4174 ISSUM
4041 NORF      6401 JOSSA
4174 ISSUM     6491 JOSSA
4571 VEHS      2983 JUIST
5000 KOELN     5201 KERN
5201 KERN      2300 KIEL
5444 POLCH     6570 KIRN
5500 TRIER     5000 KOELN
5657 HAAN      7141 MURR
6401 JOSSA     4041 NORF
6491 JOSSA     3382 OKER
6570 KIRN      3101 OLDAU
6626 BOUS      2176 OSTEN
6719 STAUF     5444 POLCH
7141 MURR      3453 POLLE
7261 SULZ      6719 STAUF
7631 SULZ      8504 STEIN
8504 STEIN     7261 SULZ
8541 HAAG      7631 SULZ
8752 HAIN      5500 TRIER
8830 HAAG      4571 VEHS
```

7.2/2

```
00100 PROGRAM IMMER (INPUT,OUTPUT)
00110 INTEGER TAG,FLAG,HILF,A(20,40),B(20,40),C(10,40),D(20,10),E(10,10)
00120 CHARACTER *10 F(10,10)
00130 OPEN (6,FILE='AUSGABE')
00140 PRINT*,'    IMMERWAEHRENDER KALENDER'
00150 WRITE (6,'(//A24)')'IMMERWAEHRENDER KALENDER'
00160 PRINT*,'========================'
00170 WRITE (6,'(A24///)')'========================'
00180 PRINT*,'    EINGABE: TAG:'
00190 WRITE (6,'(A13/)')'EINGABE: TAG: '
00200 READ*,TAG
00210 WRITE (6,'(I3///)')TAG
00220 PRINT*,'    EINGABE: MONAT:'
00230 WRITE (6,'(A15/)')'EINGABE: MONAT: '
00240 READ*,MONAT
00250 WRITE (6,'(I3///)')MONAT
00260 PRINT*,'    EINGABE: JAHR:'
00270 WRITE (6,'(A14/)')'EINGABE: JAHR: '
00280 READ*,JAHR
00290 WRITE (6,'(I5///)')JAHR
00300 PRINT*,'    DIESER TAG IST EIN:'
00310 WRITE (6,'(A19)')'DIESER TAG IST EIN: '
00320 PRINT*,'--------------------'
00330 WRITE (6,'(A19/)')'--------------------'
00340 OPEN (1,FILE='DATEI1')
00350 REWIND (1)
00360 DO 10 I=1,14
00370 READ (1,'(I5)')(A(I,J),J=1,32)
00380 10 CONTINUE
00390 CLOSE (1)
00400 OPEN (2,FILE='DATEI2')
00410 REWIND (2)
00420 DO 20 I=1,10
00430 READ (2,'(I5)')(B(I,J),J=1,31)
00440 20 CONTINUE
00450 CLOSE (2)
00460 OPEN (3,FILE='DATEI3')
00470 REWIND (3)
00480 DO 30 I=1,4
00490 READ (3,'(I3)')(C(I,J),J=1,29)
00500 30 CONTINUE
00510 CLOSE (3)
00520 OPEN (4,FILE='DATEI4')
00530 REWIND (4)
00540 DO 40 I=1,10
00550 READ(4,'(I3)')(D(I,J),J=1,7)
00560 40 CONTINUE
00570 CLOSE (4)
00580 OPEN (5,FILE='DATEI5')
00590 REWIND (5)
00600 DO 50 I=1,5
00610 READ (5,'(I3)')(E(I,J),J=1,7)
00620 50 CONTINUE
00630 DO 60 I=1,7
00640 READ (5,'(A10)')(F(I,J),J=1,7)
00650 60 CONTINUE
00660 CLOSE (5)
```

```
00670* -----------------------------------------
00680* WERT AUS DATEI3 WIRD ERMITTELT UND GELESEN
00690* -----------------------------------------
00700 JA=JAHR/100
00710 JAHU=JA*100
00720 JAZE=JAHR-JAHU
00730 DO 70 I=1,4
00740 DO 80 J=1,29
00750 IF (C(I,J).EQ.JAZE) GOTO 90
00760 80 CONTINUE
00770 70 CONTINUE
00780 90 L=J+3
00790 HILF=0
00800 IF (MONAT.LE.2) GOTO 100
00810 HILF=1
00820* ----------------------------
00830* HILF=0   -> JANUAR UND FEBRUAR
00840* HILF=1   -> MAERZ BIS DEZEMBER
00850* ----------------------------
00860 100 FLAG=JAHR*10000+MONAT*100+TAG
00870 IF (FLAG.GE.15821015) GOTO 140
00880 IF (FLAG.GT.15821004) GOTO 280
00890* ----------------------
00900* DATUM BIS ZUM 4.10.1582
00910* ----------------------
00920 DO 110 I=1+HILF,14,2
00930 DO 120 J=1,3
00940 IF (A(I,J).EQ.JAHU) GOTO 130
00950 120 CONTINUE
00960 110 CONTINUE
00970 130 K=I
00980 M=A(K,L)
00990 GOTO 180
01000* ----------------------
01010* DATUM AB DEM 15.10.1582
01020* ----------------------
01030 140 DO 150 I=1+HILF,10,2
01040 DO 160 J=1,2
01050 IF(B(I,J).EQ.JAHU) GOTO 170
01060 160 CONTINUE
01070 150 CONTINUE
01080 170 K=I
01090 L=L-1
01100 M=B(K,L)
01110* -----------------------------------------------
01120* DER WERT AUS DATEI4 WIRD ERMITTELT UND GELESEN
01130* -----------------------------------------------
01140 180 DO 190 I=1,3
01150 DO 200 J=1,7
01160 IF (D(I,J).EQ.MONAT) GOTO 210
01170 200 CONTINUE
01180 190 CONTINUE
01190 210 DO 220 I=4,10
01200 IF (D(I,J).EQ.M) GOTO 240
01210 220 CONTINUE
01220 240 K=I-3
```

Lösungen 7.2/2

```
01230* ----------------------------------------------------------
01240* DER SPALTENWERT AUS DATEI5 WIRD ERMITTELT UND GELESEN
01250* ----------------------------------------------------------
01260 DO 250 I=1,5
01270 DO 260 J=1,7
01280 IF (E(I,J).EQ.TAG) GOTO 270
01290 260 CONTINUE
01300 250 CONTINUE
01310* ----------------------------------------------------------
01320* DER NAME DES WOCHENTAGES WIRD AUS DATEI5 GELESEN
01330* ----------------------------------------------------------
01340 270 PRINT*,F(K,J)
01350 WRITE (6,'(A10///)') F(K,J)
01360 GOTO 290
01370* ----------------------------------------------------------
01380* DATUM ZWISCHEN DEM 4.10.1582 UND DEM 15.10.1582
01390* ----------------------------------------------------------
01400 280 PRINT*,'TAG, DEN ES NICHT GAB'
01410 WRITE (6,'(A21///)')'TAG, DEN ES NICHT GAB'
01420 290 STOP
01430 END
```

EINGABE: TAG:	EINGABE: TAG:	EINGABE: TAG:
13	10	21
EINGABE: MONAT:	EINGABE: MONAT:	EINGABE: MONAT:
3	10	4
EINGABE: JAHR:	EINGABE: JAHR:	EINGABE: JAHR:
1212	1582	1983
DIESER TAG IST EIN:	DIESER TAG IST EIN:	DIESER TAG IST EIN:
DIENSTAG	TAG, DEN ES NICHT GAB	DONNERSTAG

278 Lösungen 7.2/2

Inhalte der Dateien; Buchstaben sind darin durch Zahlen ersetzt.

Datei 1:

0	1	7	0	1	1	7	1	7
700	6	6	5	7	7	6	6	6
1400	5	5	4	6	5	5	5	5
4	4	3	3	5	4	4	4	3
2	3	2	2	3	3	2	3	2
1	1	1	7	2	2	1	1	1
7	7	7	6	1	7	7	600	7
6	6	5	5	7	6	6	1300	5
4	5	4	4	300	5	4	0	4
3	3	3	2	1000	4	3	3	3
2	100	2	1	0	2	2	1	2
1	800	7	7	6	1	1	7	7
6	1500	6	6	5	7	6	6	6
5	5	5	4	4	6	5	5	5
4	3	4	3	3	4	4	3	4
3	2	2	2	1	3	3	2	2
1	1	1	1	7	2	1	1	
7	7	7	6	6	1	7	7	
6	5	6	5	5	400	6	5	
5	4	4	4	3	1100	5	4	
3	3	200	3	2	0	3	3	
2	2	900	1	1	7	2	2	
1	7	0	7	7	6	1	7	
7	6	6	6	5	5	7	6	
5	5	4	5	4	4	5	5	
4	4	3	3	3	2	4	4	
3	2	2	2	2	1	3	2	
2	1	1	1	7	7	2	1	
7	7	6	7	6	6	500	7	
6	6	5	5	5	4	1200	6	
5	4	4	300	4	3	0	4	
4	3	3	1000	2	2	1	3	
0	2	1	0	1	1	7	2	
700	1	7	7	7	6	6	1	
1400	6	6	5	6	5	5	6	
3	5	5	4	4	4	3	5	
2	4	3	3	3	3	2	4	
1	3	2	2	2	1	1	3	
7	1	1	7	1	7	7	600	
5	7	7	6	6	6	5	1300	
4	6	5	5	400	5	4	0	
3	5	4	4	1100	3	3	2	
2	100	3	2	0	2	2	1	
7	800	2	1	1	1	7	7	
6	1500	7	7	6	7	6	6	
5	4	6	6	5	5	5	4	
4	3	5	4	4	4	4	3	
2	2	4	3	3	3	2	2	
1	1	2	2	1	2	1	1	
7	6	1	1	7	7	7	6	
6	5	7	6	6	500	6	5	
4	4	6	5	5	1200	4	4	
3	3	200	4	3	0	3	3	
2	1	900	3	2	2	2	1	

Datei 2:

1500	0	1	4	6	2300
0	0	7	2	5	7
0	0	6	1	4	6
6	3	4	7	2	5
5	2	3	6	1	4
4	7	2	4	7	2
3	1600	1	3	6	1
1	2000	6	2	4	7
7	2	5	1	3	6
6	7	4	6	2	4
5	6	3	5	1	3
3	5	1	4	6	2
2	4	1700	3	5	1
1	2	2100	1	4	6
7	1	3	7	3	5
5	7	2	6	1	4
4	6	1	5	7	3
3	4	7	3	6	1
0	3	6	1800	5	7
0	2	4	2200	3	6
0	1	3	5	2	5
0	6	2	4	1	3
0	5	1	3	7	2
0	4	6	2	5	1
0	3	5	1	1900	7
0	1	4	6	2300	5
0	7	3	5	7	4
0	6	1	4	6	3
3	5	7	3	5	2
2	3	6	1	4	7
1	2	5	7	3	
1500	1	3	6	1	
0	7	2	5	7	
0	5	1	3	6	
6	4	7	2	5	
5	3	5	1	3	
4	2	4	7	2	
2	1600	3	5	1	
1	2000	2	4	7	
7	1	7	3	5	
6	7	6	2	4	
4	6	5	7	3	
3	5	4	6	2	
2	3	1700	5	7	
1	2	2100	4	6	
6	1	3	2	5	
5	7	2	1	4	
4	5	1	7	2	
3	4	7	6	1	
0	3	5	1800	7	
0	2	4	2200	6	
0	7	3	5	4	
0	6	2	4	3	
0	5	7	3	2	
0	4	6	2	1	
0	2	5	7	1900	

Datei 3		Datei 4		Datei 5	
0	0	1	6	1	DONNERSTAG
1	57	2	2	2	DONNERSTAG
2	58	4	7	3	FREITAG
3	59	5	3	4	SAMSTAG
4	60	6	6	5	SONNTAG
5	61	8	2	6	MONTAG
6	62	9	5	7	DIENSTAG
7	63	10	7	8	MITTWOCH
8	64	3	3	9	MITTWOCH
9	65	7	1	10	DONNERSTAG
10	66	0	4	11	FREITAG
11	67	0	7	12	SAMSTAG
12	68	0	3	13	SONNTAG
13	69	12	6	14	MONTAG
14	70	0	1	15	DIENSTAG
15	71	11	4	16	DIENSTAG
16	72	0	2	17	MITTWOCH
17	73	0	5	18	DONNERSTAG
18	74	0		19	FREITAG
19	75	0		20	SAMSTAG
20	76	0		21	SONNTAG
21	77	1		22	MONTAG
22	78	4		23	MONTAG
23	79	7		24	DIENSTAG
24	80	2		25	MITTWOCH
25	81	5		26	DONNERSTAG
26	82	3		27	FREITAG
27	83	6		28	SAMSTAG
28	84	2		29	SONNTAG
0	0	5		30	
29	85	1		31	
30	86	3		0	
31	87	6		0	
32	88	4		0	
33	89	7		0	
34	90	3		SONNTAG	
35	91	6		MONTAG	
36	92	2		DIENSTAG	
37	93	4		MITTWOCH	
38	94	7		DONNERSTAG	
39	95	5		FREITAG	
40	96	1		SAMSTAG	
41	97	4		SAMSTAG	
42	98	7		SONNTAG	
43	99	3		MONTAG	
44	0	5		DIENSTAG	
45	0	1		MITTWOCH	
46	0	6		DONNERSTAG	
47	0	2		FREITAG	
48	0	5		FREITAG	
49	0	1		SAMSTAG	
50	0	4		SONNTAG	
51	0			MONTAG	
52	0			DIENSTAG	
53	0			MITTWOCH	
54	0				
55	0				
56	0				

Liste der Parallel-Aufgaben für den FORTRAN-Trainer, den technisch-naturwissenschaftlichen BASIC-Trainer und den technisch-naturwissenschaftlichen Pascal-Trainer

Die sprachlichen Eigenarten machen es an etlichen Stellen erforderlich, Aufgaben zu ergänzen, wegzulassen oder umzustellen. Um dennoch ein leichtes Auffinden der gleichen Aufgabe in einem anderen Trainer zu ermöglichen, wird nachstehend eine Parallel-Liste der jeweiligen Zuordnungen wiedergegeben. Die angegebenen Aufgaben wurden größtenteils wörtlich, bisweilen auch mit geringfügigen Anpassungsänderungen übernommen.

FORTRAN	BASIC	Pascal	FORTRAN	BASIC	Pascal
3.1/1–11	3.1/1–11	3.1/1–11	4.2/1–5	4.2/1–5	4.2/1–5
3.1/15	3.1/12	4.1/23	4.2/6	4.2/6	4.2/7
3.2/29	3.2/4	3.2/4	4.2/7	4.2/7	4.2/9
3.2/30	3.2/1	3.2/1	4.2/8	4.2/8	4.2/10
3.2/32	3.2/3	3.2/2	4.2/9	4.2/9	4.2/11
3.2/35	3.2/5	3.2/3	4.2/10	4.2/10	4.2/12
3.2/36	3.2/6	3.2/5	4.2/11	4.2/11	4.1/18 + 8.1/2
3.2/37	3.2/7	3.2/6	4.2/12	4.2/12	4.2/13
3.2/38	3.2/8	3.2/7	4.2/13	4.2/13	4.2/14
3.2/39	3.2/9	3.2/8	4.2/14	4.2/14	4.2/15
			4.2/15	4.2/15	4.2/16
4.1/1	4.1/1	4.1/1 + 5.2/3	4.2/16	4.2/16	4.1/19
4.1/3	4.1/2	4.1/2	4.2/17	4.2/17	4.1/20
4.1/8	4.1/3	4.1/3	4.2/18	4.2/18	4.2/17
4.1/15	4.1/4	4.1/4	4.2/19	4.2/19	4.2/18
4.1/16	4.1/5	4.1/5	4.2/20	4.2/20	4.2/19
4.1/17	4.1/6	4.1/6 + 4.2/6 + 5.2/5	4.2/21	4.2/21	4.1/21
4.1/18	4.1/7	4.1/7 + 5.2/2	4.2/22	4.2/22	4.2/20
4.1/20	4.1/8	4.1/8	4.2/23	4.2/23	4.2/21
4.1/21	4.1/9	4.1/9	4.2/24	4.2/24	4.1/24
4.1/22	4.1/10	4.1/10	4.2/25	4.2/25	4.2/22
4.1/23	4.1/11	4.1/11	4.2/26	4.2/26	4.1/22 + 5.2/4
4.1/24	4.1/12	4.1/12	4.2/27	4.2/27	5.1/7
4.1/25	4.1/13	4.2/8	4.2/28	4.2/28	5.1/8
4.1/26	4.1/14	4.1/13 + 5.2/10	4.2/29	4.2/29	5.1/9
4.1/27	4.1/15	4.1/14	4.2/30	4.2/30	5.2/10
4.1/28	4.1/16	4.1/15	4.2/31	4.2/31	4.2/23
4.1/29	4.1/17	4.1/16	4.2/32	4.2/32	4.2/24
4.1/30	4.1/18	4.1/17	4.2/33	4.2/33	5.1/13
4.1/31	–	5.2/6	4.2/34	4.2/34	5.1/14
			4.2/35	4.2/35	5.1/15

FORTRAN	BASIC	Pascal
4.2/36	4.2/36	5.1/16
4.2/37	4.2/37	5.1/17
4.2/38	4.2/38	5.1/18
4.2/39	4.2/42	5.1/23
4.2/40	4.2/43	5.1/24
4.2/41	4.2/44	5.1/25
4.2/42	—	5.2/12
4.2/43	4.2/45	5.2/7
4.2/45	4.2/40	5.1/20
4.2/46	5.1/3	5.1/22
4.2/47	5.1/9	5.1/34
4.2/49	5.1/2	8.2/2
5.2/2	4.2/46	5.1/26
5.2/8	4.2/47	5.1/27
5.2/11	6.3/3	5.1/32
5.2/12	4.2/41	5.2/11
5.2/13	4.2/39	5.1/19
5.2/14	6.3/2	5.1/31
5.2/15	6.3/4	5.1/6
5.2/17	4.2/48	5.1/28
5.2/18	4.2/49	5.1/29
5.2/19	4.2/50	5.1/30
5.2/22	—	5.1/33
6.2/1	6.2/3	5.1/12
6.2/3	6.3/6	5.2/8
6.2/6	6.2/1	5.1/10
6.2/7	6.2/2	5.1/11
6.3/3	6.3/1	5.1/21
6.3/7	6.3/5	8.2/3
6.3/9	3.3/8	5.1/35
6.3/11	7	5.2/13
7.1/1	5.1/1 + 6.3/7	8.2/1

Sachwortregister

Das Register umfaßt die Bezugsaufgaben und -lösungen nur in einer Auswahl. Außerdem sind Aufgabenstellungen besonderen Inhaltes auch in ihrer thematischen Abkürzung (wie z.B. „Kalender") aufgeführt. Es werden die zugeordneten Aufgaben-Nummern angegeben, ein vorangestelltes „L" markiert insbesondere den betreffenden Lösungsvorschlag; bisweilen erfolgt auch ein umfassenderer Kapitelhinweis.

Abbildung, konforme 6.3/4
Abbildungsgleichung Optik 4.2/12
Ableitung 4.1/21
ABS 3.2/29, L 4.2/15, L 6.1/4–5
ACCESS L 7.2/1
Äquivalenz 5.2
A-Format 3.2/38, 3.2/41, 3.2/43, L 4.1/24, L 4.2/47
AIMAG 5.1
.AND. 5.2, L 5.2/3
Antivalenz 5.2
Anweisungsfunktion 6.2
arctan-Entwicklung 4.2/14
ASSIGN...TO... L 4.2/5
ATAN L 6.1/3
Ausgabe 3.2
Ausgleichsgerade 4.2/28
Aussagenlogik 5.2/22

Bauernhof 4.2/8
BCD-Dezimal-Decodierer 5.2/20
Bereiche 4.1
Beschleunigungsfunktion 4.2/44
Bibliotheks-Unterprogramme 6.1
Binomialentwicklung 4.1/30–31
Blanks (Format) 3.2/3
Block-IF 4.2/9
Bremsweg 4.1/23
Bubblesort 4.2/40
Bücherrechnung 6.3/6

CABS L 6.1/4
CALL L 6.3/1–2
CCOS L 6.1/3, L 6.3/4
CEXP L 6.1/2, L 6.1/5
CHAR L 3.2/40
CHARACTER-Typ 3.1/15
Chinese Remainder Theorem 6.3/12
CLOG L 6.1/5
CLOSE Lösungsvorwort, L 3.2/29, L 7.2/2
CMPLX 5.1

Code-Wandler 6.3/5
Codierung/Decodierung 4.2/49
COMMON 6.3/3
COMMON-Block L 6.3/3
COMPLEX-Typ 3.2/15, L 5.1/1
CONJG 5.1
CONTINUE L 4.1/9
COS L 6.1/3
cos-Entwicklung 4.2/14
CSIN L 6.1/3
CSQRT L 6.1/1

DABS L 6.1/4
Darlehensrückzahlung 4.1/22
DATA 3.1/16, L 4.2/24, L 4.2/46–47
DATAN L 6.1/3
Dateien 7.2, Lösungsvorwort
DCOS L 6.1/3
Decodierung, BCD-Dezimal 5.2/20
–, Text 4.2/49
Determinante 4.2/37
DEXP L 6.1/2
DIMENSION 4.1/1, L 4.1/4
Dimensionierung, halbdynamische (variable) L 6.3/11
DO 4.1/9, 4.1/12
Doppelpunkt–(:–) Format 3.2/44
DOUBLE PRECISION 3.1/12, L 3.2/37, L 4.2/22
Dreieck, Pascalsches 4.1/31
DSIN L 6.1/3
DSQRT L 6.1/1
Dual-Addition 6.3/12

Ebene, komplexe 5.1/10, 5.2/21, 6.3/4
e-Entwicklung 4.2/15
E-Format 3.2/8, 3.2/42
E...E...-Format 3.2/44
Eingabe 3.2
Einheiten-Nummer, logische 3.2/1, 3.2/8, Lösungsvorwort
e-Limes 4.2/15

END L 3.2/29
ENTRY 6.3/13
Entscheidungstabelle 5.2/16
.EQ. L 4.2/5
EQUIVALENCE 4.1/5—6
.EQV. 5.2, L 5.2/22
Eratosthenes, Sieb des 4.2/20
Euklid-Algorithmus 4.2/43
EXP L 6.1/2
Exponentiation L 3.1/4, L 3.2/29
EXTERNAL L 6.2/3

Fahrpreisermittlung 5.2/16
Fakultät (n!) 4.1/18, 4.2/15
.FALSE. 3.1/1, L 3.2/19, L 5.2/19
Farbcode, internationaler 4.2/47
Felder 4.1
Fermat, Theorem von 6.3/12
F-Format 3.2/1, 3.2/42
Fibonacci-Zahlen 4.2/26
FILE Lösungsvorwort, L 3.2/29, L 7.2/2
FLOAT L 4.1/18, L 4.2/17
Flußdiagramm 2
FMT L 6.3/7
FORMAT L 3.2/29
Format, implizites 3.2/26
—, variables 3.2/43, 4.1/31
Formate 3.2
Formatende (:) 3.2/44
Formatierung, listengesteuerte 3.2/22—23, L 3.2/35
Frequenzberechnung, komplexe 5.1/7
FUNCTION-Anweisung 6.2
FUNCTION-Unterprogramm 6.2
Funktionsanweisung s. FUNCTION-Anweisung

Gamma-Funktion 4.2/30
Gauss-Seidel-Verfahren 4.2/36
.GE. L 4.2/3
Geburtstagswahrscheinlichkeit 4.2/10
Geschwindigkeitsverteilung, Maxwell-Boltzmannsche 4.1/24
G-Format 3.2/42—43
Gleichung, kubische 6.1/5
—, quadratische 3.2/29, 4.2/6, 5.1/4, 6.3/13—14
Gleichungssystem 4.2/36
GOTO L 4.2/1, L 4.2/5
—, assigned L 4.2/5
—, berechnetes 4.2/7, 4.2/24, L 4.2/5
Gray-Code 6.3/5
Gray-Stibitz-Code 6.3/5
Größter gemeinsamer Teiler (GGT) 4.2/43
.GT. L 4.2/3
Gültigkeitsbereiche 4.2/31—32, 5.2/9—11, 5.2/14, 5.2/21

Halbaddierer 5.2/18
Halbdynamische Programmierung L 6.3/11
Hanoi, Türme von 6.3/11
Hermite-Matrizen 5.1/6
Höhenformel, barometrische 4.2/48
Horner-Schema 4.1/26
Hühnerhofhackordnung 6.3/10

IABS L 6.1/4
ICHAR L 3.2/40
IF L 4.2/2—3
—, arithmetisches L 4.2/5
—, logisches L 4.2/5
IF-Block 4.2/9
IF...ELSE...END IF L 4.2/2, L 5.2/16
IF...ELSE IF...END IF L 4.2/6, L 4.2/12—13, L 5.2/16
IF...END IF L 4.2/3, L 4.2/11
IFIX L 4.2/46
I-Format 3.2/14, L 5.2/15
Impedanz (komplex) 5.1/8
IMPLICIT 3.1/14, L 6.3/7, L 6.3/11
INDEX L 3.2/40
Indizierung 4.1
Initialisierung 3.1/16, 3.1/18
INT L 6.3/10
INTEGER-Typ 3.1/13
Integration, numerische 6.2/3
INTRINSIC L 6.2/2
Inverse, multiplikative 5.3/12
Irrgarten 8
Iteration, kontrahierende 4.2/35
Iw.m L 5.2/15

Jahreseffektivzins 3.2/35

Kalender 5.2/15, 6.2/4, 6.3/7, 7.2/2
Kehrmatrix 4.2/45
Kokosnußproblem 4.2/18
Komplexe Ebene 5.1/10, 5.2/21, 6.3/4
Komplex-Rechnen 5.1
Konforme Abbildung 6.3/4
Konstante 3.1/1
Korrelationskoeffizient, empirischer 4.2/29
Kreise, konzentrische 2/1, 4.1/19, 5.1/9
Kurvenausdruck 6.3/8—9

Labyrinth 8
.LE. L 4.2/3
Leerstellen (Format) 3.2/3
LEN1, LEN2 s. Einheiten-Nummer, logische
L-Format 3.2/19, L 5.2/19
Listengesteuerte Ein-/Ausgabe 3.2/22—23, L 3.2/35
LOGICAL-Typ 3.2/19

Sachwortregister

Logikpläne 5.2/17–20, 6.3/5
Logisch-Rechnen 5.2
Lohnauszahlung 4.2/46
Lottogewinn (logische Ereignisfolge) 5.2/1
.LT. L 4.2/2

Mantisse L 3.2/8, L 3.2/14
Maßeinheiten-Umrechnung 4.2/24
Massenveränderlichkeit, relativistische 4.2/22
Matrix/Matrizen, Determinante 4.2/37
–, Elementenprüfung 4.2/38, 6.3/2
–, Elementenvergleich 5.2/13
–, Hermite-symmetrische und -antisymmetrische 5.1/6
–, inverse 4.2/45
–, Multiplikation 6.3/3
–, Nullsetzen 4.1/29
–, transponierte 4.1/28
Maus, sehende 8
Maxwell-Boltzmannsche Geschwindigkeitsverteilung 4.1/24
Medianwert 4.2/27
Metallreflexion 5.1/10
Minimum-Maximum im Intervall einer Zahlenfolge 4.2/25
Mischen 7.2/1
Mittel, arithmetisches 4.2/27
Mittelwert 4.2/27
MOD L 4.2/43, L 4.2/49, L 5.2/15, L 6.3/12
Modulo-System 6.3/12

NAND 5.2/3
.NE. L 4.2/14
.NEQV. 5.2, L 5.2/20, L 5.2/22
Newton-Verfahren, Nullstellen-Iteration 6.2/1
–, Quadratwurzel-Iteration 6.2/7
Nicht-Äquivalenz 5.2
NOR 5.2/4
Normalform, disjunktive 5.2/5, 5.2/19
–, konjunktive 5.2/6, 5.2/19
.NOT. 5.2, L 5.2/3
Nullstellenbestimmung 4.2/33–35, 6.2/1

OPEN Lösungsvorwort, L 3.2/29, L 7.2/2
Optik, Abbildungsgleichung 4.2/12
.OR. 5.2, L 5.2/3
Ostersonntag 5.2/15, 6.2/4

PARAMETER 3.1/18, L 4.2/22
Parameter, aktuelle und formale 6, L 6.2/5
Pascalsches Dreieck 4.1/31
P-Format 3.2/44
Polynom 4.1/21, 4.1/25–26
Potenz L 3.1/4
Primzahlen 4.2/19–20

PRINT* (unformatiert) 3.2/23, Lösungsvorwort
PRINT n (formatiert) Lösungsvorwort, L 4.1/22
Programmablaufpläne 2
Programmierung, halbdynamische L 6.3/11

Quadratwurzel-Iteration 6.2/6–7
Quersumme 4.2/16
Quicksort 4.2/42

Rangliste 4.2/23
READ 3.2
READ * 3.2/22
REAL 5.1
REAL-Typ 3.1/13
Reflexion an Metallen 5.1/10
Regressionsgerade 4.2/28
Regula falsi, linear 4.2/33
-, parabolisch 4.2/34
Reihen-Summe 4.1/30, 4.2/9, 4.2/14–15, 4.2/17, 4.2/22, 4.2/28–29, 4.2/48
Reihenschwingkreis 4.1/27, 5.1/8
Rekursiv-Verhalten 4.1/26, L 4.1/30
Residuen-Addition 6.3/12
Resonanzfrequenz 4.1/27
RETURN L 6.2/3
RETURNn 6.3/14
REWIND L 4.2/7, L 7.2/2
Romberg-Verfahren 6.2/3
Rückzahlungsrate, monatliche 4.1/22

Satz, -ende L 3.2/5, L 3.2/14
Schachtelung L 3.2/21, L 4.1/11
Schalterverknüpfung 5.2/2
Schleifen 4.1
Schwebung 6.3/8
Schwingkreis, elektrischer 4.1/27, 5.1/8
Schwingung, gedämpfte 5.1/7, 6.3/8
Sehnentrapezregel 6.2/3
SEQUENTIAL L 7.2/1
Sieb des Eratosthenes 4.2/20
SIGN L 5.1/5
Simpsonformel 6.2/3
SIN L 6.1/3
Skalarprodukt 4.1/20, 4.2/11
Slash-(/-)Format L 3.2/10, L 3.2/14
Sortieren 4.2/39–42, 7.2/1
Spannweite 4.2/27
SP-Format L 5.2/21
Sprung, berechneter 4.2/7
–, zugewiesener L 4.2/5
Sprünge 4.2
SQRT L 6.1/1, L 6.1/5
SS-Format L 5.2/21
Standardabweichung 4.2/27
Stichprobenauswertung 4.2/27–29

Stiefel-Verfahren 4.2/45
STOP L 3.2/29
Strahlungsgesetze 3.2/37, 4.2/21
String 3.2/39
SUBROUTINE-Unterprogramm 6.3
Substring L 3.2/40
Suchen, binäres 5.2/12

Tangententrapezregel 6.2/3
Teiler, größter gemeinsamer 4.2/43
Teilzeichenkette (Substring) L 3.2/40
Tetradencode 6.3/5
Texte 3.2/39–40, 4.2/49, 7.1
T-Format (Tabulator) 3.2/14, L 5.1/9
TL-Format analog TR-Format
TR-Format L 4.1/23
.TRUE. L 3.1/3, L 3.2/19, L 5.2/19
Türme von Hanoi 6.3/11
Typdeklaration, explizite 3.1/13–15
—, implizite 3.1/2

Überlappung L 4.1/16
Umwandlung Zeichen/Zahlen (und umgekehrt) L 3.2/40
Unterprogramme 6

Variable 3.1/2
Varianz 4.2/27
Variationskoeffizient 4.2/27
Vergleichsoperatoren, logische 4.2
Verkettung 3.1/15, 3.2/39
Verknüpfungsoperatoren, logische 5.2
Verzweigungen 4.2
Vorzeichensteuerung SP, SS L 5.2/21

Wahrheitstafeln, logische 4.2/7, 5.2
Warenrechnung 6.3/6
Wertzuweisungen 3.1/4
Wortzählung 7.1/1
WRITE 3.2

X-Format 3.2/3, 3.2/14

Zahlenkonstante 3.1/1
Zahlenvariable 3.1/2
Zahlen-/Zeichenumwandlung L 3.2/40
Zeichenkette 3.2/39
Zeichenkonstante 3.1/1, 3.1/15
Zeichenvariable 3.1/15
Zeichenvergleich 7.1/1
Zeichenzählung 7.1/1
Zeichen-/Zahlenumwandlung L 3.2/40
Ziffernzählung 7.1/1
Zufallszahlen 6.3/10

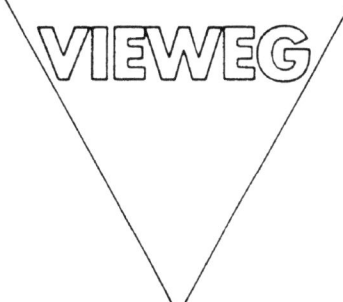

Vieweg Programmothek

Herausgegeben von Hansrobert Kohler

Band 1

FORTRAN
Gleichungen – Systeme – Matrizen

Von Rolf Hefendehl, Helmut Lausmann, Uwe Tropp und Jens Wickinger. 1984. VIII, 197 S. 16,2 × 22,9 cm. Spiralbindung

Aus dem Inhalt: Gleichungen – Matrizenoperationen und Determinanten – Lineare Gleichungssysteme (Gauß, Cramer, Jacobi, Gauß-Seidel, Tridiagonal-Form, Cholesky) – Eigenwertprobleme (QR-Verfahren über Hessenberg-Matrix, Jacobi-Rotation, von-Mises-Verfahren) – Kondition von Matrizen und Ausgleichsrechnung – Nichtlineare Gleichungssysteme.

Das Buch stellt eine Unterprogramm-Bibliothek für die Bearbeitung von Gleichungen, Gleichungssystemen und Matrizen zur Verfügung, wobei auch an den Einsatz auf FORTRAN-implementierten Mikrocomputern gedacht ist. Die Programme sind in Grundlagen und Ablauf ausführlich dokumentiert; außer den vollständigen Listings auch der Rahmen-Hauptprogramme sind erläuternde Beispiele wiedergegeben. Das Buch kann auch Studierenden eine wertvolle Hilfe zur Vertiefung und beispielhaften Programm-Gestaltung sein.

Band 2

FORTRAN
Spiele – Algorithmen – Grafiken

Von Rolf Hefendehl, Helmut Lausmann, Uwe Tropp und Jens Wickinger. 1984. VIII, 209 S. 16,2 × 22,9 cm. Spiralbindung

Aus dem Inhalt: Schach (Damen- und Springer-Probleme) – Türme von Hanoi – Game of Life – Master-Mind – Kalender – Irrgarten / Labyrinth („sehende Maus", Konstruktion) – Drucken von Histogrammen und „Prozentkuchen" – Plotten von Programmablaufplänen (Flußdiagramme).

Das Buch erfaßt Problemstellungen, die nicht durch formelmäßige Vorgaben definiert sind: hierzu gehören insbesondere Spiele und Grafiken. Um die von den Autoren eingebrachten Denkweisen (Algorithmen) auch für Ungeübte möglichst durchschaubar zu machen, sind den vollständigen, übersichtlich strukturierten Listings sehr ausführliche Beschreibungen, Programmablaufpläne und Beispiele hinzugefügt.

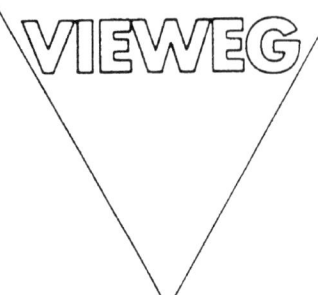

Hansrobert Kohler
Technisch-naturwissenschaftlicher BASIC-Trainer
für Hörer aller Fachrichtungen ab 1. Semester. 1984. VI, 140 S. 16,2 X 22,9 cm. Brosch.

Der BASIC-Trainer von Hansrobert Kohler gibt Hilfestellung bei der Lösung vorgegebener Aufgaben, er motiviert zur intensiven Beschäftigung und ermöglicht das Kennenlernen sämtlicher Konzepte und Möglichkeiten der Programmiersprache BASIC anhand zahlreicher Beispiele.
Der Leser findet hier Aufgaben zum Erlernen von Verzweigungs- und schleifenfreien Programmtechniken. Es wird ausführlich auf Felder, Sprünge und Verzweigungen eingegangen, und die Unterprogrammtechnik, Text- (String-) Verarbeitung und Dateien werden ebenfalls behandelt. Damit stellt die BASIC-Trainer-Aufgaben-Sammlung Übungen einfachster bis schwierigster Fragen und Probleme zur Verfügung. Der Umfang reicht von leichten Fragen zu Konstanten und Variablen bis hin zu algorithmischen Übungen, von der Formelprogrammierung bis zur Textanalyse, von rekursiven bis zu iterativen Verfahren, von reellen bis zu logischen Auswertungen, Thematisch sind Nullstellen-Iterationen und Reihenentwicklungen ebenso erfaßt wie Sortier- und Matrizenaufgaben, die Analyse von Logikplänen ebenso wie Kalenderprobleme und Würfelspiele ebenso wie Kurvenausdrucke und vieles mehr.
Das Buch wird demnach zum Handwerkszeug für die Hobby-Programmierer einerseits und die Studenten in den Anfangssemestern andererseits. Es gibt Anleitungen und Anregungen, die weitverbreitete Programmiersprache BASIC umfassend und gründlich zu erlernen und zu verstehen.

Hansrobert Kohler
Pascal-Trainer
1985. Ca. 220 S. 16,2 X 22,9 cm. Brosch.

In diesem Trainerbuch wird die Programmiersprache Pascal in ihren Facetten genau und eingehend dargestellt. Wie schon der technisch-naturwissenschaftliche BASIC-Trainer und der FORTRAN-Trainer gibt das dritte Trainerbuch wertvolle Hilfestellung bei der Lösung jetzt in Pascal vorgegebener Aufgaben. Mit dem Pascal-Trainer läßt sich nun auch ein interessanter Sprachvergleich an Beispielen und Problemstellungen dieser drei Programmiersprachen vornehmen.

If you have any concerns about our products,
you can contact us on
ProductSafety@springernature.com

In case Publisher is established outside the EU,
the EU authorized representative is:
**Springer Nature Customer Service Center GmbH
Europaplatz 3, 69115 Heidelberg, Germany**

Printed by Libri Plureos GmbH
in Hamburg, Germany